# 古典文獻研究輯刊

## 十八 編

潘美月·杜潔祥 主編

# 第 16 冊

## 清代散見戲曲史料彙編（中）

### （詩詞卷·初編）

趙興勤、趙韡　編

國家圖書館出版品預行編目資料

清代散見戲曲史料彙編（詩詞卷・初編）（中）／趙興勤、趙韡
編 — 初版 — 新北市：花木蘭文化出版社，2014〔民103〕
目 26+196 面；19×26 公分
（古典文獻研究輯刊 十八編；第 16 冊）
ISBN：978-986-322-624-6（精裝）
1. 戲劇史　2. 史料　3. 清代
011.08　　　　　　　　　　　　　　　　　　103001310

ISBN-978-986-322-624-6

9 789863 226246

古典文獻研究輯刊
十八編　第十六冊　　　　　　　ISBN：978-986-322-624-6

## 清代散見戲曲史料彙編（詩詞卷・初編）（中）

編　　者　趙興勤、趙韡
主　　編　潘美月　杜潔祥
總 編 輯　杜潔祥
副總編輯　楊嘉樂
編　　輯　許郁翎
企劃出版　北京大學文化資源研究中心
出　　版　花木蘭文化出版社
社　　長　高小娟
聯絡地址　235 新北市中和區中安街七二號十三樓
　　　　　電話：02-2923-1455／傳真：02-2923-1452
網　　址　http://www.huamulan.tw 信箱 hml 810518@gmail.com
印　　刷　普羅文化出版廣告事業
初　　版　2014 年 3 月
定　　價　十八編 22 冊（精裝）新台幣 40,000 元　　版權所有・請勿翻印

# 清代散見戲曲史料彙編

## （詩詞卷・初編）（中）

趙興勤、趙韡 編

# 目次

# 樓儼

樓儼（1669～？），字敬思，號西浦，義烏（今屬浙江）人。少穎異，積學工詞，貧無以居，轉徙雲間（今屬上海）。康熙四十六年（1707）上南巡，獻《織具圖詩詞》，欽擢第一。康熙己丑（四十八年，1709）奉詔修《詞譜》，被薦與杜紫綸同館纂修，辨析體制，考訂源流，曾駁正宜興萬氏《詞律》百有餘條，最中竅要。又以張綖之《詩餘圖譜》、程明善之《嘯餘譜》及毛先舒之《詞學全書》率皆謬妄錯雜，倚聲家無所遵守，因自訂《群雅集》一書，以四聲二十八調爲經，而以詞之有宮調者爲緯，並以詞之無宮調者，依時代爲先後，附於其下。竹垞先生曾爲之序。後以卷帙繁重，未及開雕。《詞譜》書竣，議敘官靈川令。遷廣州理徭同知，歷廣東按察使，調江西。引年歸，終老於春申浦畔。其《蓑笠軒僅存稿》，從弟琮聯刻於烏。《全集》中論辨有《宋詞四聲二十八調考略》、《白雲詞韻考略》、《詞韻入聲考略》、《書吳江沈氏九宮譜後》諸篇，皆可爲詞學津梁。見《兩浙輶軒錄》卷一五、《國朝詞綜》卷二○、《湖海詩傳》卷二等。

## 【光霽堂讌集演邯鄲夢傳奇口占二絕】

（其一）一枕風光夙願償，醒來猶未熟黃粱。銀箏檀板尋常事，譜出英雄淚幾行。

（其二）尋思我亦夢中人，一劍千山事已陳。回首瘴雲天似墨，恍疑磨盾是前身。（清·王昶輯：《湖海詩傳》卷二，清嘉慶刻本）

# 葛祖亮

葛祖亮，生卒年不詳，字發仁，一字超人，號聞橋，江南江寧（今江蘇南京）人。康熙三十二年（1693）拔貢。雍正間客衡州。乾隆丙辰（元年，1736）成進士，改庶吉士，官禮部主事。見《清秘述聞》卷一五、《清人詩文集總目提要》等。

## 【中秋閱芭蕉樹傳奇】

茫茫旅思入官衙，又道中秋泛九霞。隔宿些詞停鼗落，前一日夜飲，聞有聲繞西街，乃楚俗招魂。初昏羌淚澀琵琶。紅鐙點點欺明月，翠袖飄飄拂晚花。最是江南同夜永，可堪簫鼓沸鄰家。（《花妥樓詩》卷二，清乾隆刻本）

## 【贈歌者】

一曲琵琶百種情，遲遲多作繞梁聲。平時座上如空過，今日於君

耳獨明。(《花娿樓詩》卷十一，清乾隆刻本)

## 【讀張漱石傳奇有作二首】

（其一）少年華藻擅詞壇，風雨雕窗嘯詠歡。四十年來多聚散，二千里外憶平安。那嗟仕宦馮唐老，肯歎羈棲范叔寒。垂白祇今花畔立，橫襟淪茗笑相看。

（其二）傳奇部部有波瀾，疑幻疑眞並巨觀。鬱志一時嬉笑易，傷心千古信忠難。《夢中緣》、《梅花簪》，幻境。意爲解脫。《懷沙記》，屈原。結搆一仿《離騷》。當時悲憤情何極，此日淋漓墨未乾。自昔才人幽寄遠，搔頭爲脫鹿皮冠。(《花娿樓詩》卷十九，清乾隆刻本)

# 范廷培

范廷培，生卒年不詳，字因之，鄞縣（今屬浙江）人。弱冠補博士弟子員。食饌，性倜儻不羈，尤重然諾，好施予。父煒，令南和、通城諸邑，每節縮俸入歸。君不以營產，皆爲戚族所稱貸。久之，多貧不能償，遂盡焚其券。手闢七松園，亭宇幽潔，饒樹石之勝。廷培天才俊逸，工詩古文辭，餘事復妙解音律，嘗製《一日觀》、《三到園》樂府，傳播吳越間。園有岑樓，遇春秋佳日，置酒高會，邑中諸名士畢集。酒酣耳熱，輒按拍歌自度曲數闋，聲出金石，坐客傾耳忘倦。又肆力帖括，購古法書名蹟，晨夕臨池，文譽日噪。然屢躓場屋，不得售。偶病暑，爲醫者所誤，遂致不起，卒年三十有六。歿後七月而始生子，所作詩文遺稿多散失，唯樂府尚存於家。見《竹初詩文鈔》文鈔卷五、《兩浙輶軒錄》卷一八等。

## 【一日觀傳奇題辭】

休笑當時扣角歌，利名難遣此愁魔。歡場冷夢千年後，豪竹哀絲一日何。風急易沉燕市筑，天高誰返魯陽戈。白頭釣叟秋江上，閒指飛鷗下碧波。(清・阮元輯：《兩浙輶軒錄》卷十八，清嘉慶刻本)

# 孔傳鐸

孔傳鐸（1673～1735），字振路，號牖民，山東曲阜人，雍正元年（1723）襲封衍聖公。以素王元子博資廣覽，海內莫不稱賢。振路早歲稱詩，《申椒》、《盟鷗》二集爲未襲封時所作。有《弔五人墓》詩曰：「倡眾殲緹騎，千秋義未伸。由來誅亂賊，焉用讀書人。勝國山河改，空祠俎豆新。三良臨穴惴，猶讓爾精神。」歸愚採入《別裁》。第二聯曰：「由來殉義客，何必讀書人。」頗爲世傳誦，餘語

亦有異同。下語有分刌，不知爲振路自定，抑歸愚所點竄。另著《聖門禮樂志》、《紅荳詞》等。見《國朝詩人徵略》卷一三、《晚晴簃詩匯》卷五〇等。

## 【夜半樂·秋夜觀演洪昉思長生殿劇】

是誰才子，落筆聲聲，喚破千古埋香塚。記鈿合金釵，誓盟深重。昭陽宮裏，沉香亭畔，一時粉黛三千，有誰競寵。密語向、雙星死生共。　　漁陽鼙鼓忽起，老將生降，帝京騷動。蒼皇去、馬嵬山下悲慟。弄權丞相，奢豪虢國，同時併命軍前，問誰作俑。《長生殿》、魂歸杳如夢。　　到此愁聽，夜《雨淋鈴》，斷腸何用？香囊在、徒勞念情種。奏霓裳、一聲一淚如泉湧。謾傳說、玉妃在仙洞。悵金徽斷絃難弄。（《紅荳詞》卷下，清康熙刻本）

# 沈德潛

沈德潛（1673～1769），字確士，號歸愚，江南長洲（今江蘇吳縣）人。乾隆元年（1736）舉博學鴻詞試，未入選。四年成進士，改庶吉士，年六十七矣。七年授編修，八年擢中允，五遷內閣學士。十二年命在上書房行走，遷禮部侍郎。爲葉燮門人，論詩主格調。著有《歸愚詩鈔》、《歸愚詩鈔餘集》、《說詩晬語》等，又有《古詩源》、《唐詩別裁》，《明詩別裁》、《清詩別裁》等書。見《（同治）蘇州府志》卷八九、《清史稿》卷三〇五等。

## 【凌氏如松堂文讌觀劇】

置酒高堂夜撾鼓，錦幃卷處紛歌舞。霓裳拍序鐵板聲，傳出英雄與兒女。梨園子弟聲價高，法曲親聞天尺五。座中半是人中龍，盛名煜燁推南東。鴻文素積玄圃玉，榮遇直上長楊宮。妙年聯翩擅豪氣，俊邁似欲無終童。而我頹齡亦在列，何異春苑飛秋蓬。憶昔康熙歲辛巳，橫山先生執牛耳。堂開如松延眾英，一時冠蓋襄陽里。酒酣樂作翻新曲，時朱翁素臣製曲，有《杜少陵獻三大禮賦》、《琴操問禪》、《楊升庵伎女遊春》諸劇。龍笛鷗絃鬥聲伎。雲鬟小隊舞柘枝，雪面參軍墮簪珥。流風無跡彩雲散，花月歡場曾有幾。側身天地念前塵，日月奔波一彈指。雪中鴻爪記當初，重上華堂三紀餘。此日庭前喬木在，往時筵上故人無。封胡羯末逢公姓，樹蕙滋蘭憶左徒。絃管聲中增歎息，綺筵慚媿白髭鬚。（《歸愚詩鈔》卷十「七言古詩」，清刻本）

## 【觀劇】

（其一）落花飄絮點歌筵，小隊蠻鞾劇可憐。莫唱雨霖鈴夜曲，坐中還有李龜年。坐有舊歌者。

（其二）市樓南院委塵沙，樂府仍聞奏阮家。拋擲河山等閒事，臨春先有後庭花。弘光時，阮大鋮成《燕子箋》樂府進御。（《歸愚詩鈔》卷十九「五言長律、七言長律、五言絕句、七言絕句」，清刻本）

## 【秦淮雜詠（之三）】

不數迴風唱麗娟，懷寧一曲萬人憐。家亡國破渾閒事，留得新聲《燕子箋》。（《歸愚詩鈔》卷十九「五言長律、七言長律、五言絕句、七言絕句」，清刻本）

## 【席上作】

（其一）一曲迴波四坐春，銖衣穩稱可憐身。羅虯百首應增入，比得紅兒是此人。

（其二）沙蟲猿鶴滿天涯，扇畫桃花當鈿釵。唱罷東塘舊時曲，又牽愁思到秦淮。（《歸愚詩鈔》卷二十「七言絕句」，清刻本）

## 【觀劇席上作】

（其一）主人愛士聚名流，特敞歌筵命小留。幻出海山無限景，此身疑已到蓬邱。

（其二）歌舞吳宮香色迷，館娃散後鳥空啼。泛湖一去無踪跡，誰識儂家舊姓西。用東坡語意。

（其三）鴻溝割後轉連兵，垓下聞歌盡楚聲。雖與虞兮拋不得，英雄自古最多情。

（其四）絕代佳人去紫臺，寸心未死已成灰。李陵碑畔纖纖草，莫遣生連青塚來。

（其五）清平絕調洗陳因，妃子名花共占春。力士脫鞾污我足，才人眞箇目無人。

（其六）梨花葬處近郵亭，蜀道歸來夢乍醒。夜靜更長聽不得，攪人離思雨霖鈴。

（其七）梨園往事散如煙，一曲琵琶劇可憐。最是春殘花謝候，江南零落李龜年。

（其八）掣肘汪黃勢不支，杜充那可任安危。渡河殺賊平生願，垂死長吟蜀相詩。

（其九）鏡花水月夢偏驚，因夢生情是至情。今古不離情字裏，情深能死復能生。

（其十）秋江一棹遠分離，苦甚巴山夜雨時。江畔芙蓉亦傷別，替人憔悴減容姿。

（其十一）夏嚴雞鬥議囂喧，江西呼人爲雞，夏、嚴二相在朝，眾人趨之。有以昌黎「大雞昂然來，小雞聳而待」爲戲者。師未興時已喪元。宰相不須悲禍烈，風波亭獄更沉冤。

（其十二）翰苑瀛臺法曲傳，眾仙如在大羅天。於今仙樂重經耳，割肉歸來憶往年。賜宴翰苑瀛臺時，許諸臣攜席以歸。（《歸愚詩鈔》卷二十「七言絕句」，清刻本）

【戲題旗亭樂府】盧雅雨取王之渙旗亭畫壁事，聯合開寶、乾元兩朝成新樂府。運意吐詞，可追玉茗。因繫以詩。

（其一）畫壁旗亭爲賭詩，品詩高下屬名姬。而今樂府翻新調，重唱黃河遠上詞。

（其二）才士由來送五窮，飄零南北似飛蓬。惟餘浩氣凌霄漢，不入權姦籠絡中。

（其三）漁陽鼙鼓震天關，天子無能庇玉環。獨有雙鬟工智巧，虎狼窟裏竟生還。

（其四）特爲文人吐奇氣，鵷雛卑伏忽飛騫。科名一準方干例，地下何妨中狀元。

（其五）長安零落李龜年，兒女傳謌代剖宣。不獨情深情更正，爲情離散爲情圓。

（其六）鏡花水月俱空幻，官閣填詞韻最清。已許新聲追玉茗，風流還溯柳耆卿。（《歸愚詩鈔餘集》卷三，清乾隆刻本）

【觀燕子箋劇席上戲題】

（其一）新辭進自阮懷寧，一德君臣醉不醒。聲色但教娛耳目，何須顧惜小朝廷。

（其二）兵戈叢裏寫溫柔，合付宮中鞠部頭。《燕子箋》同《後庭

－199－

曲》，兩朝天子摠無愁。

（其三）尙書自昔曾由竇，況是姦窮欲遁時。狗國狗門聞晏子，狀元聊復試爲之。

（其四）紅氍毹上響歌筵，兒女情長眾所憐。半壁河山等閒送，只今贏得看場圓。（《歸愚詩鈔餘集》卷三，清乾隆刻本）

## 【觀盡忠傳奇座上作】

小朝廷議犬狺狺，大將長驅捷比神。拓地十年誣作叛，格天一德詟稱臣。秦檜建一德格天之閣。莫須有定風波獄，歸去來全明哲身。從此國讎無可報，萬年遺臭歕金人。（《歸愚詩鈔餘集》卷十，清乾隆刻本）

# 傅仲辰

傅仲辰（1674～1726），字蒼野，一字心孺，號曉塘，山陰（今浙江紹興）人。官山東主簿。蒼野事母謹，母歿後，言及輒哭。與人交樸誠修謹，年雖五十，心猶孺子也，故改字心孺。著有《心孺詩選》，集中《觀海》、《縈蒲》諸子目，皆在山左時詩。見《兩浙輶軒續錄》卷二、《晚晴簃詩匯》卷五一等。

## 【老伶】

老伶雖齒豁，猶能揚吳歈。自矜壯盛年，賽技呈通衢。蜀錦檐圍幔，足踏猩紅氍。歌聲一宛轉，纏頭盈斯須。歲月忽云邁，跬步龍鍾如。努力終招辱，誰憐形影癯。名成應早退，不退誠頑愚。寄言諸君子，老馬胡爲駒。（《心孺詩選》卷二，清樹滋堂刻本）

## 【贈歌者】宿樂安。

刁騷雨過驅塵垢，巾車偪側蹲窠臼。疲馬衝泥十里餘，自午操撾行至酉。措大清癯苦不安，曲肱土坑空諸有。鷗絃驚夢撥檀槽，引吭窗前珠盤走。勞人聽之氣崢嶸，檢點廋瓢傾杯酒。顧我按曲愧周郎，當其快意還擊缶。煩君月下一再歌，爲我權作掃愁帚。羞囊雖乏錦纏頭，贈以長句當瓊玖。（《心孺詩選》卷十七，清樹滋堂刻本）

## 【觀劇】

憂自中來何地埋，逍遙便可外形骸。漫從書史求生面，且倩宮商砭俗懷。枯菀驚心人是幻，雲煙過眼事非垂。座中我獨頭頻點，堪與

生公石作儔。(《心孺詩選》卷二十一，清樹滋堂刻本)

# 高其倬

高其倬（1676～1738），字章之，號芙沼，又號種筠，漢軍鑲黃旗人。康熙甲戌（三十三年，1694）進士，改庶吉士。散館授編修，累官至戶部尚書，襲三等男爵，諡文良。其穎識通遠，天韻標令，咳唾九霄，衣裳一品，宜隨園序之傾倒備至，以爲本朝第一手也。妻蔡琬，字季玉，綏遠將軍毓榮女，亦能詩，有《蘊眞軒詩草》。見《八旗詩話》、《八旗通志》卷一九二、《文獻徵存錄》卷五、《清史稿》卷二九二等。

**【盧生祠】** 用玉茗堂傳奇事二首。

（其一）石濠有吏捉疲民，南詔無車返舊輪。眼底群鬼方磷磷，爭教閒得趕驢人。

（其二）夢覺原無覺後身，更憑誰說夢中因。老翁莫役閒雞犬，又作人間判鹿人。(《味和堂詩集》卷五知非集，清乾隆五年高恪等刻本)

# 孔傳鋕

孔傳鋕（1678～?），字振文，號西銘，別號蝶庵，山東曲阜人，六十八代衍聖公毓圻之次子。康熙四十四年（1705）襲職翰林院五經博士，主奉祀事。著有《補閒集》二卷、《清濤詞》三卷。戲曲作品有傳奇《軟羊脂》、《軟郵筒》、《軟錕鋙》三種，均存。見《聖門十六子書》、《國朝詞綜》卷一七等。

**【題桃花扇歌】**

金陵三月飛桃花，金陵城頭啼暮鴉。珠樓翠院皆寂寞，菜畦瓜隴交橫斜。憶昔南朝太平日，占勝秦淮與桃葉。王孫苑外驟鞭過，少婦樓頭靚妝出。往來狎客恣經過，買笑追歡駐錦窩。艷妝婢子擎高燭，冶服仙姝整翠蛾。路人錯認公侯宅，爭知盡是煙花窟。東家豆蔲尚含胎，西院芙蓉已堪折。就中尤數玉娉婷，二八香君是小名。偶然心許知名士，嚙臂焚香早締盟。皖城逐宦權奄友，見擯清流時已久。欲招狂客入私門，願贈香奩媚行首。豈知巾幗心偏烈，視若鴻毛渾棄擲。才子天涯去避仇，佳人掩鏡甘淪寂。開府樓船勢正炎，千金不惜聘鶼鶼。長齋謝客嚴辭拒，十二紅樓不卷簾。從此芳名遍吳下，桃花扇影胭脂寫。何限男兒繞指柔，斯人卻是純鋼者。詞客吾宗老岸堂，清歌

一闋譜興亡。同時賭勝旗亭者，更數江東顧辟疆。悲歡聚散尋常事，話到滄桑發深喟。三寸蘇張舌辯鋒，一腔信國憂時淚。總作浮雲過眼看，何論拆散與團欒，紅兒按拍周郎顧，猶可尊前助合歡。（《補閒集》下，鄧之誠：《清詩紀事初編》下冊，上海古籍出版社 1984 年版，第 711 頁）

# 紀邁宜

紀邁宜（1678～？），字偲亭，別號蓬山老人，又稱蓬山逸叟，直隸文安（今屬河北）人。康熙五十三年（1714）舉人，官山東泰安州知州。偲亭性情篤至，寄託遙深。少有大志，功名氣節皆不欲居古人下，而遭逢坎壈，所往輒窮，抑鬱憂愁，一寫於詩。上薄風騷，下躪宋、元，無不一闡其奧，而空腸得酒，芒角橫生，嘻笑怒罵，皆成文章，於東坡居士爲最近。著有《儉重堂集》十三卷。見《國朝畿輔詩傳》卷三〇、《晚晴簃詩匯》卷五九等。

## 【與歌者法官】

（其一）額黃無限夕陽山，小袖調鸚意態閒。恰似雛姬驚避客，餘香隱約繡簾間。

（其二）良朋相調福難勝，加膝空憐玉體輕。誰賦閒情太奢願，研羅裙上作瑤箏。（《儉重堂詩》卷四岱麓山房續稿，清乾隆刻本）

## 【喬生視侯園中牡丹盛開招同人徵伶宴賞紀事一首用山谷韻】

擊鼓坎坎惱社公，夜來一雨占年豐。布穀催耕啼不已，提壺爭勸白頭翁。翁頭雖白顏尚紅，酌我惟恐金尊空。人生所貴行樂耳，滿堂賓客臭味同。清歌緩舞日將夕，欲墮不墮吹狂風，好花須倩紫絲籠。亞枝火齊大盈椀，明日重來賸幾本？（《儉重堂詩》卷六蓬山集上，清乾隆刻本）

## 【秋杪郭尉楓菴喬生視侯邀往北嶺觀劇半途車覆徒步行蹊徑中數里始抵邨至則折揚皇荂殊不堪入聽爲之意興索然過飯視侯族姪楝家坐間偶談距村里許有瀑泉前人鐫清流急湍四字於石崖以標厥勝遂欣然同遊泉從亂山來溜分爲二鉅細各一其一跌落磵壑中作天風環珮之音其一伏流入山隙他往岸旁有巨石自成峰巒蒼秀可愛若人家園林巧匠位置者徘徊至暮而返頓忘一日之疲勞云】

問途苦不審，峻坂摧我輈。先已下車行，免罹折臂憂。快哉解簪

紱，徒步覺自由。窈曲三四里，前邨雲木稠。彷彿桃花源，忽入漁郎舟。叢祠鬧簫鼓，獨訪清泉流。琳瑯奏天樂，豈與俗耳謀。細響韻琴筑，颯然山雨秋。急湍倍鐺鈜，空外鏗韶璆。縹緲步虛聲，仙跡不可留。傾耳神已冥，何問秦吳謳。別岑疑飛來，碉旁蹲螞蚪。兩峰互低昂，相佐非相求。蒼然蘊真骨，險怪嗤雕鎪。翠色時欲滴，玉德一何優。鳴泉漱其趾，映帶各增幽。平生水石興，無心獲暫酬。戀之不忍釋，欲別仍回頭。笑言謝朋儕，良不虛此遊。（《儉重堂詩》卷六蓬山集上，清乾隆刻本）

## 【四里舖秋報演劇偕同人往觀李姓幼童邀飯其家以持門戶者乃縞袂青裙之老嫗不便往也適李廣文玉田自張村至幼童乃其一族遂代為延客流連至暮而散李君賦詩紀事見贈且慰余落寞之意次韻荅之使知余之不以外境為休戚也】

（其一）交合文章定有神，浮沉休歎百年身。俚歌亦自關群怨，世態何堪繪笑顰。社日村醪聊共醉，兒童竹馬尚相親。煩君好句重提唱，別後渾忘孰主賓。

（其二）我自徜徉那便歸，逸情豪興兩無違。相攜野叟延年杖，預座僧徒壞色衣。晨飯山邨林繫馬，暮還茅舍燭迎扉。浣花大有烏皮几，浪跡何嗟生事微。（《儉重堂詩》卷六蓬山集上，清乾隆刻本）

## 【明周王府遺址】

往事東京付夢華，王孫芳草怨天涯。高城仍傍黃流築，廢苑空留碧岫遮。客散離宮誰載酒，春歸巢燕已迷家。憲王樂府無人唱，零落小山叢桂花。（《儉重堂詩》卷七蓬山集下，清乾隆刻本）

## 【署中親友復為我張筵演劇一日三用前韻酬之】

夢中栩栩久忘身，聚散摶沙友與親。過費徵歌重命酌，老顛起舞欲頹巾。從知大地皆塵影，了得情緣即法輪。是日演《幻緣箱》傳奇。憑語諸君誰主客，大家同是戲場人。（《儉重堂詩》卷九車遊集，清乾隆刻本）

## 【觀劇用坡谷倡和春菜韻】

清歌簌簌驚霜葉，野人但知飽食蕨。那能作此繞梁聲，字字明珠圓又滑。世情物態尤可見，蔗甘蘗苦薑桂辣。古今多少英豪人，幾輩

免遭粉墨抹。深宮美人怨琵琶，出塞將軍環鐵甲。雁叫團沙尙相警，雪壓幽蘭終自苗。偶從劇本覩興衰，如將殘史燈前說。何人更解漁陽撾，悲壯不須憂腕脫。（《儉重堂詩》卷十一昆陽集，清乾隆刻本）

## 【次潘冶山觀劇韻二首】

（其一）抽蕉剝繭思無窮，今日詩壇合屬公。篇什定傳紅袖唱，姓名何羨碧紗籠。香山寫恨千秋筆，杜老哀時百鍊功。憑仗金針重度取，《鈞天》曲奏和誰終。

（其二）流光虛擲恨何窮，惟有清歌不負公。憶聽笙簫競珠串，恰窺鸚鵡傍雕籠。保陽舊事。紅牙自賞《停雲》意，《白雪》誰爭刻燭功。借問斧柯曾爛否？楸枰一局未全終。（《儉重堂詩》卷十二愛吾廬集，清乾隆刻本）

## 【余丙子春自葉旋里過襄城朱氏園蒙主翁柳阡廣文延款且以所刻歸田詩見贈翁時年七十有九與余同庚予賦長歌紀事並次其刻中妻字韻詩二首商邱侯君碩林見之亦和二首不遠千里見寄君時亦年七十有四蓋神交者四年於茲矣今春予隨任儀封而君亦來主考城書院遂命駕見訪復貽新什附以其先世壯悔堂文集見贈把晤之餘歡若素交流連作竟夕之談殊慰積愫夫壯悔公為海內名家風流文采照耀百年予向所傾慕讀孔東塘先生桃花扇傳奇恍睹當日情事閹孽蔓延武臣跋扈而公與陳吳數君子以諸生枝拄其間百折不回卒之陳吳盆死牢獄公亦幾不脫虎口香君一青樓弱女亦曉暢大義毀服劓面以媿權姦天地正氣於斯不泯今獲與公後裔遊且得捧讀遺文其為愉快何可勝言獨惜衰殘之年不能時相往來酬酢翻恨訂交之晚耳因次原韻縷陳顛末不覺多變徵之聲共成八首言雖未工觀者略其詞而存其意可也】

（其一）絳帳曾聞吏隱名，相逢一笑慰平生。園開桂樹陰森徑，歌和楊枝一再行。詎意良朋心見賞，遠傳佳什歲頻更。三人酬唱鬚眉古，盛事應堪詫碧城。

（其二）自渴芳名已數年，相思兩地隔風煙。名家自古能昌後，才士於今合讓前。乍覿高踪攀野鶴，重吟健筆挾飛仙。揭來傾蓋渾如故，垂老論交定夙緣。

（其三）少日詞場偶噉名，祇今衰病媿餘生。新詩半向呻吟就，老馬安能蹀躞行。促坐忘形交誼洽，啣盃秉燭話端更。浚郊不遠葵邱

境，二老風流噪兩城。

（其四）此邦軼事話當年，八望空餘桑柘煙。豈有遺孤藏壁內，怪多俠客到門前。身名未敢同高隱，文藻爭傳是謫仙。今日逢君共憑弔，問奇載酒悵無緣。<sub>君座中為談儀前輩周孝廉柏峰事甚悉。</sub>

（其五）才品誰高一代名，登樓王粲溯前生。春愁浩蕩杜陵宿，多難倉惶微服行。可惜千秋佳麗地，豈知轉瞬市朝更。惟應大筆淋漓載，價重秦關百二城。

（其六）厄運驚逢陽九年，金陵王氣黯烽煙。劈箋狎客綸扉上，濺血佳人紈扇前。黨禍相循多誤國，名流同載勝登仙。遺編披讀增惆悵，聊為臨風仰企緣。

（其七）繼起東林嶄屼名，乾坤正氣賴儒生。逐奸共草陳琳檄，就檻翻悲孟博行。精衛啣冤波萬丈，杜鵑漬血夜三更。祇今長板橋頭水，五夜環流建鄴城。

（其八）世變滄桑閱百年，集流壯悔燦雲煙。司徒雄略寧輕拔，四鎮威名孰善前。戰艦空停沉碧浪，露盤已折泣銅仙。憑君重舉桃花扇，悟盡興衰離合緣。<sub>（《儉重堂詩》卷十三偶然亭集，清乾隆刻本）</sub>

## 【仲夏過恒陽偕署中諸友觀演邯鄲夢傳奇遂淹留假榻者幾經一旬別後賦此寄懷調沁園春】

四海茫茫，甚矣吾衰，將何所之。念故人好我，停驂話舊；高朋滿座，顧曲啣卮。炊熟黃粱，掀翻磁枕，正是傞傞軟舞時。燈錯落，炫千行翡翠，一片琉璃。　　人生蝶化蘧蘧，算將相神仙總是癡。惟公餘偃仰，鴨爐香裊；庭前點綴，鶴逕苔滋。澄澹襟懷，蕭閒境界，添我臨歧無限思。頻回首，夢小窗低亞，麑眼疏籬。<sub>（《儉重堂詩餘》，清乾隆刻本）</sub>

## 徐德音

徐德音（1681～1760 後），字淑則，錢塘（今浙江杭州）人。漕運總督徐旭齡（諡清獻）女，嫁許荔生中書。少時嘗飾男子裝對客，衣上墨瀋斑駁，清獻絕愛憐之，且謂：「生男如是，當不誤改金根。」在揚州，嘗欲復竹西亭，未果。後程午橋翰林夢星力主其議，事亦寢。淑則詩云：「昔日盧亭繞檉龍，荒蕪誰復辨西東。力謀搆復高僧疏，首唱儲才太史公。地勢分明枕崑軸，闌干約略倚花宮。

那知歌吹樊川句，重闢寒煙蔓草中。」晚年自號綠淨老人，論詩者以爲閨秀第一。淑則熟精《文選》，老年猶日閱一寸書。見《揚州畫舫錄》卷一、《梧門詩話》卷一二、《淮海英靈集》壬集卷一、《兩浙輶軒錄補遺》卷一〇等。

## 【觀演長生殿劇】

鈿合金釵事渺然，徒勞瀛海問神仙。可憐空有他生誓，何處重逢七夕緣。宮監歸來頭似雪，梨園老去散如煙。今宵聽奏《霓裳曲》，誰賜開元舊寶錢。（《綠淨軒詩鈔》卷一，胡曉明、彭國忠主編：《江南女性別集初編》上冊，黃山書社 2008 年版，第 8～9 頁）

## 【觀傀儡戲】

筵前耳目一時新，乍見難分僞與眞。簫鼓聲聲簾幔裡，一時舉止總因人。（《綠淨軒詩鈔》卷一，胡曉明、彭國忠主編：《江南女性別集初編》上冊，黃山書社 2008 年版，第 16 頁）

## 【戲贈歌妓】

（其一）管弦頻促換香羅，微露酥胸玉一窩。羨殺聰明唐後主，窈娘佳處在凌波。

（其二）驪珠顆顆出香喉，舞袖翩躚半障羞。小按紅牙未終拍，芳塵飛落畫梁頭。

（其三）整頓霓裳上錦茵，橫波無賴笑生春。卿卿亦是多情物，可識筵中犢鼻人。

（其四）一面紅妝映蠟燈，垂鬟接黛翠鬅鬙。休嫌措大纏頭薄，權把新詩當束綾。（《綠淨軒詩鈔》卷五，胡曉明、彭國忠主編：《江南女性別集初編》上冊，黃山書社 2008 年版，第 76 頁）

# 唐　英

唐英（1682～1756），字俊公，一字叔子，號蝸寄老人。漢軍旗人。官內務府員外郎，直養心殿。雍正六年（1728）命監江西景德鎮窯務，歷監粵海關、淮安關。乾隆初調九江關，復監督窯務。先後在事十餘年。製器甚精，今稱唐窯。嘗親製書、畫、詩付窯，尤爲奇絕。著《陶人心語》、《熙朝雅頌集》、《耕硯田齋筆記》等。劇作總名《燈月閒情》（一名《古柏堂傳奇》），今存十七種，計《笳

騷》（一齣）、《轉天心》（三十八齣）、《傭中人》（一齣）、《虞兮夢》（四齣）、《清忠譜正案》（一齣）、《《長生殿》補闕》（二齣）、《女彈詞》（一齣）、《蘆花絮》（四齣）、《三元報》（四齣）、《巧換緣》（十二齣）、《英雄報》（一齣）、《天緣債》（二十齣）、《雙釘案》（二十六齣）、《十字坡》（一齣），《梅龍鎮》（四齣）、《面缸笑》（四齣）、《梁上眼》（八齣）。其中前七種係自創或增改前人舊作而成，後十種改編自地方戲。見《八旗詩話》、《歷代畫史彙傳》卷三〇、《清史稿》卷五〇五等。

## 【月夜環翠亭納涼聽幕中諸友度曲有作】

古亭雅集趁新涼，明月依人照異鄉。老樹靜風鴉睡穩，山衙報漏鼓聲忙。向平心事誰知己，庾亮襟期自笑狂。《白雪》、《陽春》歌滿座，不堪回憶少年場。（《陶人心語》卷三，清乾隆唐寅保刻本）

## 【中秋日觀演邯鄲夢暨自製野慶諸雜劇率成二首】

（其一）絲絲急管度中秋，興味渾忘已白頭。枕上乾坤場上夢，塵中事業掌中甌。隨緣風景差堪取，過分林泉敢妄求？任笑癡人猶未醒，心空不慣著閒愁。

（其二）六十年來面撲塵，連朝野興薄秋雯。還山有志恩難負，涉世無方老率真。廬阜月推千嶂出，潯陽楓染幾村新。片時借景慚過望，農圃漁樵作四鄰。（《陶人心語》卷三，清乾隆唐寅保刻本）

## 【立夏後二夜雨窗觀劇偶演予笳騷填詞座上有擊節歎自形之吟詠者率和原韻示之】

（其一）殘春新夏雨聲中，拍譜清笳蠟炬紅。醉酒客非耽酒客，樂天翁是信天翁。臣心自異溝渠水，宦況誰同濠濮風。懶向槐根說曉夢，銅琶鐵板唱江東。

（其二）西江決水滌胸塵，慷慨淋漓自寫真。綠酒紅燈翻漢史，零風碎雨餞殘春。佳人腸斷胡雛遠，騷客情深拍調新。摣笛鳴笳愁滿座，縱教見慣也傷神。（《陶人心語》卷三，清乾隆唐寅保刻本）

## 【甲子重陽後一日招友人看菊優飲翌日有賦詩投謝者各賦七律一首覆荅（之三）】德化孝廉何孟揆任淮寧令，乃姪何師堯縣學諸生，同在座。

高朋雅補龍山會，黃鞠青樽雙碧樓。榷署有雙碧樓。拚醉不妨文字飲，折花重上老人頭。詩裁錦句傳佳興，拍譜清笳唱暮秋。是日演《文姬歸夏》十八拍曲一闋。本色何郎非傅粉，阿咸尤喜擅風流。（《陶人心

語》卷三，清乾隆唐寅保刻本）

**【補上元詩】**公務上元，倥傯虛度。越三日，偕諸同事琵琶亭望春，兼補傳柑雅會，即席漫成。

上元佳節忙中過，會補傳柑興不窮。鈒鎖星橋連釣浦，銀花火樹逗春風。是日有爆竹、煙火等戲。江搖歌管清音細，鐙上亭樓碧落紅。廊檻懸鐙，盧兒軰清歌數闋。猶是琵琶彈恨地，今人何必古人同。（《陶人心語》卷四，清乾隆唐寅保刻本）

**【觀劇】**

戲前場外人心熱，戲後局中人不忙。傀儡漫嗤無義意，隱然一度小滄桑。（《陶人心語》卷五，清乾隆唐寅保刻本）

**【丙寅小陽月昌江泛舟】**

（其一）小陽春暖四山青，慢艣輕舠過野汀。澹境欲尋鷗鷺夢，雪兒低唱《牡丹亭》。適家童歌玉茗堂《尋夢》曲。

（其二）一片照人新月白，半江搖浪夕陽紅。裁詩度曲今宵興，同在高天爽籟中。

（其三）軟拍輕吹渡野灘，鷗心鷺性海天寬。漁樵相習渾相識，笑指陶山榷水官。

（其四）風塵鞅掌何妨老，問水尋山不礙閒。佳興與人同此夕，蘭亭赤壁剡溪間。（《陶人心語》卷五，清乾隆唐寅保刻本）

# 羅天尺

羅天尺（1686～？），字履先，號石湖，廣東順德人。少以淹博聞，年十七，應童子試，日竟十三藝。長於詩，惠士奇視學嶺南，手錄其《荔枝賦》、《珠江竹枝詞》以示諸生，聲望蔚起。中乾隆元年（1736）鄉試，方舉博學鴻詞，以母老不就。與何夢瑤交密，郵詩招隱，絕忘形跡。天尺杜門著述，所為詩文，得之者珍若拱璧。為人恥奔競，好誘掖後進，一言一動，卓然風雅。所居里名石湖，因以自號，世因稱後石湖，以比吳郡范丞相。田西疇謂：「粵詩代守唐音，至石湖始別開面目近宋人矣。」著有《五山志林》八卷、《癭暈山房詩鈔》十六卷及《癭暈山房文鈔》等。見《文獻徵存錄》卷四、《（道光）廣東通志》卷二八七、《國朝詩人徵略》卷二八等。

## 【錦溪觀劇詩和梁鴻羽】

閏九籬英尚未空，逢場觀劇興何窮。少年琴酒清狂侶，舊夢優伶淚涕中。變勾芙蓉秋後色，升沉鴻鴈嶺頭風。不禁青翰舟前客，白日魂消孔翠篷。(《瘦羣山房詩刪》卷八「七律」，清乾隆二十五年刻三十一年羅天俊增修本)

## 【大洲大龍曲（之三）】

六更頭盡費機關，海上魚龍不易閒。莫扮元人新雜劇，樓船猶認趙家山。(《瘦羣山房詩刪》卷十二「七絕」，清乾隆二十五年刻三十一年羅天俊增修本)

## 【南漢宮詞（之三）】

刺史何曾讓洛州，咸秦家世擅箜篌。金盤忽進香瓜美，腸斷伶人尙玉樓。(《瘦羣山房詩刪》卷十二「七絕」，清乾隆二十五年刻三十一年羅天俊增修本)

## 【金花夫人迎神曲】金花，廣州女巫也。少狡美，溺於仙湖，後有沉香小像自湖流出，酷肖夫人。居人祠之。主禱嗣事，生惠福巷，故又稱惠福夫人。

（其一）湖上花開二月春，女郎迎賽踏香塵。靈旗風滿神將降，百子障邊騎玉麟。

（其二）花冠高高雞羽翹，舞袖窄窄楚宮腰。女巫工媚神相似，神吐白華如玉苗。(《瘦羣山房詩刪》卷十三「七絕」，清乾隆二十五年刻三十一年羅天俊增修本)

## 【和杭山長觀劇偶憶亡姬韻】

（其一）都爲根觸愴懷人，陡見襄王夢裏身。故向尊前欺白髮，斷絃促管惱深春。

（其二）歌筵久不到朱門，時憶牛衣舉案痕。今日集枯聞汝唱，斷腸聲裡暗消魂。

（其三）不到收場孰肯休，少年顧曲老年愁。昌黎笑爾無聊甚，錯認箏娘屢轉頭。

（其四）廿載空床拂向誰，海乾雲散少人知。無端偶讀微之句，不遇歡場淚亦垂。(《瘦羣山房詩刪》卷十三「七絕」，清乾隆二十五年刻三十

一年羅天俊增修本）

## 【五日林生徵博攜二小伶過雞庪軒度曲娛予老境】

小部徵歌老境宜，生徒女樂兩相隨。縱饒浮蟻千杯酒，可欠啼鶯
一柳枝。瓜綠潤喉低處唱，絲長續命暗中吹。謝安哀樂陶情慣，不用
投湘費楚詞。（《瘿罍山房詩刪》卷十三「七絕」，清乾隆二十五年刻三十一年
羅天俊增修本）

# 錢陳群

錢陳群（1686～1774），字主敬，又字集齋，號香樹，又號柘南居士。嘉興
（今屬浙江）人。康熙辛丑（六十年，1721）進士，改庶吉士，累官刑部侍郎，
加尚書銜，贈太傅，謚文端。文端幼侍其母南樓老人讀書，至《說命》涕下不語，
母異焉。則曰：「兒願師之。」母曰：「汝立志堅定，當遇恩主鑒汝。」其後遭際
裕陵，果以文學深被眷睞，賡唱契合，禮遇至隆。晚歲命自書詩冊，得兼用行草。
進詩必賜和，獎許備至，與沈文慤並稱江浙二老，而恩禮始終爲文慤所不逮。後
昆繼起，經術、文學皆有專家，科第仕宦，至中晚不絕，尤過文慤遠矣。著《香
樹齋文集》、《詩集》、《詩續集》。見《兩浙輶軒錄》卷一四、《晚晴簃詩匯》卷六
一、《清史稿》卷三〇五。

## 【下第後玉紅草堂觀劇】

（其一）飄零我亦是書生，對策從軍兩未成。一自春燈低唱罷，
明朝小巷賣花聲。

（其二）三寸黃冠縮碧絲，妝成十六女沙彌。無情最是長眉佛，
訴盡春愁總不知。（《香樹齋詩文集》詩集卷二，清乾隆刻本）

## 【古香書屋觀演劇】

白玉帶，紅錦囊；追風馬，青絲韁。征袍短後紫騹騹，七星寶刀
千金裝。輕馱國色走倉皇，一身護持脫虎狼。飄然攜之歸故鄉，朝發
廣武暮太行。功成不受一飯報，長揖遠去何堂堂。道安已死押衙老，
伍員但乞瀨女漿。英雄本色壯士腸，能令座客肅然屏立歛衣裳。是時
高軒秋正涼，樽中有酒燭有光。曲終且莫收排場，吾欲圖之筆苦僵，
放聲大叫東丹王。（《香樹齋詩文集》詩集卷三，清乾隆刻本）

## 【春夜集存養齋與歌者一絕】

新樣春衫綴五銖，繙成絃索壓花奴。憑他千囀鶯聲巧，爭似歌喉一串珠。（《香樹齋詩文集》詩續集卷十四，清乾隆刻本）

## 【觀劇雜詠八首】

（其一）戌削雲衣綴五銖，沙彌十四有工夫。木魚聲裏千聲佛，婉轉迦陵一串珠。

（其二）一寸相思一寸灰，黃花滿地碧雲堆。莫愁林外斜暉落，自有蘭膏照影來。

（其三）松舍雲堂舞榭邊，爭看小玉在鐙前。一雙秋水明如翦，其奈相逢髮已顚。

（其四）五十年前笑漫遊，馬文黑定壓班頭。今其弟子年非盛，相見江南正九秋。天津人。

（其五）清樽初上百絲陳，象笏排來字字眞。我老蹣跚呼半臂，問伊可作侍書人。

（其六）偶然訪舊作清遊，不聽笙歌直到秋。今日主人偏愛客，儘教曲部自添籌。

（其七）從來逝水比流年，舞雪回風笑李娟。大都只在人擡舉，眞賞終推白樂天。

（其八）花添人面三分白，酒似鵝兒一色黃。我醉欲歸留不得，滿船載菊作重陽。（《香樹齋詩文集》詩續集卷十九，清乾隆刻本）

## 【題長亭劇】

靴壓草痕平似研，車隨馬轉簇成圍。憑他一掬相思淚，斷送斜陽幾寸暉。（《香樹齋詩文集》詩續集卷二十五，清乾隆刻本）

# 張世進

張世進（1691～？），字軼青，號嘯齋，陝西臨潼人。官阜陽縣訓導。顧書宣之甥。詩與二馬齊名，居王家園，與街南書屋相距甚近。嘯齋有贈馬氏詩云：「檐扉祇隔三條巷，筆硯相依十載情。」著有《著老書堂集》八卷。子四履，字表東，工詩善書，成名家。見《揚州畫舫錄》卷一五、《國朝詞綜》卷三○等。

## 【夜起聞鄰人度曲有感】

徵歌顧曲記平生，老向鄰家聽曼聲。絲竹自緣遲暮廢，不關兒輩損歡情。（《著老書堂集》卷一，清清乾隆刻本）

## 【書燕子箋傳奇後四首】

（其一）圓老填成絕妙詞，相公奉敕寫烏絲。可憐鐵鎖沉江日，正是紅牙按拍時。

（其二）錦箋銜去事荒唐，顧曲於今憶阮郎。剩有石城新燕子，年年花底訴興亡。

（其三）含商嚼徵譜清謳，掉臂詞場儘自由。若使終身長製曲，不教玉茗擅風流。

（其四）干戈江上亂如麻，司馬猶將樂府誇。如此陰符能卻敵，不妨重唱後庭花。（《著老書堂集》卷二，清清乾隆刻本）

# 厲　鶚

厲鶚（1692～1752），字太鴻，號樊榭，別署南湖花隱、西溪漁者，錢塘（今浙江杭州）人。性拙率，工詩詞及元人散曲，與同里丁敬身同學，時有丁、厲之目。入衢南，嘗仰視搖首，搆思不輟。康熙庚子（五十九年，1720）舉人，乾隆丙辰（元年，1736）舉博學鴻詞。鶚詩喜用僻事，時人效之，謂之浙派。年六十無子，主政為之割宅蓄婢，後死於鄉。著有《遼史拾遺》、《宋詩紀事》、《南宋雜事詩》、《東城雜記》、《南宋院畫錄》、《湖船錄》、《樊榭山房詩詞集》等。見《文獻徵存錄》卷五、《國朝先正事略補編》卷一、《揚州畫舫錄》卷四、《兩浙輶軒錄》卷二一等。

## 【東堂觀劇四首次西顥韻】

（其一）秋河雨後溼模糊，小部徵歌集飲徒。此是武宗絃索調，江南倦客得知無。

（其二）韋氏闌前許和子，岐王宅裏李龜年。為君留客殷勤甚，停卻明朝放溜船。

（其三）閒房新聘紫雲娘，絲竹錚鏦置兩床。塊壘年來銷已盡，白頭猶入少年場。

（其四）吳雲燕月兩忽忽，別意方新酒正中。一曲當筵如一世，莫辭聽到六么終。

【原作】〔汪沆〕

（其一）衣冠優孟醉模糊，從古神仙屬酒徒。竿木逢場聊作戲，童心還憶昔年無。（其二）浣香樂句染香笛，不聽清歌近十年。今夕東堂競絲竹，爲渠惆悵罷舩船。（其三）屏嶧記曲有貞娘，合製箏床共笛床。我亦中年感哀樂，何妨陶寫百千場。（其四）生憎催別苦怱怱，聚散無端一霎中。久識人生同氍演，銷魂不待管絃終。（《樊榭山房集》續集卷七「詩庚」，四部叢刊景清振綺堂本）

## 【滿江紅·題桃花扇傳奇】

千古南朝，剩滿眼、鍾山廢綠。問誰記、渡江五馬，玉樓金屋。復社尙興風影禍，教坊偏占煙花福。笑無愁，帝子莫愁湖，懽娛速。

醉舞散，灰緋燭。宮騎走，降旛矗。看湘東已了，枯碁殘局。桃葉渡邊飛燕語，桃花扇底銅仙哭。算付將、此曲雪兒歌，難終曲。（《樊榭山房集》外詞卷二「秋林琴雅」，四部叢刊景清振綺堂本）

# 汪由敦

汪由敦（1692～1758），字師茗，號謹堂，休寗（今屬安徽）人。雍正元年（1723）以諸生薦，充明史館纂修。明年三月舉順天鄉試，八月成進士。選庶常，授編修。擢禮部侍郎，授工部尚書，轉刑部入直軍機處。官至協辦大學士、吏部尚書。由敦嫻於歷代掌故，前後考定樂章、祭器、鹵簿及朝會升祔諸大禮，皆斟酌古今，鑿然爲一代之制。雖以文學受知，而簿書、錢穀、刑名之事，亦無不究心焉。有《松泉詩集》、《松泉文集》傳世。兼工書法，爲學者楷模。見《揚州畫舫錄》卷一三、《碑傳集》卷二七、《（光緒）重修安徽通志》卷一八六、《清史稿》卷三〇二等。

## 【雙溪絕句七十首有序（之十）】

遊人無復問平泉，零落梅花漲滿川。差勝梨園傍村尾，只餘森木亂鳴蟬。梨園在村東，舊多亭館。（《松泉集》詩集卷二，清文淵閣四庫全書本）

## 【雙溪絕句七十首有序（之二十六）】

月明不上庾公樓，良夜追歡泛四遊。金縷曲終雲不散，浣紗的的在溪頭。督學三餘公有小湖舫，題曰「四遊圖」。叔秋屏太史亦製《秋水篇》，明月句，其船聯也。督學公家鶴珠小伶，擅名浙中。先曾祖富小伶，善演《浣紗》劇。（《松泉集》詩集卷二，清文淵閣四庫全書本）

## 【雙溪絕句七十首有序（之二十七）】

家伶兩部管絃張，一曲當筵也擅場。驅犢歸來坐春雨，更教兒輩理宮商。先封戶部公，好絲竹。先參議公教家僮清歌娛老，一部居槎潭，一部居瓜園，至今世其業。（《松泉集》詩集卷二，清文淵閣四庫全書本）

## 【準烏喇岱行營恭祝萬壽聖節敬紀】

帳殿晴開紫塞中，朝霞絢彩映流虹。是日積雨初霽。南山獻壽千尋碧，秋樹開屏萬嶺紅。部落名藩齊輯瑞，兜離新曲效呼嵩。塞外蒙古諸王至者數十部，有以優伶稱觴，矢愛戴之忱者。袞衣展禮先文母，此日瞻天薄海同。上先具禮服，恭詣皇太后前行禮。（《松泉集》詩集卷十，清文淵閣四庫全書本）

## 【恭和御製是日復得詩四首元韻（之三）】

玉音辰告肅班聯，風雅淵源典誥篇。保泰百年欽主聖，賡歌一德勵臣賢。聖諭有「致治，當崇實政；爲學，當務躬行，不專尚文辭，我君臣所宜共勉」語。繽紛更拜承筐賜，謳畢復拜御集、文綺、綵箋之賜。馥郁同攜滿袖煙。欲笑昆明傳麗句，祇從遊幸詫群仙。伶人演沈宋昆明賦詩故事。

（《松泉集》詩集卷十一，清文淵閣四庫全書本）

## 【丁卯恭和御製新正二日試筆元韻】

仙毫揮灑物同春，七日三陽協令辰。去臘廿五日立春，至是七日矣。到眼階蓂雙葉秀，從頭苑柳一番新。花繁舞袖團金粉，是日乾清宮賜宴，演《百花》新劇。香溢芳樽泛玉津。歲歲承恩慚報稱，敬持丹筆體深仁。

（《松泉集》詩集卷十三，清文淵閣四庫全書本）

## 【新正二日乾清宮侍宴恭紀】

紫殿元辰秩廣筵，法宮重荷渥恩偏。春風乍轉雙蓂秀，韶律先舒百卉妍。是日演《百花春》劇。九有歲華調玉燭，一堂喜氣洽瑤箋。小臣忝竊叨榮遇，拜賜欣歌既醉篇。（《松泉集》詩集卷十七，清文淵閣四庫全書本）

# 保培基

保培基（1694～？），字岐菴，一字井公，號西垣，一號四鄉宕子，又號井谷鄉人。通州（今屬江蘇）諸生。佐江南河道總督嵇曾筠幕中，於河務多所建白。

越一載，浙海水溢，上命蒍公往理，培基襄其役。東西兩塘，岸亘百餘里，培基與蒍曾筠駕小舟，由錢塘而下，經大尖山直抵海門，勘審地勢，得切沙法，隨發兵夫數百人，且切且疏，視潮之漲落爲作息，不二年而大工告竣。曾筠以培基稱職入告，授嘉興海防同知，旋調杭州西海防同知。晚以詩酒自娛，家有園亭絲竹之樂，擁書吟哦，暇則與客鳴琴投壺以爲娛，淡於進取，有仕階而不屑階。著有《西垣集》。見《淮海英靈集》丙集卷四、《延綠閣集》卷六等。

## 【題桃花扇傳奇】

（其一）睥睨紈羅綺袴襠，盛衰生死總無良。只教不敗人家國，未必侯生勝阮郎。

（其二）從事揚州竟索然，書生瑣尾亂離年。早知槖筆無袁灝，悔讀移人《燕子箋》。

（其三）莫道奄兒不好賢，合歡猶爲製釵鈿。更憐才思圓於海，<small>大鋮別號圓海。</small>何事長門取酒錢。

（其四）不死艱虞只死情，從來慧性最分明。無端一葉秦淮妓，愴起燈前舊淚橫。

（其五）幾筆疎枝點血侵，媚香題處早知音。番番作合何多事，二測皖江到底心。<small>楊龍友曾於香君粧閣畫蘭題額，後於大鋮、朝宗、香君間忽爲牽合、忽爲排解，若明若昧者然。余友湯入林亦善蘭竹，亦與聞。㝱與亡姬往來翰墨及引識非人，種種情事亦酷似龍友，故云。</small>

（其六）名心一放笑難收，絕俗何如絕校讎。坊底羞爲兒子賣，<small>莊比羞爲兒子所賣，見《越世家》。</small>樓頭幸有婦人愁。

（其七）崑生曲調敬亭談，零落鄉心自不堪。回首舊遊歌舞地，風流亦各擅江南。

（其八）絮果花因一晌春，棲霞何處問迷津。佃夫神爽今翻在，化作鋒稜復社人。（《西垣集》卷七「詩七」，清乾隆井谷園刻本）

## 【芙蓉鸂鶒題給家伶又芹】

不足同群齒弟兄，半湖蓉水竟支撐。蒼蒼莫厭秋情冷，飲啄粗堪過一生。（《西垣集》卷八「詩八」，清乾隆井谷園刻本）

## 【芍藥芸郎索題<small>并跋</small>】

（其一）花面天生牽約春，省人情事肖人神。非關粉本慳些墨，

欲現文章道德身。

（其二）淡粧濃抹雖相譴，揣笑摩聾卻認眞。桃柳近多捔搎敗，
一枝好殿十分春。

芸，吳人。吳姓，弱年隨余給事几研，頗慧，粗知書。長夏無事，命與諸郎從事聲
伶。凡奏院本，俗諺所謂「笑面虎」、「綿裏針」、「一世人」、「笑罵者」，悉芸當之，無不
形容曲盡。李草亭前輩、黃棠野同學咸賞其技。黃因寫芍藥贈之，芸更叩詩於余。戲題長
句，幷邀草亭爲詩，時雍正五年也。（《西垣集》卷八「詩八」，清乾隆井谷園刻本）

## 【丁未秋前三日四鄉亭納涼觀演新劇感成六絕偶書黎伶便面】

（其一）絲竹東山□擲休，飄零無賴少時遊。柘桑爲繫櫻桃子，
更觸開花落絮愁。

（其二）田家斗酒方歌嗚，牧豎花奴婢念奴。箕落縱甘菅蒯賤，
忍辭蔓柞任荒蕪。

（其三）野狐浪向昵龜茲，蠢動如何說有知。但使豔傳煎雪事，
從頭不枉錦纏貲。

（其四）千情百態盡參商，早爲新詞一擅場。何處回騷堪解穢，
從人還覓硏綃光。

（其五）只合蘭膠茝漆堅，信芳誰許亂腥羶。胭脂淚洗琵琶面，
□古傷心迸斷弦。

（其六）念家山破因絃歌，歌罷曾消幾奈何。一夢淹漸應反側，
松風□謖白雲多。（《西垣集》卷八「詩八」，清乾隆井谷園刻本）

## 【蝶戀花・井谷園落成復演新劇】

（其一）《花間》：庭院深深蜂蝶聚。一演新詞，春意紛於絮。舞
豔歌香融一縷，紅嬌紫媚渾無據。　　情緒莫嫌花不語。卻到花時，
更惹閒情緒。小玉啼殘腸斷句，直教不放春歸去。

（其二）《臺上》：庭院深深楊柳亞。歌管樓臺，襯出天然畫。只
爲描摹人入化，一篇長恨千秋話。　　最是月明三五夜。數闋纔終，
忘卻殘粧卸。縱飲歡呼聲藉藉，今宵重奏新翻罷。

（其三）《水次》：庭院深深鸚鵡俊。不住傳來，水閣晴和信。一
樹紅梨花欲盡，徵歌便唱新題品。　　情壓煙波溪欹量。畫舫湘簾，
遠勝聲容近。名士傾城心一印，轉憐局外擔風韻。

（其四）《燈前》：庭院深深銀鑰靜。促起梳頭，再茌慵臨鏡。自掐檀痕聽玉茗，《牡丹亭》上雙魂影。　　睡意闌珊渾似病。絮渺絲悠，刻骨詞情境。一夢死生將半醒，迎人紅燭千條冷。湯臨川詩：「傷心拍遍無人會，自掐檀痕教小伶。」

　　杜蓉湖曰：「用四傳奇繪出一時風流人物，領會深而鏤刻渾，神境直逼花間，更多名句可諷。」

　　翁霽堂曰：「庭院深深，六一絕唱。易安愛而效之。今讀四作，溫柔雅麗，聲色並工，至斯極已。」（《西垣集》卷九「詞一」，清乾隆井谷園刻本）

## 【滿江紅・題黃儀逋前輩新樂府】

　　古樂淪亡，只說道，流風竟斬。往往向，鐵崖拔幟，西涯加勘。三昧忽傳遺老秘，一批便中騷人坎。更千奇、萬異我心同，如窺探。

　　辭氣橫，無邊膽；聲調美，無餘憾。掃六朝靡綺，三唐茸闒。鬼設神施新意義，天開地闢重觀感。但駸駸，見獵未忘情，慚何敢。姜退畊曰：「磊落縱橫，句奇語重，如許難韻，一氣渾成，其服膺此公者至矣。然兩結句自負亦自不淺。」（《西垣集》卷十一「詞三」，清乾隆井谷園刻本）

## 【兩同心・觀劇】

　　縱目歡場，舉稱得意。強年屬、兒女牽情，大都為、英雄墮淚。獨低徊，駐拍停觴，幾番不是。　　憶得新詞初製，新聲初試。需旨酒、約臂金松，結年少、纏頭錦碎。儘沉綿，玉夜香晨，花天月地。翁朗夫曰：「惋鬱工利，掃去歌喉舞態一切陳言。以之逐鹿詞場，實足臣僕周、柳。」（《西垣集》卷十八「羈魂夢語」，清乾隆井谷園刻本）

## 【醉公子・乞餘】

　　衣香窗眼度，曾認苔聲步。一夕十年書，詩詞話到餘。　　乞其餘亦足，也得能消福。但著縷金鞋，休提紫玉釵。李後主詞：「刬襪步香堦，手提金縷鞋。」湯臨川有《紫釵》傳奇演霍小玉事，又名《夢偕記》。（《西垣集》卷二十四「鄉省記」，清乾隆井谷園刻本）

## 【讀曲・悼豔】

　　（其一）破鏡難為影，廢瑟雜為絃。聲容兩寂寂，何處著生憐。
　　（其二）儂情向歡傾，歡身為儂輕。華筵開滅燭，鑿落未分明。

－217－

（其三）一日三秋情，可當死生別。縱有三生期，生生話不徹。

（其四）怪子誠何人，藝林工色色。貧兒入寶山，聞名不曾識。

（其五）才難更色難，千古聖人語。古聖瞥此情，不知淚如許。

（其六）緘口瞀新恨，其舊如之何。拗蓮作人勝，零落苦心多。

（其七）素貞不嫉嫌，新妍不妨故。一旦作裸民，羞澀難縫布。

（其八）歡作木蘭舟，繫我芳草洲。狂瀾一何怒，割絕逐風流。

（其九）鱗尾早雙頳，鶃頭難竝白。背月理哀箏，暗中空摸索。

（其十）野水浴鴛鴦，雕籠昵鸚鵡。雙雙過一生，莫學他儂語。

辟園曰：「癡情釀成幻想，綺語翻出哀思。事事卻在目前，筆筆直從天際。」（《西垣集》卷二十四「鄉省記」，清乾隆井谷園刻本）

# 尹繼善

尹繼善（1695～1771），字元長，號望山，滿洲鑲黃旗人。雍正癸卯（元年，1723）進士，改庶吉士。散館授編修，官至文華殿大學士，諡文端。文端好獎進人才，傾衿推轂，提訓孳孳。公餘一卷一燈，如老諸生，寒暑弗輟。詩成，喜人吟，聽至頓挫處，手為拍張。或半字未安，必嚴改乃已。駐節金陵，與錢文端、沈文慤諸老詩筒往復，香樹太傅有「敗於吳江道上」之語，洵為佳話。久與夢麟（號喜堂）司空同為詞壇鉅手，司空力摹韓、杜，文端贈句云：「詩似看山不喜平」，蓋確論也。高宗嘗以本朝滿洲科目，惟鄂爾泰、尹繼善二人。著有《尹文端公詩集》。見《八旗詩話》、《（同治）蘇州府志》卷六八、《（光緒）重修安徽通志》卷一三八、《清史稿》卷三〇七等。

## 【秋日自清江返棹玉峰老友送至淮關誠齋普公招集遠香亭湖蓮正開兼葭帶雨即席賦韻】

笑指行雲似此身，用贈玉峰舊句。白頭話舊更情親。銜杯共作花前客，繞屋爭看畫裏人。壁間多美人圖。喜對平湖吟暮雨，勝敲檀板唱陽春。原擬演劇未果。西風又送揚帆去，應有兼葭入夢頻。（《尹文端公詩集》卷六，清乾隆刻本）

## 【歲暮招子才觀劇仍用前韻】

（其一）落日相招一舉觴，寒村又踏板橋霜。賓朋已散開新盞，絲竹初聞入後堂。翠袖當筵年半老，紅梅繞座語皆香。芒鞋有約來須晚，為愛殘冬夜正長。

（其二）梨園多半素知名，曲度能教拍案驚。握手依然前客主，論心別有舊師生。時周青原相陪。鄂君擁被思前話，優孟登場悟宦情。子才舊詩有「鄂君翠被十年遲」，又「重看優孟登場日」之句。霧裡看花憐老眼，任呼剪燭欠分明。

（其三）轉眼椒盤偪歲除，不聯舊雨孰相於。知音屢見停杯聽，得句時還索筆書。肉味曾忘三月久，韶光倏過七旬餘。黃雞白日何須計，難起玲瓏一問渠。

（其四）何妨深夜再留賓，聚會從無手不分。六出纔飄占歲雪，三更又送入山雲。老來觀劇悲兼喜，酒後興歌醒亦醺。遙憶柴門人到處，數聲犬吠隔溪聞。（《尹文端公詩集》卷八，清乾隆刻本）

## 【沐恩紀事恭成十二首（之十一）】

收圍行殿集藩王，四面雲開翠幕張。樂奏清平頒厚賞，同聲忭舞慶重陽。重陽賜宴，演《李白清平調》，賞賚諸藩。（《尹文端公詩集》卷十，清乾隆刻本）

# 杭世駿

杭世駿（1696～1772），字大宗，號菫浦，自號秦亭老人，浙江仁和（今浙江杭州）人。乾隆丙辰（元年，1736）舉博學鴻詞，官翰林院編修。書擁百城，胸羅四庫，入翰林未久，即以言事罷歸。沈文愨送之有句云：「鄰翁既雨談牆築，新婦初婚議竈炊」，蓋深惜之也。世駿少治經，事同郡沈世楷，又從淳安方榘如受業。同里萬九河喜見之，以為鄭漁仲之流。既長，厝意於音韻之學，遂篤好賦詠。雍正二年（1724）應鄉舉中式，數試禮部報罷。公車之次，為學勿勌。性簡傲，同人遭其睥視，然自謂吾經學不如吳東壁、史學不如全謝山、詩學不如厲樊榭，其遜順又如此。著有《史漢疏證》、《兩漢書蒙拾》、《文選課虛》、《三國志補註》、《諸史然疑》、《桂堂詩話》、《續方言》、《石經考異》、《道古堂詩文集》、《續衛氏禮記集說》等。見《揚州畫舫錄》卷四、《文獻徵存錄》卷五、《兩浙輶軒錄》卷二一、《湖海詩傳》卷五等。

## 【許上舍源岳出觀家伶四首】

（其一）北寺看鐙憶七年，玉釵羅襪晚風前。一秋艷思三生夢，併逐笙歌上綺筵。

（其二）林鶯恰恰試雛聲，惱亂蒼涼客子情。斜倚一行紅燭坐，

畫簾風戛水紋生。

（其三）香篆縈絲炷夕薰，冰姿消得砑羅裙。看來素壁秋鐙影，瘦較黃花更一分。

（其四）闔閭城上隱朝霞，漏斷嚴更鼓不撾。此夜可知歌吹煖，清霜烘後不成華。（《道古堂全集》詩集卷四補史亭賸稿，清乾隆四十一年刻光緒十四年汪曾唯修本）

## 【中秋集遺安樓下聽小伶歌坡仙大江東去詞】

（其一）雨聲來自大江東，綽板琵琶鬧綺欄。曲誤不知誰解顧，思量公瑾是英雄。

（其二）羅衣約略欲生寒，粉面妖嬈刻削難。可惜轉喉珠一串，黃州月色不曾看。（《道古堂全集》詩集卷二十三韓江集，清乾隆四十一年刻光緒十四年汪曾唯修本）

# 閔　華

閔華，字玉井，號蓮峰，江都（今江蘇揚州）人。詩斅晚唐，沈南野稱其佳句如《孔北海祠》云：「要爲魯國奇才子，不比楊家最小兒」，《謝太傅祠》云：「且喜生兒能破敵，不妨長日但圍棋」，則已駸駸入宋矣。著有《澄秋閣集》、《楮葉詞》。見《湖海詩傳》卷一八、《國朝詞綜》卷三〇、《晚晴簃詩匯》卷七八等。

## 【蹋繩伎】

烏綾覆額紅袜腰，雙趺便捷猶輕猱。翩然身手各有態，一蹴風前爾許高。綵繩離地可七尺，忽向橫牽繩上立。險處偏能利走趨，汝不是仙應是賊。肌體柔弱骨欲無，要人憐愛如兒夫。兩袖飄颻飛蛺蝶，一絲懸挂落蜘蛛。陌上正有青裙女，清晨采桑走風雨。養得蠶成更織機，織作羅紈賣與汝。（《澄秋閣集》三集卷一，清乾隆十七年刻本）

## 【題雅雨先生旗亭畫壁傳奇後】

（其一）大都名士值傾城，造物偏慳與合并。好是詞人新樂府，不令往事太無情。

（其二）七言斷句叶宮商，高響元音各擅長。當日酒旗歌板地，一時頓有兩王郎。

（其三）當時華館鬥笙歌，有客魂銷喚奈何。畢竟美人是知己，紅牙輕拍唱黃河。

（其四）清平調按李青蓮，長恨歌翻白樂天。不道稗畦居士後，又因唐句演唐年。（《澄秋閣集》三集卷三，清乾隆十七年刻本）

## 【雅雨先生招集平山堂探梅分韻得橫字】

春暄花信早，地勝遊人并。湖山非舊觀，草木增新榮。我公政閑暇，探梅朝出城。沿流盡曲折，艤棹臨深清。崇岡遞松吹，古寺鏗鐘聲。花依樓角轉，人在花鬖行。亂玉粲斜日，寒香矜晚晴。于茲契良會，主倡賓亦賡。杯杓溢鄉醞，是日飲羅酒。歌管聆家伶。歸途照鐙火，篙檝紛縱橫。橋外吏人立，水邊旌旆迎。回首望巖際，白雲明英英。（《澄秋閣集》三集卷三，清乾隆十七年刻本）

# 黃 輅

黃輅，字乘殷，會稽（今浙江紹興）人，雍正間武進士。乘殷與商寶意同官姑熟，廨有嘉樹清泉，建草草亭，吟詠其下，唱酬無虛日。其五言、七言皆清華蘊藉，無磨盾橫槊之風，古詩尤多態度。著有《錦水詩集》。見《兩浙輶軒錄》卷一九、《全浙詩話》卷四七、《晚晴簃詩匯》卷六八等。

## 【留別蕪湖舊友】

于湖久住忽思家，勝侶分飛雁影斜。惜別一尊將進酒，含情兩朵未開花。殘年南陌無芳躅，舊錄東京有夢華。不待登樓始惆悵，錦屏風外即天涯。離筵有二小伶度曲。（清‧阮元輯：《兩浙輶軒錄》卷十九，清嘉慶刻本）

# 陳兆崙

陳兆崙（1700～1771），字星齋，號句山，浙江錢塘（今浙江杭州）人。幼好學，嘗遊西湖淨慈寺，讀門牓三遍，還家試誦，略無遺脫。年十二為制藝，人以為工，競鈔寫成別本。淳安方榘如、桐城方苞見其所著，大好之，以為是人當以文采照世也。雍正庚戌（八年，1730）進士，授中書。乾隆丙辰（元年，1736）召試博學鴻詞，授檢討。官至太僕寺卿。著有《紫竹山房詩文集》。見《壬寅銷夏錄》、《文獻微存錄》卷五、《兩浙輶軒錄》卷二三、《湖海詩傳》卷六、《全浙詩話》卷四七等。

## 【福州春霖甚盛壬子上巳志局小集值大雷雨廖秀才天瑞有作次原韻】

青春黯黯春失青，畫雨暝雨畫亦暝。願爲桃梗隨飄萍，一徑直叩胥山屆。羨君寧不攖其寧，日事汲古如井缾。爲我薄設鯊鱘鯖，爲我博徵子史經。大酋火齊出晶熒，婆陁七旦宛娉婷。時以度曲賭酒，有閩士作西腔，一座絶倒。詩成騰光駛六丁，狂雷震電駈風霆。破壁下取無飄零，三雅在手飛且停。時震雷破壁擊庭樹，因撤席，圍坐移時。樂不可極重忪惺，小晴暮色來遠汀。鄒生枚叟俱高齡，衆醉獨有下座醒。廖年最少。因緣聚會歡忘形，福州水國得歲星。（《紫竹山房詩文集》詩集卷一，清嘉慶刻本）

# 金德瑛

金德瑛（1701～1762），字汝白，一字慕齋，號檜門，又號檪齋。浙江仁和（今浙江杭州）人。乾隆丙辰（元年，1736）狀元。十七年五月，以太僕寺卿陞任左都御史。德瑛寢饋經史，至老弗倦。斗室一燈，丹黃典籍，汲汲如不及。性樂佳山水，凡使節經過勝區古蹟，必命駕登覽，至則留連，久之而後去。蓋天懷清曠如此。通籍二十有七年，任斯文衡尺者無虛歲。著有《檜門詩存》四卷，附《觀劇絶句》一卷。《觀劇》組詩共三十首，係德瑛於乾隆二十二年至二十三年（1757～1758），在北京觀《加官》、《八仙》、《虞仙》等劇後所寫。見《湖海詩傳》卷五、《兩浙輶軒錄》卷二三、《（道光）濟南府志》卷二九、《清史稿》卷三〇五等。

## 【觀演康對山劇】

閉戶風流自品題，天教三絶共關西。偶因良友迁身救，何意高名七子齊。漢黨幸全思陳實，晉卿請免望祁奚。暮年潦倒江南路，濁酒新詞寫赫蹏。（《詩存》卷一，清乾隆三十三年刻本）

## 【觀劇六絶句李生載菴將重出塞省其尊人觀察公於黑龍江戍所值演尋親之齣閔默起旋席間感之而作也】

（其一）旅舍焉知彼此親，中宵訴出轉傷神。賴是一氍相慰藉，風餐草宿遇何因。

（其二）意外能留客況安，多年豁達露心肝。古今信有孫賓石，正史彈詞且例看。

（其三）抖擻都忘夜漏深，青燈照出鶴鳴陰。流離只在中原地，

險阻多岐尙易尋。

（其四）換羽移宮燭旋敧，老伶刻意尙遲遲。那識轉喉偏觸諱，有人暗淚落多時。

（其五）葉本團枝老脫柯，且圖覿面慰蹉跎。閉門橫逆猶難料，況是風濤宦海多。

（其六）人世悲歡事每齊，白頭何日赦金雞。定然此䬺成先兆，看進榆關八馬蹄。（《詩存》卷四，清乾隆三十三年刻本）

# 彭啓豐

彭啓豐（1701～1784），字翰文，定求孫，江南長洲（今江蘇吳縣）人。鄉舉之歲，芝生庭中，故自號芝庭。雍正丁未（五年，1727）會試第一，殿試卷列第三，世宗親擢第一，授修撰，旋直南書房，歷充河南、江西、山東鄉試主考官。乾隆三年（1738），遷翰林院侍講。時許近臣奏進經史講義，啓豐所上，多切於治體。嘗因論《通鑒》宋雍熙二年求遺書事，請廣搜宋元以來諸儒遺書切於理道者呈進傳刊，以惠士林，詔如所請。六年充江西鄉試副考官，又曾督學浙江，歷陞通政使、左副都御史、內閣學士、刑部侍郎等。著有《芝庭文稿》八卷、《詩稿》十六卷等。見《（同治）蘇州府志》卷八九、《清史稿》三〇四等。

## 【同年王孫同招集錫壽堂即事】

蘭膏吐燄壁籠紗，邸次飛觴樂事賒。黃菊留香人益壽，青山如畫客思家。霓裳聽徹仙音渺，甌飯炊來鬢影華。時演《長生殿》、《邯鄲夢》雜齣。日下舊題追仿佛，眼前指點盡飛花。（《芝庭詩文稿》詩稿卷十二，清乾隆刻增修本）

## 【觀演勸善金科】

（其一）欲徹人天最上層，善緣歷歷引梯登。青牛度世來關尹，白馬傳經遇梵僧。早信眞常原不滅，本來圓覺證誰能？雲軿芝蓋凌空舉，頓使清涼散鬱蒸。

（其二）蝸角從來有戰爭，建中遺事足傷情。綠林擾攘多乘釁，白馬縱橫自擁兵。誰使腹心輸佞豎，卻憐葅醢到忠貞。早知受諫無今日，終古金城孰敢傾。演唐德宗時事。（《芝庭詩文稿》詩稿卷十二，清乾隆刻增修本）

# 金 姓

金姓（1702～1782），字雨叔，號海住，浙江仁和（今浙江杭州）人，乾隆七年（1742）進士第一人。授修撰，典甲子廣東鄉試。散館復第一。丁丑在上書房行走，先後侍書十七年。累遷內閣學士，晉禮部侍郎。告歸，主講敷文書院，年八十一卒。在都時捐金釀資創仁錢會館，部署周備，鄉士棲止如歸。雨叔至性過人，事母孝。少與兄砥礪問學，穿穴諸經，時有創解。詩宗韓、杜，駢體得南宋「二李」之遺。著有《靜廉齋詩集》。見《國朝詩人徵略》卷三一、《兩浙輶軒錄》卷二五、《（民國）杭州府志》卷一二六等。

## 【九日碩籠哈達奉旨侍宴恭紀】

秋獮今朝正解嚴，萸觴仍喜渥恩霑。筵開蕃落名王集，優笑詞林故事添。戲演宋時御試翰林，實以近事嘲笑。戲馬臺空慚雅製，飛龍殿近傍重檐。從來勝地登高酒，可似鈞天吉夢占。（《靜廉齋詩集》卷七，清嘉慶二十五年姚祖恩刻本）

## 【和鴻臚傅謹齋為訏前輩移居四首（之二）】

萬卷居然擁百城，書巢自喜燕新成。原序云：入都如新燕營巢。飄來絲管空中賞，悟徹槐柯夢裏榮。封殖總留前輩意，蓬壺元借列仙名。原序云：庭下有槐，北鄰為方壺齋梨園也。滿庭風月誰分破，贏得清卿分外清。（《靜廉齋詩集》卷九，清嘉慶二十五年姚祖恩刻本）

## 【發熱河寫懷】

瞻星東向吉門趨，送駕於惠迪吉門。羽獵追陪記首途。聽徹仙宮霓舞曲，觀劇至中秋畢。補完《秋塞夜吟圖》。圖成七載，始復隨圍。關心泛宅愆期否，屈指安巢匝月須。家累有八月十一日起程之信，而余扈從回京，當在九月望後。且喜此來頻示疾，據鞍仍不待兒扶。（《靜廉齋詩集》卷十二，清嘉慶二十五年姚祖恩刻本）

# 錢 載

錢載（1708～1793），字坤一，號籜石，一號萬松居士，浙江秀水（今浙江嘉興）人。穎敏好學，雍正十年（1732）副榜貢生，以詩文見知於虞山相國，舉博學鴻詞、舉經學就試，皆未入選。乾隆壬申（十七年，1752）成進士，改庶吉士，授編修。七遷內閣學士，直上書房。四十一年督山東學政。四十五年命祭告

陝西、四川嶽瀆及帝王陵寢，尋擢禮部侍郎，充江南鄉試考官。蘀石學問淵懋，品行修潔。善寫生，其畫得法於南樓老人而間出新意，筆甚超拔，尤工蘭竹。汪雲壑殿撰有題畫詩云：「靈氣從十指出，妙手固偶得之。何似萬松居士，濡頭醉墨淋漓。」著《蘀石齋詩集》。見《揚州畫舫錄》卷一○、《國朝畫識》卷一二、《兩浙輶軒錄》卷二三、《清史稿》卷三○五等。

## 【賜清音閣觀劇恭紀十首】

（其一）碧檻紅樓御榻安，東西廂敞藉群官。高高面北三層閣，閣下笙簫按鳳鸞。

（其二）盆花左右列中庭，蕙箭榴房間素馨。朝雨絲絲簾額灑，檀槽聲趁最瓏玲。

（其三）三陳玉食即分頒，盤炙甌香次第間。內苑晚晴勝早暖，微臣白髮也丹顏。

（其四）章奏親批膳後仍，軍機晚對玉階承。分明詔濩雲山際，半日中間暇未曾。

（其五）魚龍曼衍不妨工，覽古猶關一曲中。花石船頭朱勔坐，汴梁城外水門東。

（其六）金家初旺宋家柔，不與遼家作好仇。嶽頂賞花纔幾日，鳳凰山翠見杭州。

（其七）周密迴思志《癸辛》，貫雲石又稗官申。人間散去遺聞鑒，天上收來法曲陳。

（其八）齊天聖壽月初開，蒙古諸王續續來。並懇行圍隨雁磧，先教入坐侍瓊臺。

（其九）十日為期後接前，齋期停樂聖心虔。涼風即次留襟佩，珪月從容待管絃。

（其十）御書每日午牌成，內監鋪將照地明。聖處工夫寸陰惜，水涼山響自歌聲。（《蘀石齋詩集》卷三十七，清乾隆刻本）

## 【延真院楊宣慰家梳粧樓】

澉浦城何小，延真觀已空。松飄三角鬢，磬定十樓風。雜劇元人擅，新塘海舶通。蘚壇荒且寂，袛益晚濛濛。里呼十間樓尚存。（《蘀石齋詩集》卷四十八，清乾隆刻本）

# 董元度

董元度（1709～1778後），字曲江，號寄廬，思凝子。平原（今屬山東）人。性孝友，才穎敏。乾隆丁卯（十二年，1747）舉人，壬申（十七年，1752）進士。由庶常散館出知安遠縣，愛民如子，吏民皆感服，不踰歲而利興弊剔。士習久頹，教以先行後文，極力考課，士風丕振。以忤時降補東昌教授。十年後以老疾歸鄉里，歷主書院講席。少日以《春柳》詩得名，與王文簡《秋柳》競響。其《濟南雜感》云：「滿城秋色澹斜暉，瑟瑟西風白袷衣。幾點綠萍隨雨散，一群花鴨背船飛。煙橫晚浦同人少，雲冷空亭舊夢非。最是年年縮離別，蕭騷高柳又添圍。」極爲黃崑圃先生推許。又記其《布被》詩云：「湊與公孫等例看，幾年賴爾伴袁安。篝經秋冷頻相憶，夢向春多未忍拚。禪榻偎餘燈一穗，客窗擁到日三竿。翻憐畫省青綾薄，不起廉隅也自寒。」江以南皆傳誦之。著有《舊雨草堂詩》。見《（道光）濟南府志》卷五六、《梧門詩話》卷三、《湖海詩傳》卷一四等。

## 【舟發臨江卻寄野溪丈（之三）】

自過溢浦少清歌，崔九堂前入夢多。恰是雨絲風片裡，一聲檀板奈愁何。署中觀劇二日。（《舊雨草堂詩》卷五，清乾隆四十三年刻本）

## 【十老詩同午崖□夫拈韻（之八）】

《老伶》：五侯甲第久知名，客散歌殘主數更。撾鼓當筵春易老，吹簫孤館月無情。即看舊曲翻新拍，也合前人避後生。崔九堂前相憶否？江南花落淚縱橫。（《舊雨草堂詩》卷七，清乾隆四十三年刻本）

## 【浪淘沙・陸星巖同年宅觀劇】

寒夜漏初長，臄醅飄香，高燒紅燭照紅粧。宛轉鶯喉珠一串，翠袖朝涼。　　聽鼓促人忙，歌散華堂，天街走馬月如霜。珍重主人能愛客，不諱清狂。（《舊雨草堂詩》詩餘，清乾隆四十三年刻本）

# 楊鸞

楊鸞（1711～1778），字子安，號迂谷，潼關（今屬陝西）人。年十四入學，乾隆己未（四年，1739）進士。初官蜀，繼官湘，迭宰犍爲、醴陵、長沙、邵陽諸縣，皆有政績。分房考校，所得多知名之士。詩高亮明秀，不爲伉厲之聲。著有《逿雲樓詩集》。見《國朝詩人徵略二編》卷二九、《晚晴簃詩匯》卷七五等。

## 【秋夜觀劇有感】

（其一）脆管繁絃入夜清，江南紅豆舊知名。香燈自照參差影，錦瑟難忘宛轉情。一片雲歸何處去，三分月是向來明。而今怕聽絲兼竹，不到中年感慨生。

（其二）此生無路報平津，秋滿閒園夢白蘋。對酒謾驚新髀肉，登樓常憶舊星辰。依然玉塞吹蘆管，可得紅房鎖翠茵。一曲伊州纔入破，餘情已逐畫梁塵。

（其三）閒心常是為秋悲，況復秋宵聽麗詞。明鏡朱顏銷往日，美人芳草省當時。一聲玉笛愁先咽，滿地霜華坐未移。憶向廣寒翻舊譜，風流千載尚情癡。

（其四）芳筵客散獨憑欄，此夕遙情有萬端。舊雨都為青玉案，曉皇不及水精盤。深知非夢還疑夢，且可常歡又趁歡。我欲竟排閶闔去，大羅何處最高寒。（《逸雲樓集六種》逸雲草，清乾隆道光間刻本）

# 恒 仁

恒仁（1713～1747），字育萬，一字月山，清宗室。初襲輔國公，後以不應襲失爵，遂閉戶讀書，專意吟詠，志學不倦，閒居以終其身，年僅三十有五。仁和沈廷芳為誌其墓，稱其「清微樸老，克具古人風格」，蓋由其蕭散恬適，故語多澄澹也。沈歸愚曰：「乾隆甲子歲，月山以韻語來學，授以唐詩正聲，造詣日進，吐屬皆山水清音。」著有《月山草堂詩》四卷，為其子宜興所編，凡古今體詩二百九十二首，詩餘二首，冠以墓誌，殿以宜興所作跋。見《八旗詩話》、《八旗通志》卷一二〇等。

## 【雨後西園觀劇集李】

吾家有季父，閒園養幽姿。東風洒雨露，草木含榮滋。良辰與美景，今日乃相宜。歌聲送落日，舞袖拂花枝。三杯容小阮，七步繼陳思。復如竹林下，名賢共此時。（《月山詩集》卷二，清乾隆刻本）

## 【題瓊花夢傳奇】

玉堂才子譜新聲，一曲瓊花四座驚。同是揚州同是夢，令人重憶玉池生。（《月山詩集》卷二，清乾隆刻本）

# 張開東

　　張開東（1713～1781），字賓暘，號白蒓，別號海嶽遊人。蒲圻（今屬湖北）人。諸生，官蘄水訓導。少雋才，性愛佳山水，嘗乘隻輪車遍覽名勝，車中書壹幟曰「五嶽遊人」，見者異之。訪古蒐奇於人跡不到之地，車轍所經，名公卿爭相延攬。性情纏惻，沖夷善感，隨所吟哦，灑然皆動。山川奇偉之氣，悉發於詩。著有《海嶽集》、《白蒓詩集》。見《湖北詩徵傳略》卷四、《晚晴簃詩匯》卷八五等。

## 【九江榷使唐公英招宴觀劇】

　　春風持節九江城，秀水佳山盡有名。塵網解通盧阜面，芒鞋許聽雪兒聲。高年圖籍多餘興，曠代風流萬古情。卻教疎慵還卜夜，不辭關桥擊殘更。（《白蒓詩集》卷一，清乾隆五十三年張兆騫刻本）

## 【大風中觀劇】

　　雲陰池館乘遊興，日澹笙歌起暮哀。風韻瑯瑠天外落，嬌娥冷耐月中來。清波皓齒搖朱舫，白蝶輕花舞鏡臺。更唱陽春聲逾遠，滿城簾幙一時開。（《白蒓詩集》卷一，清乾隆五十三年張兆騫刻本）

## 【雜優歌】

　　邯鄲兒童善戲謔，拋毬打頭自相搏。銅盤爲花竹爲莖，手持竹竿搖花蕚。連竿層累出雲霄，仙人掌上露華濯。竿直如箭射天空，又作遊絲牽風弱。隨有雲梯起虛漠，窈窕翻身腳底著。狡兒如猿抱腳伸，緣梯步趨顛倒作。超然直踏雲梯巔，滄海蜃樓蓬萊閣。高低蕩漾水雲騰，鳥自飛翔魚自躍。又如風吹太華玉井蓮，翩躚不向人間落。九霄上，八極邊，我欲從之步虛挾飛仙，何必塵世局促徒拘攣！（《白蒓詩集》卷八，清乾隆五十三年張兆騫刻本）

## 【施刺史留觀劇行】

　　刺史堂前明月光，紅燭高燒夜無霜。紛紛旌旗戰場色，滿座煙雲爲低昂。主人獻客復長揖，哀絃促管何太急？闃然一霎杯盡空，月到中天還獨立。（《白蒓詩集》卷十，清乾隆五十三年張兆騫刻本）

## 【天津雜詠選十五首（之十二）】

　　東王公宅已成塵，方伯張園誰問津。近說西村查氏苑，不知何處

種花人。明御馬監王之俊家天津，時都人稱東王公，以別司禮監王承恩也。康熙二年，駕幸其第。張霖，天津人，任福建布政，宮室聲伎最盛，搆有問津園等處。城西有查氏花園，今亦未見。(《白蓴詩集》卷十一，清乾隆五十三年張兆騫刻本)

**【玉環歌呈汾陽陳明府】** 玉環，歌童名。

汾陽堂上喧歌舞，三五童男扮童女。翠眉輕搖楊柳風，絳唇新點桃花雨。一曲衛腔音綿綿，百轉纖喉不肯吐。乍抑乍揚若春鶯，欲斷不斷如柔縷。天津衛腔如此。中有十齡小玉環，含嬌故作金蓮步。青瞳朱顏髮未齊，嫣然微笑向人語。銀燭高燒夜何長，冰絲低吟遲不去。莫非玉女侍者容，疑是觀音嬰兒嬬。乃知天籟發自然，脂粉塗抹皆謬誤。寰中盡陳太平音，天上都注長生譜。宰官方進王母筵，汾民又上宰官壽。白日清宵聽不厭，長簫短笛生怨慕。少年樂事逢人多，皓首轉看愁憐汝。玉環玉環笑且歌，且倚樽前少延佇。(《白蓴詩集》卷十三，清乾隆五十三年張兆騫刻本)

# 沈維基

沈維基(1716～？)，字抑恭，號心齋，浙江海寧人。雍正壬子(十年，1732)副貢生，與父廷薦同榜。官至延平知縣。著有《紫薇山人詩鈔》。見《兩浙輶軒錄》卷一九。

**【尹方伯召集半畝天香亭讌賞牡丹步韻二首(之一)】**

明霞燦爛五雲中，半畝花光髴髴同。繡障香凝珠袖露，錦茵春醉玉樓風。倩尋舊夢傳眞巧，即於牡丹亭畔演《牡丹亭》傳奇。憐取新妝入畫工。錢湖施明府繪《半畝天香圖》。一樣穠華邀勝賞，何妨拂掠看輕紅。

(《紫薇山人詩鈔》卷五山左吟草下，清乾隆刻本)

# 查　禮

查禮(1716～1783)，字恂叔，號儉堂，一號鐵橋，先世江西臨川人，父曰乾，遷居宛平，僑寓天津。業蘆鹾。禮幼敏於學，十五歲即著詩名，博覽經史，由主事官廣西太平府知府，有惠政。歷遷湖南巡撫。赴闕謝恩，因積勞療發，卒於京。能吟詠，喜賓客。山水花鳥精緻，尤善墨梅。嗜古印章、金玉銅彝，名人

鐫刻，無所不備藏，弆至有千餘。著有《銅鼓書堂遺稿》三十二卷、《嘉祐石經考》二卷、《畫梅題跋》一卷等。見《蒲褐山房詩話》、《長蘆鹽法志》卷一七、《歷代畫史彙傳》卷二二、《清史稿》卷三三二等。

## 【行香子·落燈夜心穀伯兄招同余犀若孝廉朱崙仲王孝先二上舍丁苞七周月東二秀才飲澹宜書屋聽福郎度曲因賦辛亥】

　　　殘雪含煙，暖意衝簾。乍收燈忙過華年。何來紅豆，恰遇當筵。聽一聲平，一聲背，一聲圓。　　　蘭燭花偏，笑語喧闐。看傾杯酒似流泉。晚風籔籔，吹入鷗弦。正月朦朧，星闇澹，斗闌干。（《銅鼓書堂遺稿》卷二十五，清乾隆查淳刻本）

# 袁　枚

　　袁枚（1716～1797），字子才，號簡齋，浙江錢塘（今浙江杭州）人。幼有異稟。年十二，補縣學生。弱冠，省叔父廣西撫幕，巡撫金鉷見而異之，試以《銅鼓賦》，立就，甚瑰麗。會開博學鴻詞科，遂疏薦之。時海内舉者二百餘人，枚年最少，試報罷。乾隆四年（1739）成進士，選庶吉士。改知縣江南，歷溧水、江浦、沭陽，調劇江寧。時尹繼善爲總督，知枚才，枚亦遇事盡其能。市人至以所判事作歌曲刻行四方。枚不以吏能自喜，既而引疾家居。再起發陝西，丁父憂歸，遂牒請養母。卜築江寧小倉山，號隨園，崇飾池館，自是優遊其中者五十年。時出遊佳山水，終不復仕。盡其才以爲文辭詩歌，名流造請無虛日，詼諧詄蕩，人人意滿。後生少年一言之美，稱之不容口。篤於友誼，編修程晉芳死，舉借券五千金焚之，且恤其孤焉。枚天才穎異。論詩主抒寫性靈，他人意所欲出，不達者悉爲達之。士多效其體。上自公卿下至市井負販，皆知其名。海外琉球有來求其書者。然枚喜聲色，其所作亦頗以滑易獲世譏云。卒，年八十二。與趙翼、蔣士銓並稱「乾隆三大家」，著有《小倉山房詩文集》、《隨園詩話》等多種。見《揚州畫舫錄》卷一〇、《文獻徵存錄》卷六、《兩浙輶軒錄》卷二二、《清史稿》卷四八五等。

## 【贈歌者許雲亭】

　　　（其一）皮絃金柱小琵琶，上巳浮橋阿子家。引得周郎屢回顧，長安春在一枝花。

　　　（其二）霓裳曾已列仙班，天上重來解珮環。應是玉皇憐絕藝，特留一闋在人間。（《小倉山房詩集》卷二，王英志主編：《袁枚全集》第一册，江蘇古籍出版社1993年版，第22頁）

【秦淮小集座有歌郎上元許令目懾之郎亟引去余迂許憐郎而調以詩】

（其一）五月蟠桃花事新，眾仙同日詠宜春。傳呼驚聽劉安到，口斥嫦娥避寡人。

（其二）金燈紅照柳千行，風動珠簾鳥忽翔。惆悵秦淮花兩岸，南河春色北河霜。（《小倉山房詩集》卷五，王英志主編：《袁枚全集》第一冊，江蘇古籍出版社 1993 年版，第 64～65 頁）

【閏五月二十八日買舟渡江吳下主人沈雲卓江雨峰招兩歌郎為余祖道】

主人情重酒杯輕，親把檀槽唱《渭城》。世上別來知聚好，尊前歡盡即悲生。兩株瓊樹隨風散，五月江帆冒熱行。回首桂林書舍裏，闌干空照露華明。（《小倉山房詩集》卷七，王英志主編：《袁枚全集》第一冊，江蘇古籍出版社 1993 年版，第 117 頁）

【王郎詩并序】溫皆山吏部愛歌者王郎，嫌賢弟宰上元，關防拘閡。其同年莊念農僦河房近郎，戲曰：「從我而朝少君。」溫喜甚，邀余與吳蘭臣、汪秋畬等稱娓前行且飲，中旦後止。溫書詩冊如蠶眠，納王郎袖，諸公酬之。

（其一）一樹涼燈萬瓦霜，四年重到舊歌場。板橋添个旗亭事，齊唱《王郎曲》四章。

（其二）自是王孫解愛才，故教雙姓使君猜。郎姓王，又姓孫。衍波箋紙眞珠字，便是溫家玉鏡臺。

（其三）青溪咫尺路難通，阿弟琴堂最惱公。苦勸莊生居北郭，王昌消息近墻東。

（其四）我有閒情海內知，連宵偏和《國風》詩。紫雲艷極紅牙脆，那可旁無杜牧之！（《小倉山房詩集》卷十一，王英志主編：《袁枚全集》第一冊，江蘇古籍出版社 1993 年版，第 216 頁）

【寄盧雅雨觀察（之二）】

一江秋水隔瓊卮，遠望卿雲有所思。末座每將名士待，陳書深以古人期。松筠性在留春久，猿鶴身閒上壽遲。寄語旗亭女郎口，紅牙添唱卷中詩。時演《旗亭新譜》。（《小倉山房詩集》卷十六，王英志主編：《袁枚全集》第一冊，江蘇古籍出版社 1993 年版，第 307 頁）

【臘月五日相公再招觀劇命疊前韻】

（其一）西園一月兩飛觴，細雨初飄冷似霜。游、夏多年雖侍側，

絃歌今夕始升堂。枚受業三十年，初次觀劇。來遲竊喜賓朋少，羹好頻添齒頰香。莫訝黃昏蓮幕捲，一聲檀板韻方長。

（其二）煙花南部舊知名，見慣司空鳥不驚。到眼悲懽憐往事，登場傀儡感浮生。豪吟每怪公無倦，微笑終知佛有情。報道周郎能顧曲，金燈須傍舞筵明。青原短視，故戲之。

（其三）風景蕭蕭歲欲除，師生難得共相於。閒來置酒先招隱，老去聽歌當讀書。玉笛聲涼殘臘後，梅花香撲捲簾餘。席間頗憶倪高士，教把新詩索向渠。公命潛山倪令亦和此韻。

（其四）野人連日作嘉賓，東閣憐才到十分。酒罷人驚窗外雪，山空鶴盼夜歸雲。每依絳帳心難別，但坐春風客自醺。不負彭宣生白髮，後堂絲竹此番聞。（《小倉山房詩集》卷十八，王英志主編：《袁枚全集》第一冊，江蘇古籍出版社 1993 年版，第 372 頁）

## 【十一月十三日韋疇五副戎率公子虎邱餞別遣歌者張郎送歸白下別後卻寄】

（其一）平生蹤跡等浮鷗，半世河梁在虎邱。誰泊燈船來置酒？姓韋人又領蘇州。

（其二）夜色溪光兩寂寥，山門同步可憐宵。千人石作瓊瑤色，坐久還疑雪欲消。

（其三）膝下郎君玉雪清，丹山久聽鳳雛聲。今朝省識青雲器，羊祜金鐶耳尚明。公子耳上有環。

（其四）難得張星結伴歸，霜篷同泛月明時。江心還似尊前坐，萬點煙波笛一枝。（《小倉山房詩集》卷十九，王英志主編：《袁枚全集》第一冊，江蘇古籍出版社 1993 年版，第 390 頁）

## 【仲冬二十九日高制府招陪蔣侍御西園觀劇即席賦謝兼懷望山相公】

（其一）風靜三江繡纛高，鶴書蒙把野人招。堂無漏鼓鐘能報，几上兩鐘自鳴。座有笙歌酒易消。一個詞臣談典禮，侍御修《南巡盛典》。千秋法物認瓊瑤。出貢玉，命加品定。更頒甘旨教遺母，勝捧仙雲下九霄。

（其二）取來詩扇席間看，十四年前墨未乾。舊物尚存驚我老，愛才如此嘆公難！想開東閣人何遠，忍醉西園歲又闌。一樣銜恩兩條

淚，不禁挶觸到眉端。(《小倉山房詩集》卷二十，王英志主編：《袁枚全集》第一冊，江蘇古籍出版社 1993 年版，第 412 頁)

**【李郎歌】** 郎名桂官，將往甘肅，作歌送之。

我聞李郎名十年，去年吳下才交言。今年李郎來見訪，握手方知郎果賢。李郎色藝梨園中，李郎行事梨園外。不爲李郎歌一篇，那知大有傳人在？郎家舊住闔閭城，折取天香作小名。撇笛不吹銀字管，歌脣時帶讀書聲。受聘南州季姓家，纏頭教舞玉鴉叉。隻屐偶停遊子足，三春羞殺此邦花！鏡中自惜紅顏好，西施不肯西溪老。直走長安隸太常，萬人如海知音早。上公樂部正需人，選入仙班寵賜頻。燕棲金屋難輕出，花傍高樓易得春。偶然城外笙歌集，天上人來地上立。分得星眸一寸光，頓增酒面千燈色。秋帆舍人二十餘，玉立長身未有鬚。把盞喚郎郎不起，怒曳郎裾問所以。郎言儂果博君歡，寸意丹心密裏傳。底事當場爲戲虐，竟作招搖過市看？一言從此定心交，孤館寒燈伴寂寥。爲界烏絲教習字，爲薰宮錦替焚椒。延醫秤水春風冷，噓背分涼夜月高。但願登科居上上，敢辭禮佛拜朝朝。果然鑪唱半天中，人在金鼇第一峰。賀客盡攜郎手揖，泥箋翻向李家紅。若從內助論勳伐，合使夫人讓誥封。溧陽相公閒置酒，口稱欲見狀元婦。揩眼將花霧裏看，白髮荷荷時點首。君卿何處最勾留？畢、蔣、熊、姜當五侯。蔣御史用菴、熊比部蔗泉、姜明府某。四子非爲《講德論》，三生同上一鐘樓。郎名此際雖風動，郎心鎮日如山重。一諾從無隔宿期，千金只爲多情用。嶽嶽高冠士大夫，喬松都要女蘿扶。日中原涉來營賻，千里輿駢代送孥。豈徒《周雅》稱將伯，直可東京喚八廚？笑他兒輩持錢易，紛紛多作無名費。誰肯如郎抱俠腸？散盡黃金偏市義。再入長安萬事非，晨星零落酒徒稀。惟有狀元官似故，鋒車又向隴西飛。年華彈指將三十，身世蒼茫向誰說？誓走天涯覓故人，拚將玉貌當風雪。會遲別早我神傷，此後相思路阻長。倘得令君香再接，定傾老耳聽《伊涼》！(《小倉山房詩集》卷二十一，王英志主編：《袁枚全集》第一冊，江蘇古籍出版社 1993 年版，第 430～431 頁)

**【席上贈楊華官】** 郎小字華官，沈文慤公字曰澧蘭。

(其一) 一曲歌成《楊白花》，生男從此重楊家。泥金替寫坤靈扇，

當作三生繫臂紗。

（其二）幽情眞个灃蘭如，前輩標題字豈虛？檢點《侍兒小名錄》，不禁腸斷沈尚書。

（其三）美如任育兼看影，清比荀郎似有香。禁得風前訴幽咽，華清閣下詠《霓裳》。方演《長生殿》。（《小倉山房詩集》卷二十三，王英志主編：《袁枚全集》第一冊，江蘇古籍出版社 1993 年版，第 472 頁）

## 【揚州秋聲館即事寄江崔亭方伯兼簡汪獻西（之二）】

梨園人喚大排當，流管清絲韻最長。剛試翰林新製曲，依稀商女唱潯陽。苕生太史新製《秋江》一闋，演白司馬故事。（《小倉山房詩集》卷二十三，王英志主編：《袁枚全集》第一冊，江蘇古籍出版社 1993 年版，第 476 頁）

## 【揚州秋聲館即事寄江崔亭方伯兼簡汪獻西（之三）】

惠郎嬌小影伶俜，囉囉歌喉隔畫屏。好似流鶯囀高樹，不教人近只教聽。（《小倉山房詩集》卷二十三，王英志主編：《袁枚全集》第一冊，江蘇古籍出版社 1993 年版，第 476 頁）

## 【揚州秋聲館即事寄江崔亭方伯兼簡汪獻西（之四）】

雲鬟婀娜繡裙斜，素手彈箏客不譁。一个吳娘風調好，當他二十四橋花。（《小倉山房詩集》卷二十三，王英志主編：《袁枚全集》第一冊，江蘇古籍出版社 1993 年版，第 476 頁）

## 【揚州秋聲館即事寄江崔亭方伯兼簡汪獻西（之五）】

後堂雜戲影橫陳，覆鼠籠鵝伎更新。記得空空傳妙手，幻人原是女兒身。（《小倉山房詩集》卷二十三，王英志主編：《袁枚全集》第一冊，江蘇古籍出版社 1993 年版，第 476 頁）

## 【吳下歌郎吳文安陸才官供奉大內已有年矣今春爲葬親故乞假南歸相遇虎邱略說天上光景且云此會又了一生余亦惘惘情深淒然成詠】

（其一）宜春苑裏歸來客，三十年前識面多。絕代何戡都白髮，貞元朝士更如何？

（其二）握手臨歧話再逢，淚痕吹下虎邱風。自言身比天花墜，一到人間一世終。（《小倉山房詩集》卷二十四，王英志主編：《袁枚全集》第一冊，江蘇古籍出版社 1993 年版，第 487 頁）

【哭劉介菴有序】君名景福，山西人。歷宰福清、江浦諸邑，最後降眞州丞，以壽終。

善人與道適，不在親簡編。醉人墜無傷，由于其天全。我友介菴子，通籍五十年。牽絲閩海地，投老邗江邊。其人性夷垢，土色而敦顏。不以矯虔逞，不以苛廉傳。所到識政體，吏民靜且便。清俸一上手，萬弩如開弦。縣僮爲主進，門幹替持錢。偶聽半曲佳，《柘枝》舞欲顚；偶愛一伶美，纏頭費百千。堂前燈似海，堂下酒成川。寧可斷炊火，不可無管絃。旁人代眉蹙，慮其生計艱。君但掉頭笑，萬事且由天。未渴莫掘井，未寒莫思棉。卿自行卿法，我自有我憐。果然負課萬，竟能脫罪愆！弄兒將恩報，破產來爭先。大吏知君愿，當作老物憐。《藍田縣丞記》，許其讀終篇。古稀已過四，才命將車懸。朝雖將車懸，夕已歸道山。畢竟行樂死，終身無憂煎。我昔宰棠邑，年少如任延。君來作交代，見若平生懽。受馬不數齒，穿錢不算緡。感君意豪健，使我心纏綿。從此忘客主，雲龍樂事偏。有時我外出，歸家鼓喧闐。問是何爲者，君代張華筵。子旗與子尾，兩室如一焉。歷歷事雖往，依依夢常牽。今秋君病篤，我呼渡江船。握手不能語，猶問老母安。遲君半日死，補我一面緣。方知素心人，永訣非偶然。君家汾晉住，旅櫬何時還？有妾未四十，鬒髮垂雙肩。有婿治喪事，踧踖張空拳。未能計日後，能無悲當前？我亦六十叟，海內無同官。知作幾時別，老淚空涓涓。（《小倉山房詩集》卷二十五，王英志主編：《袁枚全集》第一冊，江蘇古籍出版社 1993 年版，第 526 頁）

## 【景陽閣席上題扇贈歌者曹郎】

（其一）角巾珠履貌蓮花，邂逅相逢羽士家。疑是仙人王子晉，吹笙招我泛流霞。

（其二）吾家臨汝最情多，春圃。手撥檀槽耳聽歌。要試步虛聲一曲，景陽高閣舞曹婆。

（其三）萍逢不厭白頭狂，恰恰身材似我長。並坐燈前堪入畫，一枝瓊樹倚斜陽。

（其四）平生不飲沾唇酒，此夕郎敎代數卮。惹得歸來紅袖問：爲誰沉醉夜深時？

（其五）能工楷法寫丹青，不愧張文喚小生。只爲髫年曾上學，

歌唇時帶讀書聲。

（其六）三更分手話依依，道返吳江見面稀。且把深情託紈扇，滿懷風送玉人歸。（《小倉山房詩集》卷二十六，王英志主編：《袁枚全集》第一冊，江蘇古籍出版社 1993 年版，第 575～576 頁）

## 【過陽羨家舒亭明府外出留詩贈之】

陽羨停舟暮，吾宗出未回。絃歌聽雅化，公子見清才。宴用家人禮，花同笑口開。甌甊空燦爛，不見舞人來。是日演劇未果。（《小倉山房詩集》卷二十八，王英志主編：《袁枚全集》第一冊，江蘇古籍出版社 1993 年版，第 600 頁）

## 【端陽在蘭溪令梁公署中觀劇】名文永，廣東人。

為是端陽節，嘉賓醉滿衕。主人方奏樂，客子正停車。遊罷江山冷，來看歌舞華。真如人世上，還俗一僧家。（《小倉山房詩集》卷二十八，王英志主編：《袁枚全集》第一冊，江蘇古籍出版社 1993 年版，第 636 頁）

## 【送補山宮保作相入都（之二）】

巧宦空挾術，天鑒難彌縫。廉吏不曉事，亦復慚尸饔。惟公獨坦率，而能兼明聰。剔弊如理髮，為政如張弓。精神及木屑，判決驚雷風。有某官訴違限被劾之誣，公檄取所過州縣囚糧簿勘之，冤不訊而已雪。賜達由也果，古賢將毋同。所頒教敕條，鄉城寫百通。至今歌唱者，沿街聲嗃嗃。鄉城將公告示演為唱本。（《小倉山房詩集》卷三十三，王英志主編：《袁枚全集》第一冊，江蘇古籍出版社 1993 年版，第 805～806 頁）

## 【在焦山與尚書別後聞其行至望亭詔徵還朝及舟抵高郵而仍有赴浙之命蒙寄新詩五首文綺八端余不能渡江再送賦長句六章寄之（之三）】

再過吳園雪已消，應憐身似往來潮。中丞厚意君休忘，曾遣雙鬟慰寂寥。公寓吳園，風雪中奇中丞遣二伶人賫酒問安。（《小倉山房詩集》卷三十四，王英志主編：《袁枚全集》第一冊，江蘇古籍出版社 1993 年版，第 836～837 頁）

## 【歌者天然官索詩】

（其一）何必當筵唱《浣紗》？但呼小字便妍華。萬般物是天然好，野卉終勝剪綵花。

（其二）雌霓雄風總可憐，春蠶到老愈纏綿。摩挲便了三生願，與汝同超色界天。（《小倉山房詩集》卷三十六，王英志主編：《袁枚全集》第一冊，江蘇古籍出版社1993年版，第879頁）

## 【揚州曲】

揚州渡頭貴官集，揚州船上笙歌急。歌舞攔江醉不開，杜牧乘舟江口來。江頭欲問楊柳枝，倡條冶葉盡參差。朝朝《迷迭》風前賦，歲歲《琵琶》水上詩。琵琶彈罷聲幽咽，紆景流雲風瑟瑟。不持手板傍轅門，先走江關探月色。江關吹動一枝春，耳目驚飄不定魂。拖鬟帶病倚胡床，烏巾束額眉翠長。幽蘭心冷偏宜雪，宮柳情深不耐霜。芳年小字從頭問，嚦嚦嬌鶯傾耳聽。未把纏頭取次傾，先將金合今宵定。須臾朔風船面大，暮雲點點群鴉過。待到仙香天上來，果然明月舟中墮。百花帳冷篆煙孤，一笑春生冷漸蘇。袖長誤拂燈花落，爪短私將翠被鋪。自言九歲便從師，解誦《團雲散雪》詞。朝歌《紅豆》聲長怯，暮舞《黃鸝》力不支。惝惝自懺三生孽，絳蠟分明此意知。枕邊言罷悄無聲，冷落殘紅淚暗傾。可憐蕉葉心長捲，不信黃河水更清。雄雞喔喔東方曙，宛轉啼襟辭欲去。丁寧後會是何年？江水茫茫不知處。我生瀟灑吟風月，此日逢卿愁轉結。年少韶光各幾時？天涯相見還相別。遠近飄零蘆荻花，東西亂發江城笛。孤枕長拋量未消，香囊解下痕猶濕。寂寞空船獨自歸，漫天飛雪荒江白。（《小倉山房詩集補遺》卷一，王英志主編：《袁枚全集》第一冊，江蘇古籍出版社1993年版，第943頁）

## 【丹陽道上留別雙郎】

（其一）姑蘇春水一帆斜，惆悵丹陽兩岸沙。爭奈行船換鞍馬，淡煙疏雨別梅花！

（其二）蝶枕鴛衾夢不成，燈花如雪夜分明。兩行淚落吳江水，應有芙蓉處處生。

（其三）十三名字冠揚州，腰帶猶存瑪瑙鉤。記否空江篷背冷，新年聽雨木蘭舟？

（其四）當筵怕唱《六么》終，頃刻回頭夢已空。寄語篙工緩搖櫓，千金難買石尤風。

（其五）贏得芳名喚滿窗，枝頭乳燕話雙雙。情知送我終須別，留下香囊伴過江。

（其六）珍重梨園檀板餘，幾時重訪范莊居。三秋憶著休貪嬾，纔歇笙歌便寄書。（《小倉山房詩集補遺》卷一，王英志主編：《袁枚全集》第一冊，江蘇古籍出版社 1993 年版，第 946～947 頁）

# 德　保

德保（1717～1789），字潤亭，一字仲容，號定圃，別號龐邨，姓索綽絡氏，滿洲正白旗人。乾隆丁巳（二年，1737）進士，改庶吉士。散館授檢討，累官禮部尚書，諡文莊。清朝五典春官者熊孝感、王韓城，滿洲則文莊一人。生平以詩為性命，有《樂賢堂詩文鈔》。見《八旗詩話》、《湖海詩傳》卷七等。

## 【夜泊周家店】

新漲三篙沒舊痕，輕舟晚泊夕陽村。一帆雲影鴉爭樹，兩岸人家水護門。繫纜正當秋晼晚，歌聲偏趁月黃昏。是夕土人作劇賽神。乘槎到處饒佳興，今古情懷敢共論。（《樂賢堂詩鈔》卷上，清乾隆五十六年英和刻本）

## 【六十自壽（之一）】

歲月一彈指，驚心花甲周。青春虛過眼，白髮早盈頭。感荷封疆重，慚無尺寸酬。彭籛逢浙水，款洽小淹留。是日過杭州，學使彭少司空留署觀劇，為予稱祝。（《樂賢堂詩鈔》卷下，清乾隆五十六年英和刻本）

## 【蔣戟門侍郎園中桃花盛開招飲即席漫成（之一）】

最好韶光三月天，筵開蔣徑集群賢。穠華似醉迎人笑，宿雨猶含動客憐。春水盈盈翻錦浪，清歌嫋嫋趁漁船。是日座有歌曲。纖塵一點飛難到，撫景疑登半日仙。（《樂賢堂詩鈔》卷下，清乾隆五十六年英和刻本）

## 【乙巳上元正大光明殿賜宴恭紀】

鳳紀祥書五十年，日華寶殿錫瓊筵。班聯鵷鷺環堯陛，樂奏簫韶叶舜絃。雜伎紛陳迷色相，是日各色雜伎分班呈進。群仙高唱出雲煙。陪臣二國承恩寵，朝鮮、暹羅貢使一體入宴。抃舞嵩呼聖主前。（《樂賢堂詩鈔》卷下，清乾隆五十六年英和刻本）

# 程晉芳

程晉芳（1718～1784），初名廷鑽，字魚門，號蕺園。先世歙人，以業鹽遷揚州。乾隆初，兩淮殷富，程氏尤豪侈。晉芳獨好儒，購書五萬卷，不問生產，罄其貲。少問經義於從父廷祚，學古文於劉大櫆。而與袁枚、商盤諸人往復唱和，甚相得也。乾隆二十七年壬午（1762），召試，授中書。三十六年成進士，以吏部員外郎爲四庫館纂修，書成改編修。晚歲益窮，官京師至不能舉火。就畢沅謀歸計，抵關中一月卒，年六十七。晉芳於《易》、《書》、《詩》、《禮》皆有撰述，如《周易知旨》、《尚書今文釋》、《左傳翼疏》、《禮記集釋》等，又有《諸經答問》、《群書題跋》、《蕺園詩文集》、《勉行堂詩集》等。見《國朝詩人徵略》卷四三、《文獻徵存錄》卷五、《國朝漢學師承記》卷七、《清史稿》卷四八五等。

## 【書在堂諸伶散去兄南坡有詩誌感因和三首】

（其一）講席禪場笑太拘，繁華隊裏悟空虛。歌雲漸泠湘絃杳，遶屋唐花靜檢書。

（其二）迴雪縈塵百態生，夕陽花下自盈盈。江南散去人爭識，曾是南陂自教成。

（其三）銷魂一曲感新離，醉裏忘情覺後悲。爲問香山老居士，纏頭何物遣楊枝。（《勉行堂詩集》卷四，清嘉慶二十三年鄧廷楨等刻本）

## 【劉姬行】

昌平城東北十八里，有劉娘娘墳，明武宗所納晉府樂工楊騰妻也。江彬、錢寧輩以母事之。從幸揚州，彬等欲選處女、寡婦供奉，以姬諫而止。歸京師，居豹房，寵冠一時。然終帝世無位號，其死當在世宗時，《紀》、《傳》莫可考者。乾隆戊辰盜掘姬墓，多獲珍寶，縣官捕焉。淮陰吳山夫作長歌記其事，予感而和之。

康陵石馬嘶寒綠，鬼唱秋墳夜來曲。松隧紅門守衛嚴，魚燈奕奕承鴻足。別有荒祠臥斷碑，居人指點說劉姬。蒼茫二百年來事，誰念承恩復道時。武皇外傳稽前史，火照離宮中夜起。作使惟稱江令家，輕騎徑度桑乾水。宣府繁華舊擅名，朱樓夢雨不勝情。君王半醉山村酒，武宗詩：「野花偏有艷，村酒醉人多。」小部催傳樂伎名。琵琶宛轉當筵訴，舞態纖纖呈雅步。入侍更衣促漏長，明珠十斛蒙恩顧。含淚何煩憶餅師，人生莫信紅顏誤。燕燕鶯鶯彼一時，紫鸞棲老琅玕樹。璧水張灣淡灔秋，仙音法曲轉多愁。急趨鳳舸呼同載，別是春江花月遊。廣陵佳麗煩蒐致，婉語微言罷荒忩。雖乏當熊慷慨風，尚援戒旦殷勤

意。小碧殷紅繞豹房，朝雲冉冉在高唐。杜秋已飾紅椒壁，瓊樹初成蟬翼妝。鼎湖枉自求丹汞，銅雀哀歌競囉嗊。班女終宜奉寢園，定陶已入承天統。老去蛾眉化野塵，依然芳塚粲青燐。妒煞茂陵秋草色，年年長傍李夫人。偷兒五夜椎幽穴，溫明秘器猶陳設。寶匣雲衣旋旋空，龍香醮醽風中滅。豈有餘芬播汗青，徒聞累德屬娉婷。炙手勢家曾拜母，繡旛禪剎竟何靈？君不見玉鉤斜畔飛紅急，馬嵬羅襪秋苔澀。商女歌殘辱井荒，昭陽事往樊姬泣。漢寢唐陵已廢墟，珠棺玉襚待何如？誰修冢宰家人政，一考高堂習禮書。（《勉行堂詩集》卷八，清嘉慶二十三年鄧廷楨等刻本）

## 【雙鬟度曲歌同商司馬寶意作】

情田與余同里居，晨酬夕酢惟詩書。家有小部近示余，流風回雪世不如，雪兒當場韻徐徐。纏頭恨少千瓊琚，施南司馬塵滿裾。梅家巷子來停車，重爲樂方樂只且。明妝姣服雙雙出，畫得長眉年十一。高歌緩舞非所難，別調還能協初律。主人教曲應自知，羚羊掛角園客絲。此中大有文字訣，世上但賞清妍詞。蠻絃洛笛紛相助，哀樂當前變何遽。曲終燈暗凍雲垂，夜送使君刺船去。（《勉行堂詩集》卷九，清嘉慶二十三年鄧廷楨等刻本）

## 【九曲池】

李花撩亂拂垂楊，水面傳歌雜羽商。天際奔虹閒照影，堤邊舞草焂成行。老伶淚墮秋陰碧，西院魂歸落葉黃。猶有哀禽學絲竹，曉風啼遍小雷塘。（《勉行堂詩集》卷九，清嘉慶二十三年鄧廷楨等刻本）

## 【寒夜觀劇三首】

（其一）滿目悲欣逐境移，錦氈毹暖夜寒時。江南小令徵桃葉，塞北晴霜怨柳枝。扇底生香來緩緩，簷前缺月去遲遲。只須閱盡繁華相，莫遣無端唱別離。

（其二）素瓦鱗鱗暗結霜，深春依約在華堂。花因羯鼓催頻發，隊似秋雲澹作行。顧曲不嫌徵酒緩，掃眉偏許訴愁長。分明暮柳無煙絮，又逐西風一夕狂。

（其三）稱姹吳兒髮覆肩，褓襭裁錦夕妝妍。漏長不敵繁音緩，舞急偏隨減字圓。總向虛無徵故實，翻教哀樂起中年。華嚴富貴吾差

解，失笑空山芋火禪。(《勉行堂詩集》卷十一，清嘉慶二十三年鄧廷楨等刻本)

## 【七月十六夜棕亭招同人汎舟紅橋聽石莊上人吹簫彩郎度曲作】

白露未零熱未已，晚來圓月當澄水。水月相涵得少涼，故人招遣嘗醇酏。阿師橋畔縞如霜，三賢祠邊翠若洗。酒後舟行從緩緩，夜靜草香猶靡靡。觥籌絲竹錯雜陳，醉裏聞歌易感人。怪他衲子參神解，豎笛吹來六氣勻。阿彩年纔十三四，唇舌應簫柔且脆。宛轉蟬聯哀艷呈，將無破道妨老僧。潛虯不吟語蟀咽，座客徐聆歎奇絕。調轉腔移半闌闌，天清月徙三更徹。林亭泉石澹欲無，好風瑟瑟吹輕裾。迴燈泊船眾響寂，荷葉千枝向人碧。(《勉行堂詩集》卷二十三，清嘉慶二十三年鄧廷楨等刻本)

## 【回人伎】

回人伎，勤政樓頭揭竿起。乞薛、倒刺何足言，都盧、尋橦差可擬。深凹醜凸爲一部，碧雲嫋嫋連竿尾。吹螺打鼓響多端，欲上先如畏勢難。偏從疑憚出奇巧，足捷身輕肖飛鳥。上竿手足皆放空，一身盤旋隨迴風。又向竿頭施軟索，天高地虛難立腳。豈知繩軟足更軟，有如蟻附膠黏著。回人隊候爾翻身，半天墜已身則定。人膽碎，面不汗沾神弗悸。一人猶曰繩可勝，更三兩人以次升。或相擊刺或揖讓，往來互換交肩肱。宸懷對此深怡悅，內府金錢頒賚物。拜賜欣欣笑舞歸，西風吹動質孫衣。燒燈自唱《涼州曲》，以小金刀割羊肉。(《勉行堂詩集》卷二十四，清嘉慶二十三年鄧廷楨等刻本)

# 金兆燕

金兆燕(1719～1789後)，字鍾越，號棕亭，別署燕城外史、蘭皋生。全椒(今屬安徽)人。幼有神童之譽，與張南華詹事齊名，工詩古文辭，尤精元人散曲，盧運使見曾延之入署，一切文詞多出其手。乾隆十二年(1747)舉於鄉，三十一年(1766)中進士，官揚州府學教授，遷國子監博士，升監丞，分校《四庫全書》。供職三年歸揚州，遂館於康山草堂。著有《國子先生文集》、《棕亭詩鈔》等。工度曲，有《旗亭記》、《嬰兒幻》。見《揚州畫舫錄》卷一〇、《(光緒)重修安徽通志》卷二二九等。

## 【集同人夜飲三賢祠醉後乘月泛舟紅橋聽石莊上人吹簫彩郎度曲】

主人既醉客欲歸，中天寒玉騰清輝。清輝籠入晚煙重，回首高樓昏似夢。石莊上人老且顛，簫聲中有文字禪。惠家彩郎纔總角，歌喉一串珠絡索。簫鼓綿綿歌聲遲，分寸暗與輕舟移。箏琶羯鼓盡匿響，但裊一縷空中絲。泛音遠掠涼波歇，約住輕雲未教滅。滿船醉客灑然醒，愁聽寒蛩伴幽咽。秋林庾墓王郎歌，千古傷心喚奈何。與君且證聲聞果，更向空山吹法螺。（《棕亭詩鈔》卷十一，清嘉慶十二年贈雲軒刻本）

## 【三鳳緣傳奇題詞十首】

（其一）餤摩天上最情多，尺水能生古井波。異代合成三婦豔，不須皺面更觀河。

（其二）漫道珠宮不染塵，偶然會合也前因。賺他洗馬言愁後，又作人間最幻身。

（其三）柳色章臺大道旁，深閨何事鬥眉長。不緣妒絕還癡絕，早向華筵共捧觴。

（其四）高風林下自寥寥，媒鴆如何欲強邀。小試鴛鴦顛倒手，居然霧市有張超。

（其五）隔幕聯吟意已通，伯勞飛燕忽西東。正看射雀來屏外，誰信拈花向鏡中。

（其六）纔投麗句便寒盟，不料書生太薄情。歸趙忽還篋裡玉，渡河空泣夢中瓊。

（其七）登天捉月已無階，更駭零丁帖滿街。自怨佳人真薄命，六張五角事全乖。

（其八）刁斗聲中卸錦裙，卻將雲雨洗邊氛。健兒百萬皆貔虎，入幕郗生也冠軍。

（其九）篋裡瑤篇定尚存，故人相見復何言。戈鋋隊隊齊歌凱，玉面登壇總斷魂。

（其十）三珠樹上好棲鸞，梅子同心尚帶酸。悟得前生思往事，定教凄感入餘歡。（《棕亭詩鈔》卷十五，清嘉慶十二年贈雲軒刻本）

## 【金閶曲贈楊郎】

楊郎家住金閶門，金閶絲管何紛紛。山塘七里柳陰下，孌童崽子

如朝雲。楊郎生小顏琢玉，道旁行人看不足。總角梳頭到學堂，不讀詩書惟讀曲。院本三年絕技成，聲似春林百囀鶯。爺娘驚喜鄉里賀，豈宜塵土埋仙瓊。揚州夜市人如蟻，選艷徵歌鬥奢綺。一朵瑤花下玉京，千枝芍藥含羞死。豐貂綵段歸裝新，十萬腰纏耀比鄰。但解當場粉搓面，便堪隨處金繞身。金閶自古佳麗地，今日楊郎尤絕世。鄰巷書生昨夜歸，蕭條煙火門長閉。（《棕亭詩鈔》卷十六，清嘉慶十二年贈雲軒刻本）

## 【八月十六日夜康山觀劇樂未闋朱立堂拉登山頂高臺玩月主人命侍兒取酒至同飲既醉命筆放歌】

笙歌雜沓夜未央，千餘列炬昭回廊。仰首忽見一輪月，碧天萬里懸孤光。高人入喧翻愛寂，攜我拾級尋幽篁。康山高臺矗山頂，俯視城郭何冥茫。牆燈爍目影燦燦，松濤盈耳聲琅琅。此時下界半濁夢，誰吸沆瀣耽高涼。而我兩人得真趣，置身忽在蓬瀛旁。主人愛客送酒至，對酌遄醉神洋洋。坡公昔日承天寺，右丞當年華子岡。姮娥歷歷數今昔，何異一夢聞黃粱。半酣更入眾賓座，自矜衣袖餘天香。（《棕亭詩鈔》卷十八，清嘉慶十二年贈雲軒刻本）

# 朱景英

朱景英，字幼芝，一字梅冶，號硯北，武陵（今湖南常德）人。幼慧，弱冠即有文譽。乾隆十五年（1750）舉人。知甯德縣，前任有黠賊誣良，拘繫多瘐死者，景英一訊而服。縣東湖濱海，前令議築隄，鳩民金七萬有奇，四載弗成。景英歎曰：「一線孤隄，能與海爭力乎？」力請罷之。擢鹿耳門同知，地為台灣門戶。嘗以臺地遼闊，南北路兵單汛薄，請派兵防衛，當事韙其言。遷北路理番同知，署汀州邵武府，告歸。圖書外無餘蓄。景英以文學飾吏治，書工漢隸，纂修《沅江府志》，精覈為時所稱。其論尤有先見，詩以清雋勝。七言古曲而能達，不落以文為詩科臼，近體取法中晚唐，時有名句。著有《畬經堂詩文集》。見《（光緒）湖南通志》卷一九二、《國朝詞綜補》卷一一、《晚晴簃詩匯》卷八〇等。

## 【畫蝶八首（之六）】

隊隊行行卻復前，深深欸欸斷猶連。人間菊部飄零盡，夢到霓裳小拍邊。（《畬經堂詩文集》詩集卷四，清乾隆刻本）

## 【送韋載玉赴益陽幕二首（之二）】

留別先停送別驂，臨岐欵語苦誧誧。甕春酒惜長鯨飲，潮午珠期老蜯探。仙侶乍聞偕郭泰，謂融甫。舊人猶解念何戢。指歌者順郎。茱萸灣畔如環月，應照征帆過麓南。（《畲經堂詩文集》詩集卷五，清乾隆刻本）

## 【月夜泊朱洲聽小伶度曲感賦四首】

（其一）風露淨江月，春宵繫纜時。羈懷忍高唱，華髮為孤吹。入破情須竭，偷聲意故遲。朱洲洲畔水，無限碧淪漪。

（其二）春風楊柳岸，小拍搯紅牙。安得雙鬟妙，依然片月斜。中年絲竹興，長路水雲家。可許離愁撥，吾生嘆有涯。

（其三）江潭易憔悴，江岸自空靈。哀怨風騷國，遭迴月夜汀。有人臨水唱，過客倚舟聽。底事不能發，知予醉未醒。

（其四）燭炧難成寐，因之歌且謠。曲終江月白，衣重酒痕消。一破魚龍寂，誰為鸞鶴招。美人渺天末，直欲上春潮。（《畲經堂詩文集》詩集卷六，清乾隆刻本）

## 【九日同人集東堂觀劇是日演周忠介公遺事】

萸酒停觴菊未開，西風節候罷登臺。殊鄉忍作龍山會，故事憑增虎阜哀。孟博傳中存梗概，要離冢畔滿蒿萊。無端弔古逢今日，一曲令人首重回。（《畲經堂詩文集》詩續集卷二，清乾隆刻本）

## 【冬夜南園同人觀演拙製桃花緣傳奇四首】

（其一）豔異爭傳本事詩，返生香裏逗情癡。春風有底干卿事，記取桃花見面時。

（其二）譜就重翻意自惺，消磨白日唱還停。臨川老子頹唐甚，卻搯檀痕教小伶。

（其三）圓愛瀉盤珠的皪，弱憐跪地柳纏綿。坐中不少周郎顧，媿煞詞場屬老顛。

（其四）到地無霜月有痕，夜闌曲罷轉銷魂。青衫詎為琵琶濕，說著天涯淚已繁。（《畲經堂詩文集》詩續集卷二，清乾隆刻本）

## 【正月十八日邀那西林蘭泰余退如任伯卿李蓬莽本楠王亮齋王曲臺執禮集澹懷軒即事六首（之六）】

花花相對葉相當，一曲勾留一段香。自笑愛根牽未了，著緋司馬

本來狂。小伶詞予新譜《群芳樂府》。(《會經堂詩文集》詩續集卷三，清乾隆刻本)

## 【清湖至浦城山行雜詩四首（之四）】

列帳軍聲肅，飛觴地主賢。夕煙迷古戍，夜雨雜繁絃。虎脊馳誰及，豬肝累偶然。明朝南浦別，春水正濺濺。宿漁梁，鄢覲廷守戎留飲觀劇。(《會經堂詩文集》詩續集卷四，清乾隆刻本)

# 錢維城

錢維城（1720～1772），字宗盤，一字幼安，號茶山，又號稼軒，江蘇武進人。乾隆十年（1745）一甲一名進士。二十七年秋以刑部左侍郎視學浙江，黜浮靡，重根柢，尤以立行為先。乙酉例當選貢，有學行優而貌寢者，或疑之，維城曰：「取士豈以貌耶？」卒以應選。任滿入都，尋以父艱歸，卒於家。贈尚書，諡文敏。稼軒起家文學而練於政事，工畫山水，秀骨天成，收入《石渠寶笈》甚夥，同時被宸賞者與董文恪殆相頡頑。詩為畫名所掩，然吐屬清雋，皆非凡響。洪北江評其詩如「名流入座，意態自殊」，可稱篤論。著有《錢文敏公全集》。見《國朝詩人徵略》卷三二、《晚晴簃詩匯》卷七九、《清史稿》卷三〇五、《(民國)杭州府志》卷一二一等。

## 【聽廣陵相國故妓林大娘度曲】

裙屐春風醉後過，人間誰許聽雲和。十年零落鈿蟬盡，重唱東山舊日歌。(《錢文敏公全集》茶山詩鈔卷一，清乾隆四十一年眉壽堂刻本)

## 【懷似撰甥】

秋風天末感莊生，山左蕭齋海上城。明月徘徊詩酒地，曉禽惆悵管弦聲。似撰工度曲。紅裙弟子腸應斷，解見少年遊。玉貌先生骨自清。料得據梧還有恨，可無脈脈渭陽情。(《錢文敏公全集》茶山詩鈔卷八，清乾隆四十一年眉壽堂刻本)

## 【題楊豆村無雙傳樂府後四首】

（其一）同著黃衫豈見疑，忍將一劍送蛾眉。我知姹女凌波日，定是媧皇煉石時。

（其二）死者能生生不死，離中忽合合偏離。英雄兒女俱無賴，只有神仙是我師。

（其三）田光刎向荊卿激，蒯徹烹緣韓信悲。不露端倪拂衣去，黃金難鑄女鴟夷。

（其四）尚書歌舞逐雲移，觴詠東皋又一時。門巷即今誰管領，春風紅豆譜新詞。東皋園本曹尚書故第，後歸靜山先生。易絲竹為吟詠，見邵青門記中。（《錢文敏公全集》茶山詩鈔卷十，清乾隆四十一年眉壽堂刻本）

# 孫士毅

孫士毅（1720～1796），字智冶，又字致遠，號補山。乾隆辛巳（二十六年，1761）進士，浙江仁和（今浙江杭州）人。官至文淵閣大學士、四川總督。乾隆間調兩江總督，蕭縣、碭山、靈璧、宿州時皆被水，力營疏洩及撫卹事宜，皆稱旨。嘉慶元年卒，諡文靖。士毅少穎異力學，著有《百一山房詩文集》。見《兩浙輶軒錄》卷三四、《（光緒）重修安徽通志》卷一三八、《清史稿》卷三三〇等。

## 【遷居作】

惜惜幽閣倚郊坰，欹枕蓬蓬午夢醒。一卷丹鉛新樂府，時評尤艮齋傳奇數種。十年燈火舊居停。簷前老樹經霜紫，屋後遙山過雨青。檢點寒氈愁欲絕，落毛如雪感飄零。（《百一山房詩集》卷一，清嘉慶二十一年孫均刻本）

## 【漢池兄屬題蝶影圖】

大造何曾許余足，黑甜鄉裏無拘束。吉祥止止夜沉沉，邯鄲一覺難追尋。阿兄有夢真奇絕，秋花秋色都清切。蘭膏爇鼎香霧融，蕉桐疎影紛龍蔥。翠微一路美林壑，太湖石畔揚州鶴。有女度曲按檀槽，嬌音不數《鬱輪袍》。有女吹簫顏微赤，數聲陡起霜天碧。餘情更被小童猜，紅欄橋上抱琴來。爾時意態何媚嫵，誰道風流不千古？夜闌何處響簾鉤，幽夢驚回枕簟秋。依稀身到蓬萊闕，金鳳羅衣香未歇。亟招好手為繪圖，還疑妙處圖中無。朱鈐署尾琳琅滿，展玩頓覺開心欵。卷中題詠多名人。是真是幻兩夢夢，從來色色原空空。人生天地何所有，立德立功矗不朽。任他珠翠與沈檀，多作花間蝶影看。阿兄達觀固乃爾，前生或是蒙莊子。（《百一山房詩集》卷一，清嘉慶二十一年孫均刻本）

## 【書桃花扇傳奇後】

鐵函史筆費研摩，殘局蒼黃感慨多。四鎮蟲沙空帶礪，一堂燕雀

自笙歌。黨魁東漢鉤黨密，謂陳定生、吳次尾輩。狎客南朝怨範瑳。謂阮大鋮輩。賴有菰蘆遺老在，暗將清淚滴銅駝。（《百一山房詩集》卷四，清嘉慶二十一年孫均刻本）

## 【昭慶寺觀石刻心經弔王昭平先生】

花宮一夜銅仙淚，貝葉能將年月記。紅羊小劫閱三朝，眼中碧血佉盧字。茄花委鬼何為者，群盜中原屋殷社。殉君心是菩提心，心經百番王司馬。褚虞楷法氣深穩，三藐多羅識者寡。中朝黨錮燎飛蛾，少年沈醉金叵羅。干戈滿地唐天寶，裙屐風流晉永和。當時遺事聞猶熟，天壤王郎能顧曲。自寫西江主客圖，爭鈔南部煙花錄。大羅瓊榜名無雙，參軍打鵑何清狂。最好衣冠借優孟，滿城爭唱蔡中郎。先生好觀劇，往往登場呈藝。秋試揭曉，方自演《琵琶》院本，聞捷始罷。跌宕文史如六朝，下筆乃薄韋與蕭。珍珠小字青瑤管，仿佛輕雲曳絳霄。甲申三月傷心史，有客相邀同日死。至今紙尾署錢唐，不似呼豬狀元里。錢唐湖北落日斜，丁家山下多青花。先生葬丁家山。殘僧佛屋撫蕭字，故鬼秋墳唱鮑家。先生意氣如風雲，扁舟一昔迴鄢郢。波濤洶湧欲豪奪，龍女乞寫烏絲裙。船頭醉倒作怒罵，辟易鱗介何紛紛？篋裡即今羲獻在，只應妒煞洞庭君。先生少時過洞庭湖，阻風。假寐，恍惚見神人冠帔乞書，先生責其以波浪相劫，引酒怒罵。俄而風濤頓平，先生引舟去。（《百一山房詩集》卷五，清嘉慶二十一年孫均刻本）

## 【蒙恩賞假演劇宴客恭紀】

羅雀門庭列几筵，朝來奉敕宴平泉。部頭競獻魚龍戲，天子能知犬馬年。溫語乍傳三殿詔，稱觥爭謝十洲仙。一時賓客皆君賜，太史知應奏聚賢。（《百一山房詩集》卷八，清嘉慶二十一年孫均刻本）

## 【觀劇口占】

（其一）潦倒新豐濁酒杯，逡儀逐客辱塵埃。坐中亦有中書令，曾為常何作奏來。

（其二）郿塢然臍照路塵，中郎一哭動青旻。笑佗後世鋤奸疏，多少冰山錄裡人。

（其三）旗亭楊柳尚依依，三疊歌成草不肥。從古文人能補過，傷心豈獨一崔徽。

（其四）哀絲豪竹列氍毹，吉語分明慰老夫。只看滿床遺笏在，人間還有魏謨無。（《百一山房詩集》卷八，清嘉慶二十一年孫均刻本）

## 【九日鳳嶺登高四疊前韻（之三）】

濟勝還看傍碧霄，崇岡纔下又登譙。靈臺雲物占星退，優孟衣冠笑服妖。賊首都著紅衣，即演劇者所服。貽患都緣藏宿垢，懷新從此護良苗。取旃奔虢軍如火，令節眞符竹馬謠。是月丙戌建，故借用左氏語。（《百一山房詩集》卷十二，清嘉慶二十一年孫均刻本）

## 韋謙恆

韋謙恆（1720～1796），字愼旃，號約軒，又號木翁，蕪湖（今屬安徽）人。乾隆癸未（二十八年，1763）一甲三名進士，授編修，充《一統志》纂修官。升左春坊左庶子，督學山東。晉侍讀學士。歷雲、貴二省按察使。晉貴州布政使，護理巡撫印。以失察謫戍軍臺，旋蒙恩宥補編修。典試雲南，歷贊善、中允，充武英殿《四庫全書》提調，以年逾六十與千叟宴，蒙賜金牌、壽杖、朝珠、貂緞等物。遷翰林侍讀，典試陝西，升國子監祭酒。因公鐫級，復補鴻臚寺少卿，以疾告歸。未及束裝，卒於京邸，年七十七。皖桐詩派前惟聖俞、後數愚山，以嘽緩和平爲主，約軒承其鄉先生之學，故不以馳騁見長。專主性靈，吟興至老不衰，其至情語動人心膈，與隨園、藏園詩派相近，而淺易之病亦同。著有《傳經堂文集》十四卷、《詩鈔》十卷、《瓦厄山房館課鈔存》二卷、《古文輯要》八十卷等。見《湖海詩傳》卷二八、《（光緒）重修安徽通志》卷二二七、《晚晴簃詩匯》卷九二等。

## 【金絲堂聽樂并序】

樂舞童應試者先考音律，後校文藝，例取四人，充曲阜學附生。己丑九月，恭謁文廟，即同衍聖公詣金絲堂演樂。登闕里之堂，聆大成之奏，更不僅低徊於車服禮器也。榮幸無極，輒見於篇。

數仞牆如此，元音乍過雲。似從天上奏，詎向壁中聞。笙磬聲初合，宮商節自分。平生思雅樂，側耳倍欣欣。（《傳經堂詩鈔》卷五，清乾隆刻本）

## 【上元後二日同人小集四松亭賦詩見贈次韻答之（之二）】

《答筠心》：平泉草木未全空，謖謖松濤入晚風。得地恰宜梅竹伴，昂霄方識雪霜功。尋聲何處來歌板，是日聞鄰家度曲。覓句無心問漏銅。莫訝孤亭太岑寂，此間煙景正無窮。（《傳經堂詩鈔》卷八，清乾隆刻本）

# 劉　墉

　　劉墉（1720～1805），字崇如，號石庵，初號木庵，又號勖齋，晚號日觀峰道人。劉統勳（諡文正）子，諸城（今屬山東）人。乾隆辛未（十六年，1751）進士，改庶吉士。授編修，官至體仁閣大學士加太子太保，諡文清。文正清德重望，雅不欲以詞章自見，文清繼相，克守庭誥，故雖燮理之暇，述作不倦，而集中率多擬古和韻及賡颺進御之作。王蘭泉言，十餘年來得公手書近詩甚夥，清新超悟，有香山、東坡風格。陳子韶嘗合梁山舟書鐫於西湖上，名曰「劉梁合璧」。書名過重，詩爲所掩。著有《劉文清公遺集》。見《湖海詩傳》卷一四、《國朝詩人徵略》卷三二、《晚晴簃詩匯》卷八〇等。

【觀劇并引】王元美、楊升菴無所不學，宋詞、元曲以下，或未必盡爲之，未嘗不盡知之也。弇州談論，尤爲超卓。閒中閱及《四部》雜文，見其所論詞曲優劣，因思近日劇場亦清商樂府之遺音也。美斯愛，愛斯傳焉。玩其華藻，節而不溺，達者有取焉耳！絕句數首，偶然作之。舊人集中，亦有此題。非以鬥巧，聊以寓興而已。

　　　　（其一）水複山重第一村，牽蘿補屋幾朝昏。玉人儻向吳宮老，枉卻殷勤再到門。《後訪》。

　　　　（其二）齊晉兵休越未來，芙蓉恰傍美人開。銀塘一夜衣香滿，知是蓮舟櫂月迴。《採蓮》。

　　　　（其三）鉛華久向病來收，良夜偏將好客留。歌罷新詞人已困，滿天星彩下西樓。《樓會》。

　　　　（其四）沈香亭裏報花開，酒態低昂供奉來。奏罷清平春已去，六龍西幸謫仙回。《吟詩》。

　　　　（其五）抱琴小立月華邊，消渴書生夜不眠。一奏瀟湘水雲曲，萬珠清露滿階圓。《琴心》。

　　　　（其六）一夕書帷駐彩雲，湘絃楚珮暗留芬。娉婷久立空階冷，露浥金泥蛺蝶裙。《佳期》。

　　　　（其七）停觴不御兩魂銷，水遠山長夢亦遙。今夜蒲關蕭寺月，依然花影轉良宵。《長亭》。

　　　　（其八）襄珠拾翠競芳華，朱閣深嚴宰相家。懊惱雙鬟慵不起，夜來風雨損梨花。《覘奴》。

　　　　（其九）漁蓑披向寶衣寒，漢室山河一葉寬。載得王孫何處去，滿江風浪起龍蟠。《藏舟》。

（其十）脫韁擺索自豪雄，禪板蒲團一掃空。明日清涼山下路，杏花深處酒旗風。《山門》。

（其十一）蜀道山青怨杜鵑，鳥嗁花落雨如煙。鈴聲恰似丁寧語，好爲三生話舊緣。《聞鈴》。

（其十二）元宵燈火宴豪家，細馬馱來眼帶紗。誤煞書生相待苦，一庭明月浸梨花。《豪宴》。

（其十三）浮玉山高鐘磬音，莫愁亭子在江心。良人咫尺不相見，一逕禪房花木深。《水漫》。

（其十四）萬死求丹路渺茫，上眞喜怒迥難量。心灰力盡歸來日，夫婿回生妾斷腸。《採藥》。（《劉文清公遺集》卷十七「七絕九十二首」，清道光六年東武劉氏味經書屋刻本）

# 張九鉞

張九鉞（1721～1803），字度西，號紫峴，又號陶園，別號梅花夢叟，湖南湘潭人。乾隆二十七年（1762）舉人，歷官江西、廣東知縣。紫峴年十三登采石磯太白樓賦詩。西師凱還，行郊勞禮，方恪敏督直隸，築臺於郊，紫峴爲賦詩書其上。晚遊武昌，畢靈巖大會賓客，紫峴詩先成，並爲時所稱。其爲詩奇情壯采，沈博絕麗，在乾隆中自是一作手。著有《紫峴山人全集》。戲曲方面，作有《六如亭》傳奇。見《國朝詩人徵略二編》卷三四、《晚晴簃詩匯》卷九一等。

## 【臨清州待閘】

閘口黃濤隔，千舟爭一門。幾行新樹影，數板急流痕。餅熟驚鴉攫，瓜浮引鷺喧。齊歌不可聽，倚棹數風幡。時演劇祀金龍尊神。（《紫峴山人全集》詩集卷三，清咸豐元年張氏賜錦樓刻本）

## 【觀演虎口餘生雜劇時任邱邊文學在坐出其曾伯祖太原太守所撰虎口餘生記原本兼述逸事余與胡牧亭各賦一章】

妖蛇生角昨日飛，中原跳出皇來兒。由來山川鍾戾氣，深叢怪穴爲憑依。誰搜黑碗崎嶇得，憤撲長明鐵燈熄。函其顱骨臘其蛇，三十餘骸快誅磔。王師一擊天狼靡，勝國山河洗厥恥。縱使兒墳未鏟夷，當徑豈容白帝子？大梁貫日羅公鋤，米脂明府論功無。當時虎口若教咥，千秋豈不成雄圖？金陵織部梨園曲，拍案撫髀觀者續。裔孫手出

一編看，亂後餘生悉顛末。暗裏忠臣知其誰？姓名未入軍門牘。君不見門前執手白頭僧，雨黑風黃聞痛哭。文學言：掘賊墳時，最出力者米脂隸賈某。後二十年，太守家居，有老僧詣門求見，執手痛哭曰：「主與吾非崇禎暗裏忠臣乎？」予以金，不受而去，不知所終。（《紫岴山人全集》詩集卷四，清咸豐元年張氏賜錦樓刻本）

【一片石歌】䒷生鉛山孝廉，於豫章城西新建、上饒兩漕倉下訪得明妻妃墓，語當事，爲立碣於阡，復譜其事爲樂府曰《一片石》，授梨園使演焉。余聞而義之，作歌。

　　章江黑風吹水立，美人血冷老蛟泣。土花飛出紫鴛鴦，三百年來未收拾。鉛山才子好事人，蒼茫興會若有神。金罍鬱鬱一搜剔，秋墳鬼唱無荒榛。豐碑矗矗立新翠，手酹椒漿感幽邃。夕陽躍下舊粧樓，倒射桃花斷腸字。醉來橫倚《一片石》，絳蠟銀箋吐奇墨。淋漓不讓《四聲猿》，迴旋已合三疊拍。百花洲深錦幕張，東湖浪打蘭芽香。十三紅兒踏毹場，鸝絃拉沓檀龍翔。此時霓旌夜歸來，鱗車魚馬爭喧豗。花冠翠羽瑲瓊玫，海霞裙子漢珮催。前招采鸞後麻姑，行觴擘脯皆仙廚。東者擊瑟西吹竽，感君意氣爲君壽，贈以南海明月珠。爲君緩舞歌一曲，雙淚墮落紅氍毹。君不見湖上老漁譜新詞，玉簪訂納劉家姬。鄱陽鼓鼙未銷歇，茂陵天子工情癡。至今秋草騰禧殿，荒煙誰問雙蛾眉？貞淫關係在文字，興亡炯戒甯荒俚。以茲闡揚大節義，洪都雅樂風詩遺。滇南女兒花釘鼓，大理繁腔令人蠱。安得譜君新樂府，弔古遊仙入鍾呂。老顛風景裂可知，思君迴首西山雨。（《紫岴山人全集》詩集卷五，清咸豐元年張氏賜錦樓刻本）

【虎邱贈歌者】

　　（其一）司馬猶能記隔年，相逢短鬢獨蕭然。《鬱輪袍》曲何人賞？零落蠻中荳蔻箋。

　　（其二）攜琴明日去台州，羞作千金菊部頭。家在錦帆涇上住，不隨夜獵過長洲。（《紫岴山人全集》詩集卷六，清咸豐元年張氏賜錦樓刻本）

【過吳門遇歌者佘郎以扇乞詩】佘郎吳姓。

　　十部霓裳歛手聽，清歌一發暮雲停。有人掩淚吳門過，聲識牛家

舊小青。（《紫峴山人全集》詩集卷八，清咸豐元年張氏賜錦樓刻本）

【題蔣莘畲太史桂林霜院本】太史掌教蕺山書院，得馬文毅公粵西闔門殉難
事實於其裔孫西興驛丞某所，演爲《桂林霜》傳奇。太史時病疟，數夕而成。
余客豫章，出以見示，索余長歌。

太史示我桂林新樂府，出自扶風中丞之家譜。整冠再拜一讀之，
使我感激忘羈旅。當時三蘗同鴟張，忘恩反噬梟且強。望風叛帥豎降
幟，空城調遣愁牙璋。匹磾□謀收越石，賀蘭坐視亡睢陽。中丞胸鬱
山河氣，橫劍怒叱齒嚼崒。□□三間笏擊樓，獨標一柱擎天勢。中丞
有子走江沱，蟣丸間道奏天子。外援不至內變生，死守節旄嗟已矣。
康熙十六年十月二十日。天狗墮地地維折，中丞身作長虹□。二子髑髏模
糊面，提以擊賊賊膽裂。有僕突入從者九，或斧或杖赴喉嚨。庖丁韓
者鏟賊手，攣之鬚奮聲作吼。烏金錦前屍抱前，□□羅拜矯矯首。饑
烏不下野獸走，群賊視之亦悢□。中丞妻妾及婦女，四十七人血堆府。
香軀白練縱橫飛，不聞躓吏閒笑語。摩空一簇青蓮花，散爲五色曼陀
雨。中丞有客及偏禮，進孤抱寶紛流離。李翰終能表烈狀，霽雲不愧
稱男兒。天子輟朝爲悼惜，禮官褒詔下絡繹。叢祠突兀倚雲霄，白馬
花竿何□□。可憐七尺報國軀，不畫凌煙書虛壁。中丞有子來歸喪，
梧江痛哭梧不蒼。賜衣前捧山龍章，檀棺文輔旆揚揚。大書闔門死封
疆，桂林從此無嚴霜。太史一一奮筆書，關白之體补門腴。或如雷轟
與電擊，或如鵑啼與猿呼。或如荊卿擊缶漸離簡，或如道子繪像廉廣
圖。胸中熱血噴一斗，淋漓八尺紅氍毹。□官收繳瘴鬼匿，錢塘破陣
爭奔趨。昔讀新城尙書二家傳，未若□之正樂諧笙竽。以茲闡揚補正
史，感歎要令起蒙愚。江城黑風吹樹急，傾簷銀竹秋蟲入。爲君起舞
歌一疊，滿堂燈火無顏色。中有孤臣之毅魄，萬古茫茫收不得。君不
見西興驛史老文孫，捧卷吞聲淚雙滴。（《紫峴山人全集》詩集卷十六，清
咸豐元年張氏賜錦樓刻本）

【董恆嵓觀察芝龕記題辭十首】

（其一）三朝疆場壞何人？黔蜀蠻司盡犬猖。不是秦家女豪傑，
誰知大義有君臣。

（其二）手馘鯨鯢轉戰孤，勤王萬里奮長殳。可憐不上凌煙閣，

繪出金鍪繡鎧圖。

（其三）天子題詩策戰勳，錦衣親賜女將軍。四川營裏宵風雨，畫角金鐃髳髵聞。

（其四）單鞭怒奪父屍還，黃虎奔逃血灑殷。九品蓮花天證果，又看奇媛出人間。

（其五）夫椿親扶海上歸，麻衣如雪換戎衣。人從斑竹巖前望，猶見蟠空鐵騎飛。康熙年間沈女帥以陰兵驅山賊，見《道州志》。

（其六）何須生恨不為男，遁帥降藩見此慚。璧合珠聯一時事，香風先繞石芝龕。

（其七）滅賊誅姦志未償，銜哀飲恨事堪傷。何如直奮書生筆，斧鑕淋漓快劇場。

（其八）錦車錦纛紀封崇，娘子軍曾立大功。可有銅琶和鐵笛，新詞撰合兩英雄。

（之九）艸野偏多奮義聲，紅粧報國快捐生。衝戈亦有長沙女，可惜匆匆失姓名。余嘗擬撰《雙虹碧》傳奇，中有長沙女子殺賊事一齣，記中先述及之。

（其十）滋蘭堂上月流波，紅燭當筵簇綺羅。老去何戡雖散盡，重繙舊譜欲徵歌。甲戌曾於外舅梁氏滋蘭堂觀演茲記十二齣，填【金縷曲】一闋紀事。（《紫峴山人全集》詩集卷二十六歸湘集下，清咸豐元年張氏賜錦樓刻本）

## 【洞仙歌‧擬靜志居琴趣二十四闋（之十四）】

華堂聽劇，隔湘簾遙坐。女伴叢中好梳裹。在屏風西角，燈檠東頭。特颭出，玉魷春蘭新朵。　　二更寒料峭，為倩雛鬟，添著溫麞送罏火。微笑已心知，歌曲將闌。料斗帳，文茵停妥。愛倦後歸房最齧騰，急拋卻釵鈿，香雲斜嚲。（《紫峴山人全集》外集卷十二，清咸豐元年張氏賜錦樓刻本）

## 【金縷曲‧聞蔣苕生孝廉既表嫠妃墓碣復譜其事作樂府名一片石付豫章諸伶開場演之再依前韻以艷其事】

搜出貞靈跡，夢瓊樓、碧桃花外，獨紅香黑。無數仙娥爭作慶，拉雜鷗絃三尺。曉據案、作銅盤食。也譜新詞十三調，把紅牙、舊板從新拭。收入破，歇催拍。　　閑中傳恨空中色，小氍毹、遊仙吊古，

一齊堆積。戲鼓神簫從此去，一片聲收不得。儘招到、神仙魂魄。末齒麻姑、吳彩鸞畢集。何日吹簫滕王閣，便秋風、也要來憐惜。才子曲，賢妃石。（《紫峴山人全集》詩餘卷上，清咸豐元年張氏賜錦樓刻本）

## 【金縷曲・滋蘭堂中觀演芝龕記院本是前明石柱女帥秦良玉道州女帥沈雲英事】

黔蜀滄桑話，是前朝、秦家土婦，洗夫人亞。蠻錦珠袍裙六幅，飛上桃花戰馬。提賊首、淋漓血灑。還請長纓雪國恥，彎弓梢、欲向中原打。應愧死，廟堂者。　道州女帥荊州寡，奪父屍、單刀砍陣，黃巾仆野。挂印親扶夫櫬去，貞媛聽潮坐化。剩祠宇、麻灘之下。今日霓裳重演出，問滿堂、樺燭誰驚姹。騎赤駟，共來也。（《紫峴山人全集》詩餘卷上，清咸豐元年張氏賜錦樓刻本）

## 【金縷曲・青陽陳生以販扇往來湖湘間工南北曲將就婚粵西索詞贈行】

明月瀟湘夜，轉甌苉、落梅庭院，試燈風罷。君是江南王疊首，狂作兩丸髻者。增紫玉、黃檀聲價。合與吾曹同作達，向關王、曲子懷傾瀉。撾銅鼓，舞長薦。　征帆又向何方卸，說嶺西、山簪水帶，正當春姹。小樹紅香含荳蔻，人捲珠簾待嫁。想到日、逢絃子社。好捧翠觴歌一曲，向燈前、博笑鬆羅帕。合歡扇，為君畫。生婦翁貫於桂林，亦工度曲。（《紫峴山人全集》詩餘卷上，清咸豐元年張氏賜錦樓刻本）

## 【金縷曲・吳門逢歌者吳仙以扇乞詞】

苑茂濃如畫，鬧神簫、錦香叢裏，有人飛下。崔九堂前舊時客，春去朱顏未謝。還認得、隔年司馬。檀板金尊重邀我，聽一聲、濕盡香羅帕。青衫淚，忽盈把。　滇湖波浪連天打，上高樓、瘴雲如墨，蠱風吹野。我作浪遊真失計，顧汝亦何為者。到茲際、相逢悲話。千古美人恨遲暮，《鬱輪袍》、縱好無人寫。我白髮，又生也。（《紫峴山人全集》詩餘卷上，清咸豐元年張氏賜錦樓刻本）

## 【百字令・同海鹽楊蓀皋評事含山李半頁秀才胡蒼崖當塗署中觀劇豪飲達旦】

青山白紵，莽風流肯讓，桓公千古。今日故人憐我至，琴署急徵

歌舞。拉雜冰絃，迷離紅袖，搗碎花奴鼓。長安年少，依然跋扈如許。

呼出地下狂儂，天邊明月，重洗金罍舉。采石錦袍豪放地，仍有酒龍詩虎。溝水東西，轍轅南北，聚散都無據。菊團露冷，且搋醉臥天曙。（《紫峴山人全集》詩餘卷下，清咸豐元年張氏賜錦樓刻本）

## 【鳳凰臺上憶吹簫·中秋洛城對月聞隔鄰演劇作】

那歲中秋，多情冰馭，不隨人在天涯。怎中原今夕，愁滿銀槎。長記未圓時節，簾犀揭、同玩庭花。搖杯影，雲鬟濕翠，玉臂籠紗。

誰家！霓裳鬥彩，伴樺燭十分，濃映箏琶。總如塵如夢，劫歷僧迦。也作拭乾紅淚，倚虛幌、坐到輪斜。無聊醉，狂歌大叫，那管棲鴉。（《紫峴山人全集》詩餘卷下，清咸豐元年張氏賜錦樓刻本）

# 王鳴盛

王鳴盛（1722～1797），字鳳喈，一字禮堂，別字西莊，嘉定（今屬上海）人。少警敏，乾隆丁卯（十二年，1747）以五經舉於鄉，肄業紫陽書院。與王昶、吳泰來、錢大昕、曹仁虎、趙文哲、黃文蓮稱「吳中七子」。既與惠棟友善，潛心經義。甲戌以一甲二名進士及第，授編修。丙子大考翰詹，名第一，擢侍讀學士。明年典福建試，洊歷內閣學士兼禮部侍郎。還朝罣吏議，左遷光祿寺卿。丁內艱歸，遂不復出。卜居蘇州閶門外之洞涇，梫戶讀書，絕不與當事酬接。家貧，藉賣文自給。爲詩少宗漢、魏、盛唐，中年出入白、蘇，晚年獨喜李商隱。古文不專一家，於明嗜王遵巖、歸震川。研精經學，一以漢人爲師，所著《尚書後案》專宗鄭康成注。鄭注亡佚，採馬融、王肅注補之，僞傳非盡虛造者，間亦取焉。又著《周官軍賦考》，精深博洽，比古今疑義而折衷之。又著《十七史商榷》，校勘本文、補正誤脫最詳。於輿地、職官、典章制度能剖其異同，證其舛誤，晚作《蛾術編》百卷，典博詳明，俱有源本。見《國朝漢學師承記》卷三、《文獻徵存錄》卷四、《（同治）蘇州府志》卷九六、《清史稿》四八一等。

## 【席上贈歌人四首】

（其一）暖屋紅牙靜夜分，褰簾爭舞鬱金裙。十年載酒江湖客，能向花前幾度聞。

（其二）蠻鬟珠襻映羅襦，綰髻塗粉意態殊。絕似中丞筵上見，梨園弟子李仙奴。

（其三）三更絳蠟盡成堆，絃撥仍教側調催。聽水聽風渾不辨，

祇疑天上《紫雲迴》。

（其四）花月歡場計總非，傷春傷別夢依稀。樽前多少天涯淚，偏到聞歌易滿衣。（《西莊始存稿》卷八，清乾隆三十年刻本）

## 【練祁雜詠六十首并序（之五十二）】

塗妝縮髻鬥風姿，串客新來拜教師。齾細十番聽更好，便應狂殺冶遊兒。梨園子弟爲串客，有樂器無人聲爲打十番。（《西莊始存稿》卷九，清乾隆三十年刻本）

## 【冬夜東齋】

寺鐘縿動掩茆堂，任爾笙歌沸隔牆。東鄰有歌院，每夜聞度曲聲。撑拄愁憑兔瑱碧，破除閒付鴈鐙光。簾釘響處風驚牖，樹影橫時月轉廊。一事長安煞奇絕，著書筆禿滿堆床。（《西莊始存稿》卷十二，清乾隆三十年刻本）

## 【觀優人演朱翁子事】

印綬區區駭婦人，讀書償卻半生勤。一官竟爲恩讎誤，悔不山中老負薪。（《西莊始存稿》卷十六，清乾隆三十年刻本）

# 紀　昀

紀昀（1724～1805），字曉嵐，號春帆，直隸獻縣（今屬河北）人。乾隆十九年（1754）進士，官至禮部尚書、協辦大學士。曉嵐閎覽博聞，才情華贍，少日已爲史文靖公、劉文正公激賞。及再入詞垣，適以詞臣奏請將《永樂大典》內人間罕覯之書鈔錄流布，既而詔求天下遺書，開四庫館，令其與陸錫熊總司其事，考異同，辨眞僞，撮著作之大凡，審傳本之得失，撰爲提要。所爲詩直而不伉，婉而不佻，抒寫性靈，醞釀深厚，未嘗規橅前人，罔不與古相合。著述甚富，不自裒集，故多散佚。著有《紀文達公遺集》、《閱微草堂筆記》等。見《湖海詩傳》卷一六、《國朝畿輔詩傳》卷四二、《清史稿》卷三二〇等。

## 【烏魯木齊雜詩（之二十五）】

金碧觚棱映翠嵐，崔嵬紫殿望東南。時時一曲昇平樂，膜拜聞呼萬歲三。壽宮在城東南隅。遇聖節朝賀張樂，坐班一如內地。其軍民商賈亦往往在宮前演劇謝恩，邊氓芹曝之忱，例所不禁。庫爾喀拉烏素亦同。（《紀曉嵐文集》第一冊，河北教育出版社1991年版，第597～598頁）

## 【烏魯木齊雜詩（之六十二）】

山城是處有絃歌，錦帙牙籤市上多。爲報當年鄭漁仲，儒書今過幹難河。鄭樵《七音略》謂：「孔氏之書，不能過幹難河一步。」初塞外，無鬻書之肆，間有傳奇小說，皆西商雜他貨偶販至，自建置學額以後，遂有專鬻書籍者。（《紀曉嵐文集》第一冊，河北教育出版社1991年版，第601頁）

## 【烏魯木齊雜詩（之一百四十三）】

地近山南估客多，偷來蕃曲演鶩哥。土魯番呼歌妓爲鶩哥。誰將紅豆傳新拍，記取摩訶兜勒歌。春社扮番女唱番曲，侏离不解，然亦靡靡可聽。（《紀曉嵐文集》第一冊，河北教育出版社1991年版，第608頁）

## 【烏魯木齊雜詩（之一百四十四）】

簫鼓分曹社火齊，燈場相賽舞狻猊。一聲唱道西屯勝，飛舞紅箋錦字題。孤木地屯與昌吉頭屯以舞獅相賽，不相下也。昌吉人舞酣之時，獅忽噴出紅箋五六尺，金書「天下太平」字，隨風飛舞，眾目喧觀，遂爲擅勝。（《紀曉嵐文集》第一冊，河北教育出版社1991年版，第608頁）

## 【烏魯木齊雜詩（之一百四十五）】

竹馬如迎郭細侯，山童丫角囀清謳。琵琶彈徹明妃曲，一片紅燈過綵樓。元夕，各屯十歲内外小童，扮竹馬燈，演《昭君琵琶》雜劇，亦頗可觀。（《紀曉嵐文集》第一冊，河北教育出版社1991年版，第608頁）

## 【烏魯木齊雜詩（之一百四十六）】

越曲吳歈出塞多，紅牙舊拍未全訛。詩情誰似龍標尉，好賦流人水調歌。《王昌齡集》有「聽流人歌水調子」詩。梨園數部，遣戶中能崑曲者，又自集爲一部，以杭州程四爲冠。（《紀曉嵐文集》第一冊，河北教育出版社1991年版，第608頁）

編者案：「遣戶」，據紀昀《烏魯木齊雜詩》「戶籍題名」詩注，「烏魯木齊之民凡五種，由内地募往耕種及自往塞外認墾者，謂之民戶；因行賈而認墾者，謂之商戶；由軍士子弟認墾者，謂之兵戶；原擬邊外爲民者，謂之安插戶；發往種地爲奴，當差年滿爲民者，謂之遣戶。各以戶頭鄉約統之，官衙有事，亦各問之戶頭鄉約。故充是役者，事權頗重。又有所謂園戶者，租官地以種瓜菜，每歈納銀一錢，時來時去，不在戶籍之數也。」（《紀曉嵐文

集》第一冊，河北教育出版社 1991 年版，第 598 頁）

## 【烏魯木齊雜詩（之一百四十七）】

樊樓月滿四弦高，小部交彈鳳尾槽。白草黃沙行萬里，紅顏未損鄭櫻桃。歌童數部，初以佩玉、佩金二部為冠，近昌吉遣戶子弟新教一部，亦與之相亞。（《紀曉嵐文集》第一冊，河北教育出版社 1991 年版，第 608～609 頁）

## 【烏魯木齊雜詩（之一百四十八）】

玉笛銀箏夜不休，城南城北酒家樓。春明門外梨園部，風景依稀憶舊遊。酒樓數處，日日演劇，數錢買座，略似京師。（《紀曉嵐文集》第一冊，河北教育出版社 1991 年版，第 609 頁）

## 【烏魯木齊雜詩（之一百四十九）】

烏巾墊角短衫紅，度曲誰如龜相公。字出東坡《仇池筆記》。贈與桃花時頰面，筵前何處不春風。伶人龔羔子，以生擅場，然不喜盥面。（《紀曉嵐文集》第一冊，河北教育出版社 1991 年版，第 609 頁）

## 【烏魯木齊雜詩（之一百五十）】

半面真能各笑啼，四筵絕倒碎破璃。消除多少鄉關思，合為伶人賦簡兮。簡大頭以丑擅場，未登場時，與之語格格不能出口，貌亦樸僿如村翁，登場則隨口詼諧，出人意表，千變萬化，不相重複，雖京師名部不能出其上也。（《紀曉嵐文集》第一冊，河北教育出版社 1991 年版，第 609 頁）

## 【烏魯木齊雜詩（之一百五十一）】

老去何戡出玉門，一聲楚調最銷魂。低徊唱煞紅綾袴，四座衣裳浣酒痕。遣戶何奇，能以楚聲為艷曲，其《紅綾袴》一闋，尤妖曼動魄。（《紀曉嵐文集》第一冊，河北教育出版社 1991 年版，第 609 頁）

## 【烏魯木齊雜詩（之一百五十二）】

逢場作戲又何妨，紅粉青蛾鬧掃粧。仿彿徐娘風韻在，廬陵莫笑老劉郎。劉木匠以旦擅場，年逾三旬，姿致尚在。（《紀曉嵐文集》第一冊，河北教育出版社 1991 年版，第 609 頁）

## 【烏魯木齊雜詩（之一百五十三）】

稗史荒唐半不經，漁樵閒話野人聽。地鑪松火消長夜，且喚詼諧

柳敬亭。遺戶孫七，能演說諸稗官，掀髯抵掌，聲音笑貌，一一點綴如生。(《紀曉嵐文集》第一冊，河北教育出版社1991年版，第609頁)

# 王　昶

王昶（1724～1806），字德甫，一字述庵，號蘭泉，青浦（今屬上海）人。乾隆甲戌（十九年，1754）進士。丁丑南巡，召試，賜內閣中書，官至刑部侍郎。父士毅，年四十五無子，禱於杭州靈隱寺，夢人贈以蘭，遂生昶，咸以為蘭之徵，後因字蘭泉。蘭泉博學善屬文，詩兼宗杜、韓、蘇、陸，不名一家。早年從沈文愨遊，與王鳳喈、吳企晉、錢曉徵、趙升之、曹來殷、黃芳亭稱「吳中七子」，名傳海外。日本大學頭默真迦一見歡服，士林以為美談。在京與朱笥河互主騷壇，有「南王北朱」之目。洪北江評其詩如「盛服趨朝，自矜風度」。所至提倡風雅，執經載酒，戶外屢滿。嘗從征大、小金川，磨盾鼻、治軍書，不廢吟詠。前後九載乃還。所過名山大川，皆足開拓心胸，故多恢博雄奇之作。致仕，家居凡十二年。精力絕人，著有《春融堂詩文集》六十八卷、《金石粹編》一百六十卷、《明詞綜》十二卷、《國朝詞綜》四十八卷、《湖海詩傳》四十卷，續修《西湖志》、《青浦縣志》、《太倉州志》、《陝西舊案成編》、《雲南銅政全書》行於世，又有《滇行日錄》三卷、《征緬紀聞》三卷、《蜀徼紀聞》四卷、《屬車雜志》二卷、《豫章行程記》一卷、《商洛行程記》一卷、《重遊滇詔紀程》一卷、《雪鴻再錄》二卷、《使是叢談》一卷、《臺懷隨筆》一卷、《青浦詩傳》三十六卷、《天下書院志》十卷及《群經揭驁》、《五代史注》等。各書流傳最廣者，為《金石萃編》、《湖海詩傳》，是時幾於家置一編。見《文獻徵存錄》卷九、《清史稿》卷三〇五、《晚晴簃詩匯》卷八三等。

## 【如皋官舍陳如虹先生焜連宵置酒絲竹駢闐感事觸懷因成八絕】

（其一）鈴閣琴床迥絕倫，重來蹤蹟尚風塵。此生不合金鑾直，穩向歡場作酒人。

（其二）俹齋近接小三吾，猶記雲郎染畫圖。水繪荒涼寒碧盡，重排絃管喚花奴。水繪園中有小三吾寒碧堂，今皆頹廢。雲郎小影，余在京師從商邱陳氏處見之。

（其三）鳳尾龍香按拍齊，銀燈如月照銅螭。青衫欲濕還重掩，怕染愁蛾一樣低。

（其四）寥落青山故相家，箏師琴客總天涯。平泉舊事知誰記，贈與徐郎說夢華。諸伶舊屬青山莊張氏，其中徐郎蓮生者色藝兼工，能談

—259—

舊事。

（其五）曾寫雙鬟畫壁詞，旗亭傳唱月明時。夢中彩筆知無用，合譜新聲付段師。

（其六）雪泥鴻爪不勝情，忽聽當筵白紵聲。從此玉堂無夢到，瀟瀟暮雨憶吳城。

（其七）羯鼓聲高咽管絃，暗將清淚灑鈿蟬。新詞莫怪多淒怨，漂泊江湖又一年。

（其八）心情寥落似眠蠶，聽罷吳歈酒半酣。望裏紅欄三百六，故園歸去狎何戡。（《春融堂集》卷五，清嘉慶十二年塾南書舍刻本）

## 【觀劇六絕】

（其一）瓊筵花露汎紅螺，六曲鐙檠照綺羅。晴雪一櫓香霧裏，雲鬟十隊舞蠻鞾。

（其二）秦淮舊夢已如塵，扇底桃花倍愴神。仿佛鸚籠初見日，香鈿珠祓不勝春。《桃花扇》。

（其三）秋風一夕別雲屏，款語匆匆掩淚聽。回首河東蕭寺遠，碧雲紅葉滿長亭。《西廂》。

（其四）《長生殿》裏可憐宵，曾炷沈檀禮鵲橋。一樹梨花人不見，青騾蜀棧雨蕭蕭。《長生殿》。

（其五）花影層層下玉除，歸來燈火旅窗虛。夜深微醉誰相憶，剗襪香堦女較書。《紅梨記》。

（其六）聽遍新聲出絳紗，故鄉歸夢落雲沙。應知今夜筠欄月，獨對江梅數點花。（《春融堂集》卷六，清嘉慶十二年塾南書舍刻本）

## 【送金鍾越歸揚州】

上計來燕市，依人下蜀岡。圖傳周小史，曲記杜秋娘。鍾越有侍史定郎小影，又撰《雙鬟畫壁》傳奇，甚工。花絮三春晚，風塵兩鬢蒼。好偕東閣侶，樽酒話清狂。（《春融堂集》卷七，清嘉慶十二年塾南書舍刻本）

## 【滎經道中閱楊笠湖刺史潮觀所貽吟風閣雜曲偶題七絕】

（其一）黎風雅雨道途艱，院本傳來一啓顏。鐵版銅琶差快意，不須小部按雙鬟。

（其二）博浪沙中未報讎，西行借箸佐炎劉。赤松黃石辭仙侶，

獨上河潼第一樓。<small>張子房。</small>

　　（其三）雲車風馬萬靈趨，不怨炎天竟渡瀘。緣識七擒還七縱，旋師北伐埽當塗。<small>諸葛忠武侯。</small>

　　（其四）輒宴思親涕淚多，盤堆紅蠟罷笙歌。憑君更寫澶淵會，萬隊黃旂唱渡河。<small>寇萊公。</small>

　　（其五）宦海浮沈意氣豪，生平蕭瑟本風騷。聽猿下淚聞雞舞，又賴新詞解鬱陶。

　　（其六）四山雲黑雨淋漓，燭跋猶開絕妙詞。淪落天涯聊自遣，直勝擊筑與彈絲。

　　（其七）芝龕諸記播淮西，絲竹聲中半滑稽。要下英雄千古淚，鉛山那得竝梁溪。<small>時鉛山蔣心餘《芝龕》諸記亦行於世。</small>（《春融堂集》卷十三，清嘉慶十二年塾南書舍刻本）

## 【北固山舟次與子才話別（之四）】

　　桂枝風調冠南吳，一縷清歌一串珠。并作老夫情緒惡，江雲黯淡雨模糊。<small>時子才小史桂郎隔船度曲。</small>（《春融堂集》卷十六，清嘉慶十二年塾南書舍刻本）

## 【秋帆中丞邀至開封置酒觀劇有作】

　　清瀟分襟乍判年，官齋把琖更欣然。人□折柳時時別，詩聽甘棠處處傳。季札又來觀樂地，義山終憶大羅天。終南仙館猶如故，風月何人棹酒船。（《春融堂集》卷十九，清嘉慶十二年塾南書舍刻本）

## 【至常德聞荊州江堤潰決改道長沙有作】

　　扁舟下衡陽，慘澹風色變。濃雲互開闔，暑日屢隱現。頗疑炎暍時，水氣奪晴暵。忽傳荊門堤，驟漲極凶悍。激湍城郭頹，惡浪魚龍亂。洪濤敗衙署，餘浸絕炊爨。異事古所稀，災祲駭聞見。得毋吏治非，降沴示禍患。飛章上九重，瘡痍厪宵旰。俞君提督金鼇謂我言，驛路經旬斷。迂塗由長沙，行程庶可算。登樓試憑欄，千里驚汗漫。滄江南入湖，色眩青黃半。本嗟行路難，更切憂時歎。豈能娛絲竹，<small>時俞君招飲觀劇。</small>方戒涉險難。呼僮理戙楫，聊用具毚飯。（《春融堂集》卷十九，清嘉慶十二年塾南書舍刻本）

【金縷曲】家受銘僑寓秦淮時，送人入蜀，攜歌酒過丁字簾前，夜已二更矣。
聞水榭中笛聲淒咽，因叩門求見，則商寶意司馬自度曲也。遂邀入坐中，翦鐙
話舊，痛飲達曙而別。復丐畫師寫《青溪邀笛圖》，自倚曼詞紀之屬。

> 蜀棧雲千尺。送征篷、小姑祠畔，柳絲凝碧。已聽陽關魂斷後，
> 更聽小窗風笛。驚相見、天涯倦客。置酒呼鐙同攜手，認蕭蕭、短鬢
> 吳霜白。還款語，訴遊跡。　　清淮煙水渾如昔，又誰知、飄零舊雨，
> 重逢良夕。傷別傷秋情無那，況對露薡風荻。忍再喚、小紅催拍。畫
> 出女牆明月影，照寒潮、一片淒涼色。衫袖上，淚痕滴。（《春融堂集》
> 卷二十六，清嘉慶十二年塾南書舍刻本）

【憶江南‧中秋追憶舊事倣樂天體十二首（之六）】

> 中秋憶，最憶住邗溝。十部名倡齊度曲，兩行狎客妙藏鉤，燈影
> 月華浮。（《春融堂集》卷二十七，清嘉慶十二年塾南書舍刻本）

【憶江南‧中秋追憶舊事倣樂天體十二首（之十）】

> 中秋憶，從獵在金微。萬里星河隨出塞，十番簫鼓送行圍，詰旦
> 侍龍旗。每年駕幸熱河，至七月二十五六日始演劇。及聖節將近，再演戲。過
> 中秋，遂啓蹕入圍場行獵。（《春融堂集》卷二十七，清嘉慶十二年塾南書舍刻本）

# 趙文哲

趙文哲（1725～1773），字升之，一字損之，號璞函，江南上海（今上海）
人。生有異稟，讀書數行下。同時青浦王昶，嘉定王鳴盛、曹仁虎皆以能詩名，
獨心折文哲。為人瘦不勝衣，而意氣高邁，由廩生應乾隆二十七年（1762）南巡
召試，賜舉人，授內閣中書，在軍機章京上行走。以原任兩淮鹽運使盧見曾查抄
案通信寄頓，褫職。時大軍征緬甸，署云南總督阿桂奏請隨軍。阿桂由緬至蜀，
將軍溫福方督師征金川，見文哲，與語，大悅之。時溫福與阿桂分兵，文哲遂入
溫福幕。溫福重文哲，片時不見，輒令人覘文哲何作。已而連克金川地，三十七
年十月，遂剿平美諾。以功復中書，又授戶部主事，仍隨營治事。三十八年，兵
至木果木，六月，小金川降者叛，與金川合抄後路，師將潰，在軍者相率逃竄，
文哲毅然以為：「身為幕府贊畫，且迭荷國恩，詎可捨帥臣而去！」卒與溫福同
死。升之賦才英敏，少在申江書院得凌少司馬指授，論詩以新城為主。既而與張
策時、凌祖錫、汪軔懷、吳企晉同學，互相砥礪，於歷代大家、名家無所不效，
亦無所不工。著有《媕雅堂詞》、《蜵蟉集》等。見《國朝詩人徵略》卷三八、《湖
海詩傳》卷二六、《清史稿》卷四八九等。

## 【贈歌者楊暹】

（其一）定場絃索悄無聲，纔到尊前態已生。不是當年周小史，誰將初日寓芳名。

（其二）小拍紅牙夜未停，月將斜處酒翻醒。青衫自有天涯淚，不為琵琶隔座聽。

（其三）左驂史妠悵同時，費盡繁欽絕妙辭。陌上玉驄留不住，東風真負小楊枝。

（其四）相逢疑在鄂君船，簾影盃痕總可憐。畫燭雙花忽垂淚，歡筵無那即離筵。

（其五）酒淺香寒夜不勝，屏山一曲路千層。他時誰詠輕紅袴，身是疎狂老季鷹。（《娵隅集》卷五，清乾隆五十四年刻本）

## 【寄博晰齋八疊前韻】

英蕩函從香案錫，誰遣衝炎走銅壁？瘴雲如墨雨如漿，夜夜馬蹄生霹靂。歸來遇我騰衝城，卻怪北山詩太激。人將白髮自蕭散，雨過黃梅轉蒙冪。不辭著屐來取別，書借一瓻供破寂。予在騰越，值晰齋自塞上回，瀕行，贈我書數十冊。去歲征南幕府開，參軍在座君能覓。玉門生入事如夢，軟腳筵開鬥箏笛。聽到陽關第四聲，年少何戡也悽戚。晰齋有歌者朱琇，色藝冠一時。予於永昌屢見之，近已攜歸大理矣。天涯去住總難料，未許征衣塵土滌。杜陵依舊客諸侯，對酒真憐不能喫。杜詩：「對酒不能喫。」君今且看點蒼山，試茗分香興清適。畫欄桂樹又秋風，花下何人展嘉覿。玲瓏休唱樂天詩，燭淚還愁簪人滴。借問維摩病若何？定知談笑熊罷敵。晰齋薄病初起。（《娵隅集》卷五，清乾隆五十四年刻本）

## 【黔伶】

青衫尚天涯，蕭條比江潯。蠻鄉偶聞樂，啁哳如秋蟀。昨過昆明水，授館五華岑。頗多賢地主，排日聯朋簪。妙選得小部，聲價雙南金。周史詫張翰，車子誇繁欽。一伶擅崑曲，圓滑如春禽。無人來便串，獨和朱絲琴。曲終猶嫋嫋，意與芳樽深。我本江南客，聞之愴難任。近前稍致問，家在黔山陰。延陵昔開府，飛蓋停花林。遲迴三爵後，小拍歌愔愔。曾捐碧玉佩，繫之紫羅襟。自移隴西節，半瑟華年侵。軍興復旁午，舞伴誰相尋？有時趁村社，恥學爨弄滛。由此久淪

落，強顏侑清斟。爾伶勿終訴，且收淚涔涔。爾歌雖云好，未致神聽歆。雅樂尚思臥，此事匪自今。夢斷亦莫追，毋為感秋衾。勸爾我轉悲，非徒歎升沈。黔伶一曲歌，吳儂萬里心。不見莊舄病，相楚猶越吟。不見鍾儀囚，在晉猶楚音。（《妸隅集》卷七，清乾隆五十四年刻本）

## 【蘭谷復有作柬贈三次前韻】

不是愁餘即病餘，笳簫聲裏閉門居。興來已覺詩筒數，老去休教酒盞踈。高臥恣看山澹蕩，近遊最愛水清虛。徵歌倘許攜車子，何日繁欽有報書。蘭谷約攜歌者同遊易羅池，久而未踐，故戲及之。（《妸隅集》卷九，清乾隆五十四年刻本）

# 蔣士銓

蔣士銓（1725～1785），字心餘，一字苕生，號藏園，一號清容，鉛山（今屬江西）人。家故貧，四歲，母鍾氏授書，斷竹篾為點畫，攢簇成字教之。既長，工為文，喜吟詠。由舉人官中書。乾隆二十二年（1757）成進士，授編修。文名藉甚，裘曰修、彭元瑞并薦其才。旋乞病歸。帝屢從元瑞詢之，元瑞以士銓母老對。帝賜詩元瑞，有「江西兩名士」之句。士銓感恩眷，力疾起補官，記名以御史用。未幾，仍以病乞休，遂卒。心餘早年作詩好作閎大語、奇險語，殆鑒於歸愚詩派之流失，力矯平易，遂得才名。王蘭泉作墓誌謂：「君自古文辭及填詞度曲，無所不工，而最擅場者莫如詩。當其搖筆擲簡，意緒觸發，如雷奮地，如風挾土，如熊咆虎嘯鯨呿鼇擲，山負海涵，莫可窮詰。」與袁枚、趙翼並稱「乾隆三大家」。著有《忠雅堂集》。戲曲創作方面，主要有劇本集《西江祝嘏》和《清容外集》，前者收《康衢樂》、《忉利天》、《長生籙》、《昇平瑞》等雜劇四種；後者收《一片石》、《空谷香》、《桂林霜》、《四弦秋》、《香祖樓》、《雪中人》、《臨川夢》、《第二碑》、《冬青樹》等九種戲曲。此外還有《採樵圖》、《采石磯》、《廬山會》等。見《湖海詩傳》卷二一、《國朝詩人徵略》卷三七、《清史稿》卷四八五、《晚晴簃詩匯》卷八八等。

## 【長生殿題詞】

（其一）邊烽如電照漁陽，翠輦蹣跚蜀道荒。宰相固然當伏劍，將軍何事不勤王？人間辱井恩難殉，海上仙山夢未忘。一種寒煙縈蔓草，路祠今日太荒涼。

（其二）擘盒分釵事渺茫，風流如此太郎當。苔封玉梎無遺蛻，塵掩珠囊有剩香。野店春寒藏錦襪，故宮秋晚散《霓裳》。如何一夜霖

鈴雨，不似驪山水殿涼？（《忠雅堂詩集》卷一，邵海清校，李夢生箋：《忠雅堂集校箋》第一冊，上海古籍出版社1993年版，第31頁）

## 【桃花扇題詞】

（其一）鍾山無復舊蟠龍，回首金陵王氣終。□□湖波沉夕照，白門楊柳暗秋風。陪京幾見安神器？跋扈何人伐戰功。又是江南興廢事，小長干在石城東。

（其二）剩水殘山幾段秋，風流天子盡無愁。西宮絃管銷金粉，南國鶯花泣玉鉤。戎馬只餘征戰地，風雲猶是帝王州。大江東去降帆出，嗚咽潮聲打石頭。

（其三）國步艱難舊鼎遷，選聲中酒尚依然。桃花著意看團扇，燕子無心說錦箋。兒女暗憐風月夜，英雄長恨革除年。那堪江左風流盡，淚落秦淮水榭邊。

（其四）斜陽荊棘掩銅駝，秋盡長橋落葉多。自昔君臣荒宴飲，至今風雨雜悲歌。新亭淚盡餘鉤黨，舊院人稀散綺羅。脂粉無情陵谷變，媚香樓上月如何？

（其五）燈船子夜極盤遊，四野風塵黯未收。不謂神兵從北下，可憐江水向東流。煙花野史詞人淚，禾黍離宮過客憂。試按紅牙歌法曲，清樽銀燭不勝愁。（《忠雅堂詩集》卷一，邵海清校，李夢生箋：《忠雅堂集校箋》第一冊，上海古籍出版社1993年版，第48～49頁）

## 【唐蝸寄權使招飲珠山官署出家伶演其自譜雜劇賦謝】

（其一）公是香山老居士，我原竹屋舊詞人。憐才一見稱知己，識面初來喜率真。別署合題書畫舫，長吟何礙宰官身？性情詩可千回讀，滿飲深杯不厭巡。

（其二）自譜宮商教佛奴，么絃一按一蹰躇。梁園弟子非穠李，谷口都官是鷦鷯。屏後未曾懸小榻，花間先與治行廚。梁塵不動窗雲住，才見周郎顧得無？

（其三）冷吟閒醉自風流，白首還悲宋玉秋。留客且為文字飲，挑燈同話古今愁。家伶解唱名銀鹿，小部能歌認海鷗。聽到繁音頻促節，暗拋清淚作纏頭。

（其四）聞歌輒喚奈何來，兒女英雄意未灰。座上人呼桓子野，

尊前我是賀方回。微雲紅杏聲聲慢，鐵板銅弦字字哀。攙酒九枝銀蠟炬，誰能先倒接羅迴。

（其五）蘭畹新詞滿練裙，謝公絲竹興人分。行隨樂部同官盼，老剩朝衫小婦薰。隱几看雲原放達，傾樽揖客尚殷勤。盧堂夜夜迦陵奏，不是神仙那得聞？

（其六）文心獨繭比蠶繰，斑管填辭老更豪。小友吳兒慚屈宋，酒徒燕市對荊高。乞將煙水藏仙吏，領得冰銜署老陶。仰屋著書成底事？不妨歌舞續《離騷》。

（其七）長楊侍獵昔曾經，走馬呼鷹夢未寧。三十年前遊俠子，二千里外使臣心。放關敢說勞王事？望闕難忘侍內庭。莫道江湖無達宦，郎官久已住漁汀。

（其八）《漢上題襟》興獨長，酒闌歌散促行裝。柳條戀客依依別，帆影催人故故忙。讀曲尚聽檀板脆，披衣猶帶菊花香。歸時定鱖江州棹，日臥山公酒甕旁。（《忠雅堂詩集》卷一，邵海清校，李夢生箋：《忠雅堂集校箋》第一冊，上海古籍出版社 1993 年版，第 154～155 頁）

## 【董恒巖太守芝龕記題詞榕】

（其一）西河特筆志蠻司，更得才人絕妙詞。不用千金教歌舞，明朝傳遍郢中兒。

（其二）降旗獵獵走蟲沙，不見宗耶與岳耶。畫取美人名馬像，寶刀如雪滾桃花。

（其三）督師衰衰少長城，養賊寧南死負君。可惜官家相見晚，中原誰似女將軍。

（其四）豈有摩崖片石傳？讓人開國畫凌煙。紅顏不具封侯骨，老向蓮華證上仙。

（其五）玉貌花驄勇絕倫，木蘭原是女兒身。三生歸與曹娥證，怕向沙場弔鬼燐。

（其六）仙佛荒唐或有之，因緣響應是微詞。百端動我茫茫感，安得人間有導師？

（其七）滕王閣下騎如雲，巾幗真宜贈領軍。曾向空江弔蓮舫，怒濤嗚咽不堪聞。

（其八）監軍都插侍中貂，破碎山河誤勝朝。忍看殘棋如此結，

黨人冤魄可曾銷？

　　（其九）空勞詞賦動江關，下第仍從塞雁還。根觸平生忠孝淚，一聲牙板一潺湲。（《忠雅堂詩集》卷三，邵海清校，李夢生箋：《忠雅堂集校箋》第一冊，上海古籍出版社 1993 年版，第 308 頁）

　　編者案：據《忠雅堂集校箋》，董榕《芝龕記》乾隆刊本前錄士銓此詩計十二首，另三首云：「蘇豪柳膩半粗才，壘塊填胸眼倦開。行遍曉風殘月路，江南我亦賀方回。」「文章無處哭秋風，歲月驚心嘆轉蓬。贏得雙鬟垂手拜，不須買劍事猿公。」「年年彈燭譜烏絲，抹煞孫郎帳下兒。非我佳人應莫解，細商宮徵訂他時。」（邵海清校，李夢生箋：《忠雅堂集校箋》第一冊，上海古籍出版社 1993 年版，第 308～309 頁）

## 【中州愍烈記題詞】

　　（其一）法曲依然繼《國風》，不隨鐙月唱玲瓏。苦將杜宇三更血，染出氍毹一丈紅。

　　（其二）一轉紅牆半畝祠，歌于斯也哭于斯。魚扉晝閉香煙直，不許斜風卷畫旗。

　　（其三）土□泥床夜漏穿，行人下馬一悽然。勞他絡緯催人織，啼煞枯林破屋邊。

　　（其四）冷雲寒日土三堆，爭把冬青繞墓栽。不用見孫澆麥飯，清明時節長官來。

　　（其五）成佛登仙事等閒，能安死所即生天。北邙亦有累累冢，卻令詩人吊稟延。

　　（其六）知書已未及共姜，破卵傾巢□恨長。剩有殘魂尋乳燕，不知何鳥是鴛鴦。

　　（其七）終南進士飽欲死，差勝閻羅嚥鐵丸。安得才人淪落後，藉他前導作都官。

　　（其八）王豹、河西尚在不？當筵誰復眼如周。歌成自有神靈泣，不用低徊菊部頭。

　　（其九）頻年刻羽弔芳魂，幾處磨碑寫八分。那識乘軒梁苑客，也隨風雨哭秋墳。

　　（卷十）斯文如女有正色，此語前賢已道之。安肯輕提南董筆，替人兒女訴相思。（《忠雅堂詩集》卷四，邵海清校，李夢生箋：《忠雅堂集校

箋》第一冊，上海古籍出版社 1993 年版，第 389～390 頁）

## 【寄董恒巖太守兼問蝸寄使君（之三）】

古樂疑聞奏洞庭，自摩冰玉唱瓏玲。太守有《芝龕記》院本。其言忠厚亦多感，此調老蒼誰解聽。譜出從教纖指搯，曲終宜對數峰青。王郎斫地酣歌慣，制淚防他首觸屏。穀原時過江州。（《忠雅堂詩集》卷五，邵海清校，李夢生箋：《忠雅堂集校箋》第一冊，上海古籍出版社 1993 年版，第 505 頁）

## 【三生石傳奇題詞為吳湘南秀才作】

（其一）才為婁妃表墓碑，自操特筆解傳疑。不知更有湖中婢，能乞仙郎《薤露》詞。

（其二）彩毫辛苦與流傳，也算三生石上緣。二百年中多少客？竟無人識死嬋娟。

（其三）從來靈魂畏銷沈，金石文章不易尋。君向夢中傳彩筆，故應留得九原心。

（其四）死死生生百樣哀，虛無多謝鬼憐才。夢中說夢腸堪斷，曾受佳人一拜來。

（其五）鬼愛深松翠柏間，城中流落孰相關？不應忘卻妝樓伴，獨向橋東響珮環。

（其六）忠臣烈婦有同心，忍見宮衣萬劫沈。特判南山填苦海，生天齊作喜歡音。

（其七）官職居然署小神，營營逐逐滿江濱。可憐爭食如雞鶩，不異人間蟣蝨臣。

（其八）多才漫作有情癡，慘慘悽悽死不辭。我亦死中重活者，此情惟有解人知。

（其九）冷雲昏月一層湖，霧鬢風鬟鏡裏虛。忽就詩人偷現影，補將遺恨載《虞初》。

（其十）心情老大態頹唐，一任鶯鶯燕燕狂。不愛風流愛忠孝，已將花月換冰霜。（《忠雅堂詩集》卷五，邵海清校，李夢生箋：《忠雅堂集校箋》第一冊，上海古籍出版社 1993 年版，第 494～495 頁）

## 【京師樂府詞十六首（之二）】

《畫眉楊》：小楊口伎以藝名，喉中能作百鳥聲。畫眉黃雀與白翎，

啁啾求友分重輕。魚鷹掠水吹水鳴，鸚鵡嫌籠嗔索鈴。雞雛入�乳狗爭，狗母受撻雞母驚。每當風日佳時使作伎，但覺花開睍睆跳擲嗁新晴。鳥學人聲語言好，人爲鳥聲喉舌巧。轉喉觸諱彼爲誰？可謂人而不如鳥。（《忠雅堂詩集》卷八，邵海清校，李夢生箋：《忠雅堂集校箋》第二冊，上海古籍出版社 1993 年版，第 704 頁）

## 【京師樂府詞十六首（之三）】

《象聲》：帷五尺廣七尺長，其高六尺角四方。植竿爲柱布作牆，周遭著地無隙窗。一人外立一中藏，藏者屏息立者神揚揚。呼客圍坐錢入囊，各各側耳頭低昂。帷中隱隱發虛籟，正如萍末風起纔悠颺。須臾音響遞變滅，人物鳥獸之聲一一來相將。兒女喁喁暱衾枕，主客刺刺喧壺觴。鄉鄰詬詈雜雞狗，市肆嘲謔兼馳驤。方言競作各問答，眾口嘈呫無礙防。語入妙時卻停止，事當急處偏迴翔。眾心未厭錢亂撒，殘局請終勢更張。雷轟砯擊陸渾火，萬人驚喊舉國皆奔狂。此時聽者股栗欲伏地，不知帷中一人搖脣鼓掌吐吞擊拍閒耶忙？可憐繞帷之客用耳不用目，塗說道聽亡何鄉。顛風忽縮土囊口，寂然六幕垂蒼蒼。反舌無聲笑耳食，巧言惑聽眞如簧。（《忠雅堂詩集》卷八，邵海清校，李夢生箋：《忠雅堂集校箋》第二冊，上海古籍出版社 1993 年版，第 704～705 頁）

## 【京師樂府詞十六首（之四）】

《唱檔子》：作使童男變童女，窄袖弓腰態容與。暗迴青眼柳窺人，活現紅妝花解語。憨來低唱《想夫憐》，怨去微歌奈何許。童心未解夢爲雲，客恨無端淚成雨。尊前一曲一魂銷，目成眉語師所教。鐙紅酒綠聲聲慢，促柱移絃節節高。富兒估客逞豪俠，鑄銀作錢金鏤屑。一歌脫口一纏頭，買笑買嗔爭狎褻。夜闌卸妝收眼波，明朝酒客誰金多？孩提羞惡已無有，父兄貪忍終如何。君不見鶯喉一變蛾眉蹙，斜抱琵琶定場屋。不然去作執鞭人，車前自理當年曲。（《忠雅堂詩集》卷八，邵海清校，李夢生箋：《忠雅堂集校箋》第二冊，上海古籍出版社1993 年版，第 706 頁）

## 【京師樂府詞十六首（之五）】

《戲旦》：朝爲俳優暮狎客，行酒鐙筵逞顏色。士夫嗜好誠未知，風氣妖邪此爲極。古之嬖幸今主賓，風流相尙如情親。人前狎昵千萬

狀，一客自持眾客嗔。酒闌客散壺籌促，笑伴官人花底宿。誰家稱貸買珠衫，幾處迷留儗金屋？蛣蜣轉丸含異香，燕鶯蜂蝶爭輕狂。金夫作俑娩形穢，儒雅效尤慚色莊。覥然相對生歡喜，江河日下將奚止？不道衣冠樂貴遊，官妓居然是男子。（《忠雅堂詩集》卷八，邵海清校，李夢生箋：《忠雅堂集校箋》第二冊，上海古籍出版社 1993 年版，第 707 頁）

## 【京師樂府詞十六首（之七）】

《戲園》：三面起樓下覆廊，廣庭十丈臺中央。魚鱗作瓦蔽日光，長筵界畫分畛疆。僮僕虎踞豫守席，主客魚貫來觀場。充樓塞院簪履集，送珍行酒備保忙。衣冠紛紜付典守，酒胡編記皆有章。砧刀過處雨毛血，酒肉臭時連士商。臺中奏伎出優孟，座上擊碟催壺觴。淫哇一歌眾耳側，狎昵雜陳群目張。雷同交口贊歎起，解衣側弁號呶將。曲終人散日過午，別求市肆一飯充飢腸。我聞示奢以儉有古訓，惰遊侈逸不可無隄防。近來茗飲之居亦復貯雜戲，遂令家無擔石且去尋旗槍。百日之蜡一日澤，歌詠勞苦歲有常。有司張弛之道宜以古為法，毋令一國之人皆若狂。（《忠雅堂詩集》卷八，邵海清校，李夢生箋：《忠雅堂集校箋》第二冊，上海古籍出版社 1993 年版，第 709 頁）

## 【京師樂府詞十六首（之十六）】

《唱南詞》：三絃掩抑《平湖調》，先唱攤頭與提要。高談慷慨氣驫豪，細語纏綿發忠孝。洗刷巫雲峽雨詞，宣揚卻月批風貌。冠纓索絕共歡譁，玉筯交頤極傷悼。審意感人最慘悽，談言微中真神妙。君不見杭州士女垂垂手，聽詞心動鸞凰偶。父母之命《禮》經傳，私訂婚姻南詞有。（《忠雅堂詩集》卷八，邵海清校，李夢生箋：《忠雅堂集校箋》第二冊，上海古籍出版社 1993 年版，第 715～716 頁）

## 【汪魚亭為亡友趙山南由儀作芙蓉城雜劇題詞四首】

（其一）信有神仙便可招，滿樓江色氣蕭條。才人命短詩人困，還忍低頭按《綠么》？

（其二）玉宇高寒日似年，嘔心文字悔生天。芙蓉落後嬋娟死，只恐仙官亦可憐。

（其三）同物偏慳會面緣，記從滕閣望歸船。我登科日君垂死，還住人間十六年。

（其四）夢作閻羅事已非，恐勞詞客再霑衣。橫江我有將軍板，待拍驚濤十丈飛。（《忠雅堂詩集》卷十，邵海清校，李夢生箋：《忠雅堂集校箋》第二冊，上海古籍出版社 1993 年版，第 856 頁）

## 【過百子山樵舊宅二首】

（其一）一畝荒園半畝池，居人猶唱阮家詞。君臣優孟麒麟楦，毛羽文章孔雀姿。復社空存防亂策，死灰難禁再燃時。城隅指點烏衣巷，只有南朝燕子知。

（其二）中興歌舞荒淫日，群小風雲際會年。樂器誰焚亡國主，詞臣分劈衍波箋。名高十客平章重，網盡諸人黨禍連。一樣蓬蒿埋舊宅，白頭江令較他賢。（《忠雅堂詩集》卷十八，邵海清校，李夢生箋：《忠雅堂集校箋》第二冊，上海古籍出版社 1993 年版，第 1257 頁）

## 【康山宴集酬鶴亭主人並邀邊都轉霽峰袁觀察春圃陳太守體齋家舍人春農江大令階平同作】

（其一）腰鼓琵琶駐此間，借他明月照酡顏。城低不礙登高眼，亭迥全收隔郡山。舊宰官身留十笏，《小秦王》曲付雙鬟。就中鴻爪分明在，雪磴嵐梯好細攀。

（其二）當時吾自愛吾廬，異代還教庾信居。勝地原憑人管領，宦情須藉酒銷除。放來青眼高於頂，開遍黃花澹似予。《主客圖》中老兄弟，慈恩宴後又聯裾。

（其三）更煩絃管一吹將，海鏡初升到艸堂。供養雲煙如有待，擔持泉石豈尋常？衣冠入畫今猶昔，王謝爭墩兩不忘。重立淮南耆舊社，萬錢眞箇買滄浪。（《忠雅堂詩集》卷二十一，邵海清校，李夢生箋：《忠雅堂集校箋》第三冊，上海古籍出版社 1993 年版，第 1353～1354 頁）

## 【壽福堂觀劇呈李西華友棠張秋芷馨松坪坦諸前輩】

（其一）宮中火起帝何之，誰見金川夜遁時？大義千秋君不死，神奸一字篡難辭。淋漓史筆都含血，忠孝臣心各自知。看到當場屠廖慘，且將饞鼎鑄窮奇。

（其二）人情天道兩難平，譜出哀猿第四聲。已見元勳就誅戮，更從骨肉毀干城。齊黃罪豈容於死？方景身無愧所生。家國從來重根本，錦氍毹上看分明。（《忠雅堂詩集》卷二十四，邵海清校，李夢生箋：《忠

雅堂集校箋》第三冊，上海古籍出版社1993年版，第1568頁）

## 【康山草堂觀劇】

（其一）綺筵重聽《四絃秋》，一夜尊前盡白頭。何必官人皆失意？歡場各有淚難收。

（其二）能傳幽怨寫琵琶，來自東皋太守家。唱到空船秋夢後，滿堂清淚滴胡笳。

（其三）蠟淚成堆老淚垂，萊公乳婢不勝悲。後人歡樂前人苦，誰肯迴心富貴時？

（其四）憂貧心迫罵錢神，苟得黃金便轉嗔。原憲艱難端木富，天公平看讀書人。

（其五）守珪麾下救蕃兒，太白山前認子儀。管領興亡憑隻眼，人當微賤最難知。（《忠雅堂詩集》卷二十四，邵海清校，李夢生箋：《忠雅堂集校箋》第三冊，上海古籍出版社1993年版，第1568～1569頁）

編者案：第一首詠蔣氏自作《四絃秋》；第二首詠尤侗《弔琵琶》；第三首詠楊潮觀《寇萊公思親罷宴》；第四首詠楊潮觀《窮阮籍醉罵財神》；第五首詠楊潮觀《賀蘭山謫仙贈帶》。

## 【後懷人詩（之三）】

孝子施行馬，心如章貢清。纂組三朝事，《芝龕》唱秦青。揚靈作水仙，招魂向吳城。董恒嚴觀察榕。（《忠雅堂詩集》卷二十五，邵海清校，李夢生箋：《忠雅堂集校箋》第三冊，上海古籍出版社1993年版，第1723頁）

## 【雜感（之十五）】

千朵玉茗花，開時若晴雪。橫斜上簾櫳，老翁愛其潔。有時吹玉笛，不免助芳悅。喚作臨川翁，法曲相嗚咽。古人不見我，此趣向誰說。（《忠雅堂詩集》卷二十六，邵海清校，李夢生箋：《忠雅堂集校箋》第三冊，上海古籍出版社1993年版，第1753頁）

## 【賀新涼·自題一片石傳奇】

蝶是莊生化。絕冠纓、仰天而笑，閒愁休掛。大抵人生行樂耳，檀板何妨輕打。窮與達、漫漫長夜。獃女癡兒歡笑煞，歎何戡、已老秋娘嫁。須富貴，何時也？　十年騎瘦連錢馬。經幾多、浮雲變態，

悲歌嫚罵。南郭東方遊戲慣，粉墨誰真誰假？弔華屋、荒邱聊且。不見古人何足恨？只文詞伎倆斯其下。我本是，傷心者。（《忠雅堂詞集》卷上「銅絃詞上」，邵海清校，李夢生箋：《忠雅堂集校箋》第三冊，上海古籍出版社 1993 年版，第 1809 頁）

## 【賀新涼·南昌判官程十七北涯浮香舍小飲酒闌口占雜紀】

（其一）瀟洒房櫳底。展文茵、紅氈一片，秋光如水。殘月曉風多少恨，我輩鍾情而已。問低唱、淺斟何似？忍把浮名輕換了，鈍詞鋒、不過吳蒙耳。敢浪犯，將軍壘。北涯方校予新詞院本。 官齋十笏堆圖史。拓軒窗、招人來坐，米家船裏。錦帒緋魚腰手版，別駕風流如此。歡海內、幾人知己？虛擲年華無寸益，戴儒冠、不合稱才子。擊碎也，烏皮儿。

（其二）名宦何堪數？讓先生、風裙月扇，歌兒舞女。達者為官遊戲耳，續了袁家新譜。北涯有《後西樓》填詞。誰唱得、屯田樂府？非我佳人應莫解，向花間、自點檀匡鼓。奏絕調，可千古。 秋宵想見文心苦。列名姬、共持橡燭，箏琶兩部。忍凍揮豪辭半臂，明月西樓纔午。儘一串、珠喉吞吐。越霰吳霜篷背飽，奈年來，王事都麛鹽。藉竿木，尚能舞。

（其三）帳冷香銷夜。斷腸吟、生平一事，最傷心者。記得琉璃為硯匣，新詠《玉臺》頻借。春去矣、小樓花謝。誦偈朝雲曾現影，怨東風、兩次吹蘭麝。看燕燕、香泥惹。北涯姬人趙蘭徵能詩，亡後廿餘日，八月十三夜，夫人將產。北涯時共友人露坐庭舭，見姬魂冉冉外來，入夫人臥內，遂生子。七日而殤。姬復見夢曰：「本非樂生者，聊歸視家人耳。」 判官自判氤氳且。白尚書、歌塡《長恨》，再生緣也。北涯為姬作《再生緣》樂府。世味從來皆嚼蠟，情緒偏同啖蔗。夢斷了、浮香精舍。君語如斯吾怕聽，便英雄、淚也如鉛瀉。兒女恨，那堪寫！

（其四）燭炧銅盤矣。挂絺衣、幾枝蘿薜，晚風吹起。猿笛雁箏聲拉雜，一帶天河斜指。論甲子、大夫強仕。不信東方編貝穩，笑昌黎、早落期期齒。北涯年未五十，齒脱幾半。渾未免，聊復耳。 飢驅我亦愁無底。揖諸侯、人呼上客，自稱狂士。十載黃虀酸到骨，嚼出宮商角徵。豈年少、甘為蕩子？大噱仰天天也悶，肯登堂、浪進先生履。淪落感，竟如此！（《忠雅堂詞集》卷上「銅絃詞上」，邵海清校，

李夢生箋：《忠雅堂集校箋》第三冊，上海古籍出版社 1993 年版，第 1814～1815 頁）

## 【賀新涼・鄱陽徐公覆負才名工為南北曲詞任俠好客家遂落年五十日貧困偕孺人畫秋香圖雙照自娛屬予題幀首】

（其一）艸閣憑消受。護茅檐、蒼松落翠，高梧環牖。城北徐公美無度，才在盧前王後。拋心力、豪蘇膩柳。把卷六州難鑄錯，哭秋風、負汝填詞手。空唱破，旗亭口。　神仙將相原難就。笑人間、勳名富貴，男兒自有。收拾牢騷行樂耳，坐爾秋香半畝。偕老者、梁鴻佳婦，莫唱小山招隱曲，願兒孫、森列當階秀。君更愛，蟾宮否？

（其二）老屋三間下。看眼中、頭顱如許，君其健者。何不彎弓馳獵騎，飛雁翻身仰射。知未了、男婚女嫁。鄭婢蕭奴齊侍側，奉夫人、小摘香盈把。饒此樂，自當畫。　史公奔走眞牛馬。且旁觀、爛羊牽犬，人奴笞罵。我欲岑车披單袄，揎袖鼉皮親打。否則種、梅花繞舍。酌酒唱君新樂府，賺細君、割肉明年也。英雄淚，如鉛瀉。（《忠雅堂詞集》卷上「銅絃詞上」，邵海清校，李夢生箋：《忠雅堂集校箋》第三冊，上海古籍出版社 1993 年版，第 1818～1819 頁）

## 【水調歌頭・為南昌尹顧瓚園悼亡姬姚氏姚為舊家子幼歷患難瀕死而生者三性烈而俠言行皆可傳予為譜空谷香傳奇弔之】

佳人難再得，逝者歎如斯。風外曉星明滅，愁絕在東時。落葉半窗如夢，綃帳一層如霧，只有斷魂知。曉妝憐小女，學母畫雙眉。　心中事，眼中淚，畫中姿。哭煞梁鴻夫婦，白了鬢邊絲。一樣寒梅官閣，幾隊花鈿蟬鬢，頓少一人隨。雛鳳不能語，索乳指靈帷。（《忠雅堂詞集》卷上「銅絃詞上」，邵海清校，李夢生箋：《忠雅堂集校箋》第三冊，上海古籍出版社 1993 年版，第 1824 頁）

## 【華胥引・為南昌尹顧瓚園悼亡姬姚氏姚為舊家子幼歷患難瀕死而生者三性烈而俠言行皆可傳予為譜空谷香傳奇弔之】

萬千愁緒，廿九年華，桃花命短。取印提戈，不及看兒晬盤暖。一縷藥竈殘煙，似箇儂腸斷。姊妹花繁，人間天上相伴。　玉枰無情，殉蕭娘、但餘金碗。妝臺塵漬，仙郎書記誰管？眼見碧落黃泉，返魂香散，淚落君前，一聲淒絕《河滿》！（《忠雅堂詞集》卷上「銅絃

詞上」，邵海清校，李夢生箋：《忠雅堂集校箋》第三冊，上海古籍出版社 1993 年版，第 1824 頁）

## 【臺城路·為南昌尹顧瓚園悼亡姬姚氏姚為舊家子幼歷患難瀕死而生者三性烈而俠言行皆可傳予為譜空谷香傳奇弔之】

當年曾棹沙棠楫，桃葉春江攜渡。廿四橋邊，青篷紅豆，作弄揚州樂府。朝朝莫莫，爭禁得今年，者番酸楚。荀令神傷，牽衣忍看小兒女。　　青天靈藥誰誤？臕呢喃喃雙燕，夫人親哺。艸佩宜男，花簪躅忿，不歡秋娘《金縷》。朱顏黃土。向月暗鐙昏，可曾低訴？他日錢唐，傍朝雲小墓。（《忠雅堂詞集》卷上「銅絃詞上」，邵海清校，李夢生箋：《忠雅堂集校箋》第三冊，上海古籍出版社 1993 年版，第 1825 頁）

## 【滿江紅·自題空谷香傳奇】

十載塡詞，悔俱被、粉黏脂涴。纔悟出、文之至者，不煩堆垛。譎諫旁嘲惟自哂，眞情本色憑誰和？待招他、天下恨人魂，歸來些。　　淳悶語，眞無那。顚倒事，何堪唾？談笑把、賢愚肝肺，豪端穿過。誤處從君張眼顧，悲哉讓我橫肱臥。料知音、各有淚痕雙，誰先墮？（《忠雅堂詞集》卷上「銅絃詞上」，邵海清校，李夢生箋：《忠雅堂集校箋》第三冊，上海古籍出版社 1993 年版，第 1853 頁）

## 【賀新涼·書空谷香後】

女子如斯也。自低回、一聲檀板，數行泣下。幾許花叢懶回顧，儘著流鸎輕罵。只聽說、文君新寡，明鏡無情春又老，歡紅顏、一例忩期嫁。三五豔，易凋謝。　　倦摹潘陸抄揚馬。腆涊說、文章華國，何關風化？呼吸商聲秋氣滿，節義幾人肩者？渴睡漢、酒闌鐙炧。三十功名塵與土，古之人、先我將愁寫。公等語，大都詐。（《忠雅堂詞集》卷上「銅絃詞上」，邵海清校，李夢生箋：《忠雅堂集校箋》第三冊，上海古籍出版社 1993 年版，第 1854～1855 頁）

## 【青玉案·自題空谷香院本】

幽蘭偶現嬋娟影，把苦趣、都承領。歷歷摧殘多少境。尋常姻眷，幾番生死，劫滿天纔肯。　　珠圍翠繞須臾頃，廿九年華塵夢醒。只恐香名隨骨冷。商聲譜就，三貞九烈，淑女當思省。（《忠雅堂詞集》卷

上「銅絃詞上」，邵海清校，李夢生箋：《忠雅堂集校箋》第三冊，上海古籍出版社 1993 年版，第 1879 頁）

## 【水調歌頭‧自題轉情關院本】

萬縷亂愁緒，一塊大疑團。任爾風輪旋轉，難破此重關。賢聖幾多苦趣，仙佛幾多惡劫，舊案怕尋看。細想不能語，老淚濕闌干。　　收白眼，持翠管，寫烏闌。偶譜斷腸情事，舉一例千端。不管周郎顧曲，誰道醉翁嗜酒，作者意漫漫。一切有情物，如是可參觀。（《忠雅堂詞集》卷下「銅絃詞下」，邵海清校，李夢生箋：《忠雅堂集校箋》第三冊，上海古籍出版社 1993 年版，第 1927～1928 頁）

# 趙 翼

趙翼（1727～1814），字雲崧，又作耘崧，號甌北，也作甌北，晚號三半老人。江蘇陽湖（今江蘇武進）人。乾隆二十六年（1761）恩科會試以一甲第三名及第，任翰林編修，尋充方略館纂修官。乾隆三十一年歲末，出任廣西鎮安知府。後調任廣州知府，未久，升貴州分巡貴西兵備道。以事辭官歸里後，先後掌教於儀徵樂儀書院、揚州安定書院等處。為清中葉著名文學家、史學家，與袁枚、蔣士銓並稱「乾隆三大家」。著有《甌北詩集》、《甌北詩話》、《廿二史箚記》、《陔餘叢考》、《簷曝雜記》等。其中《廿二史箚記》與王鳴盛《十七史商榷》、錢大昕《廿二史考異》齊名，合稱清代三大史學名著。見《文獻徵存錄》卷六、《清史稿》卷四八五等。

## 【青山莊歌】

毘陵城北皆平地，何許林巒疊層翠。路人說是青山莊，門帖新題官賣字。我來出郭偶經行，欹戶曾無主出迎。繡闥雕甍空尚在，殘山剩水不勝情。頭白園丁老扶病，為余縷述貲談柄。園是前朝貴介為，依稀記得延陵姓。後屬安昌相國孫，廿年行樂尤繁盛。相國勳名在廟廊，清貧未有午橋莊。令孫繼起為方伯，分陝曾栽召伯棠。罷官歸徙常州住，百畝林扃供散步。入門便陋舊規橅，大笑前人太寒素。已編錢垜買堂成，拚倒金罍將地布。不覺松杉也改觀，何曾臺榭還如故。繚垣甃異枳編籬，砥室築臨花夾路。十馬馳毬闢作場，百牛拖石排依樹。粉本溪山似幛懸，壁衣藩溷皆紗護。一重一掩景迴環，某水某邱途錯互。倚杖疑探栗里幽，汎舟訝入桃源誤。勝賞經年興不殘，四時

花鳥暢遊觀。清音警露鳴仙鶴，浩態嬌春豔牡丹。西府海棠移釦砌，上林盧橘植雕闌。跳波魚婢能知樂，挂檻鸚哥解勸餐。園林成後教歌舞，子弟兩班工按譜。法曲猶傳菊部箏，新腔催打花奴鼓。反腰貼地骨玲瓏，擎掌迎風身媚嫵。阿誰棋墅伴壺觴，絲几羅嬙樂未央。幸舍賓朋珠履貴，便房姬妾翠鈿香。傾城妓入籠鵝館，要路官登射鴨堂。熱客倚冰終日計，乞兒向火一群忙。主人自顧矜豪放，揮霍不將錢籬障。博局籌償舊帑錢，纏頭錦出新花樣。《茶經》蟹眼淬棋槍，《食品》猩脣調醢醬。蠟淚成堆更爇膏，酒瓶臥壁仍傾釀。笙歌酣倚賞花亭，鐙火醉歸邀月舫。自製當筵上壽詞，青山與我長無恙。豈知卮漏比泉流，猗頓潛懷折閱憂。已失又思求塞馬，未蹊輒欲奪田牛。豪名本足招人妒，禍事眞成與鬼謀。張樂正期投轄飲，叩門忽報檻車收。填尸園土悲黃犬，回首歡場付爽鳩。春夢一場那可再，祇今惟有青山在。青山也要屬他人，官價三千聽人貸。猶憶倉皇對簿趨，難憑複壁寄鎦銖。委地圖籤爭剔玉，隨身衣履敢留珠。翻教百口求春賃，那有千金賄獄輸。籍到平泉花木簿，林霏亦似淚糢糊。平生枉使錢如水，此日人情薄於紙。有誰廣柳路旁迎，并少綠珠樓下死。老僕如今也入官，仍充園戶守荒寒。飢窮全仗遊園客，給一文錢一度看。往日監門梁肉厭，近時失路斗升難。我聞此語心根觸，信有興衰如轉轂。重向林巒曲折尋，繁華彷彿留人目。垂楊影裏釣堪垂，秋樹根邊書可讀。愛山我乏買山資，有山渠少看山福。空餘別廟祀花神，自塑泥身占巖谷。晝寢香消落燕泥，空堂氣冷飛蝙蝠。平津庾庫古曾悲，華屋山邱今莫哭。梓澤風流昔未經，踏春偶到訪池亭。無端一段園丁話，說到傷心不忍聽。日暮歸途回望處，夕陽猶照晚山青。(《甌北集》卷一，《趙翼全集》第五冊，鳳凰出版社 2009 年版，第 10～11 頁)

## 【揚州雜詠（之十）】

《康山》：獄中故人呼聲愴，對山救我出羅網。不惜輕身謁貴璫，可憐名已挂閹黨。一朝蹉跌遂淪棄，聊託俳優寄慨慷。南來邗水演歌伶，自撥琵琶酒半醒。彈出《中山狼》故事，美人也豎劍眉聽。至今一片康山石，絕似滄浪子美亭。(《甌北集》卷二，《趙翼全集》第五冊，鳳凰出版社 2009 年版，第 22 頁)

## 【觀雜耍二首】

（其一）《幻戲》：飛鳥作鳧石成羊，蹇驢摺疊收巾箱。古來仙人往往弄狡獪，豈知能事乃竟出駔儈。躶而向客露襯褶，此中安得複壁藏。妙手空空向空撮，斯須現出般般活。膽瓶風暖花霏香，甆盌泉清魚唼沫。或設肴核釘盤匝，巨棗如瓜藕如雪。觀者不知何處來，傳有鬼運如輿儓。問渠擅此驅使百靈訣，何不搬取銅山奪金穴？竊鈎應可積滿簏，胠橐不須持寸鐵。答言此技貽自漢左慈，非己所有莫致之。乃知雖具神仙彈指術，只供寒乞餬口資。

（其二）《象聲》：春山畫眉一兩聲，間關百囀多新鶯。枝頭凍雀啅曉晴，呢喃燕語圓而輕。復有格磔無數鳴，聞者疑入深山行。豈知乃出三寸不爛舌，頓使庭齋變嚴穴。忽焉荒雞膉膊亂柝喧，深閨夢醒翠被溫。猥媟不防耳屬垣，但見滿堂坐客悄然靜聽俱無言。神哉技乃至乎此，信有繪聲工繪水。偃師之舞優孟衣，不遇以目遇以耳。得錢歸去矜擅場，沽酒不惜傾其囊。笑語妻兒吾舌在，何必彈絲吹竹調宮商。（《甌北集》卷四，《趙翼全集》第五冊，鳳凰出版社 2009 年版，第 57 頁）

## 【歲暮劉蘭陔刑曹竹軒中翰招同章習之吏部暨北墅漱田玉亭諸同人讌集梨園小部縱飲追歡即席有作】

（其一）休沐相招歲晚天，斜街宵集騎聯翩。早煩掃雪三三徑，來趁消寒九九筵。劇孟賓朋遊俠慣，岑參兄弟好奇傳。沉沉漏鼓留髡處，風景真令裂老顛。

（其二）急管繁絃總樂方，梨園小隊簇新妝。憑他橦末都盧戲，演出人間傀儡場。曼睩波橫燈影炫，纖腰風蕩舞衣香。冰霜帘外寒如許，誰識春先此地藏。

（其三）腐儒風味本孤清，竿木逢場也有情。絲竹中年人易老，冰霜暮景歲將更。肉屏筵上修眉史，拇陣燈前戰酒兵。沉醉莫辭殘燭跋，蝦蟆梆亂又參橫。（《甌北集》卷五，《趙翼全集》第五冊，鳳凰出版社 2009 年版，第 83 頁）

## 【移寓椿樹衚衕（之二）】

十笏林巒樹影斜，芳鄰更妙按紅牙。對門有歌者胡郎寓。來聽北里新翻曲，到及東風滿院花。詩社分題馳檄促，酒杯留客隔墻賒。書齋

別有新妝點，粉壁名箋爛似霞。同人皆有詩賀邊。(《甌北集》卷六，《趙翼全集》第五冊，鳳凰出版社 2009 年版，第 85 頁)

## 【題湯肖山道服小照（之三）】

醉泥玲瓏曲未殘，巖棲毋乃太孤單。笑君果欲修眞去，或有人思扮女冠。君所善歌者。(《甌北集》卷六，《趙翼全集》第五冊，鳳凰出版社 2009 年版，第 85 頁)

## 【賀秋帆修撰納妾次諸桐嶼編修韻（之一）】

合歡清醑映玻瓈，不唱江南《烏夜啼》。才子名高蓬頂上，美人家住苑墻西。景山梨園家女。忍將芍藥呼爲婢，不用梅花聘作妻。從此消寒憑暖玉，禁他殘臘朔風淒。(《甌北集》卷九，《趙翼全集》第五冊，鳳凰出版社 2009 年版，第 136 頁)

## 【贈說書紫鬁鬚】姓黃，名周士，以說書遊公卿間。

紫鬁鬚，貌何醜。爾頭寡髮面赤瘢，崮恄滑稽一尺口。酣嬉每逐屠沽博，調笑慣侑侯王酒。妙撥鷗絃擅說書，故事荒唐出烏有。優孟能令故相生，淳于解卻強兵走。有時即席嘲座客，自演俚詞彈脫手。張打油詩豈必工，胡釘鉸句不嫌苟。但聞噴飯轟滿堂，炙輠爭推此禿叟。自言名隸教坊籍，餕段曾供宴燕九。華清承直知有無，唇舌君卿固罕偶。君不見石野豬、張浪狗，絕技俳優侍至尊，斗珠車帛承恩厚。如今朝廷絕嬖幸，不賜歌伶田半畝。姓氏漫同幡綽黃，詼諧聊附敬亭柳。(《甌北集》卷九，《趙翼全集》第五冊，鳳凰出版社 2009 年版，第 138 頁)

## 【心餘復以歸舟安穩圖索題惜別送行爲賦十二絕句（之十）】

丁字簾鉤拂柳絲，六朝佳麗好填詞。挑燈自製《秦淮曲》，唱殺長干老伎師。(《甌北集》卷十，《趙翼全集》第五冊，鳳凰出版社 2009 年版，第 155 頁)

## 【題吟薌所譜蔡文姬歸漢傳奇】

（卷一）絕塞歸來鬢似麻，新聲哀怨出胡笳。可憐一樣高才女，不及扶風曹大家。押六麻韻。

（卷二）識曲工詩韻若蘭，忍隨塞馬到呼韓。人間何限傷心事，千載同悲李易安。

（卷三）也似蘇卿入塞秋，黃沙漠漠帶旃裘。諸君莫論紅顏污，他是男兒此女流。

（卷四）琵琶馬上忍重彈，家國俱催兩淚潸。經過明妃青塚路，轉憐生入玉門關。

（卷五）卸卻豐貂改舊粧，鏡奩開處費端相。少年梳慣光熙樣，不識今時髻短長。

（卷六）莫被曹瞞詭竊名，謂他此舉尙人情。君看複壁收皇后，肯聽椒塗泣別聲？

（卷七）逸典能抄四百篇，不煩十吏校丹鉛。誰知書籍歸王粲，翻賴流離一女傳。

（卷八）寫出嬋娟寸斷腸，虎賁應倍感中郎。笑他高老《琵琶記》，何處添來趙五娘？（《甌北集》卷十，《趙翼全集》第五冊，鳳凰出版社 2009年版，第 162 頁）

## 【奉命出守鎮安歲杪出都便道歸省途次紀恩感遇之作（之五）】

長安最樂是交知，文酒流連月有期。饌薄百錢堪作主，談深一字或爲師。離筵忍打花奴鼓，王夢樓諸公出守時，同人爲演劇贈行。余則惟諸名士清尊祖餞，更番不休，自謂過之也。空谷將賡木客詩。別罷都門車幾兩，他時落月有相思。（《甌北集》卷十三，《趙翼全集》第五冊，鳳凰出版社 2009年版，第 203～204 頁）

## 【用晰齋韻送龔儀可觀察往普洱招輯番夷】

半壁南陲倚壯猷，九龍江去撫諸酋。笑談座上還紅袖，同人連日餞送，席上有歌者俞郎。出入兵間未白頭。堠館五更雞腷膊，輶車一路鳥鉤輈。登程早喜新晴好，瘴退黃茅九月秋。（《甌北集》卷十四，《趙翼全集》第五冊，鳳凰出版社 2009年版，第 235 頁）

## 【太恭人同舍弟夫婦及內子輩到官舍（之一）】

燈花連夕報深紅，眞覺今朝樂也融。廿口遂無虧缺處，十年多在別離中。洗塵酒滿頻添燭，順水船來不藉風。莫笑寒官作豪舉，梨園兩部畫欄東。（《甌北集》卷十六，《趙翼全集》第五冊，鳳凰出版社 2009年版，第 269 頁）

## 【席散偶作】

小部梨園夜讌圖，千枝畫燭照氍毹。笙歌散後虛堂靜，危坐依然一老儒。（《甌北集》卷十七，《趙翼全集》第五冊，鳳凰出版社 2009 年版，第 280 頁）

## 【宴劉總戎福副戎於署園即事】

高館張燈夕月涼，梨園小部奏清商。深杯莫負將軍腹，艷曲難爲刺史腸。老去閒情惟散誕，戲中故事本荒唐。新翻餕段須聽徧，笑口能開得幾場。（《甌北集》卷十七，《趙翼全集》第五冊，鳳凰出版社 2009 年版，第 281 頁）

## 【戲書】

（其一）舞衣星散向天涯，紅雪眞憐似落花。官閣竊聞鈴卒笑，冷如隔巷教官衙。府衙舊有梨園一部，名紅雪班，今皆散去。

（其二）熱鬧場中另一家，書生自笑太槎牙。銷金帳底羊羔酒，未必輸君雪水茶。（《甌北集》卷十七，《趙翼全集》第五冊，鳳凰出版社 2009 年版，第 284 頁）

## 【舒廣州陳韶州高肇慶三太守餞我於署園梨園兩部追歡惜別即席有作】

祖帳深叨酒滿尊，梨園兩部簇歌塵。經年履舃同遊隊，千里關河獨去人。南國花前紅豆曲，西風江上綠楊津。平時愛作逢場戲，凄斷今宵月似銀。（《甌北集》卷十七，《趙翼全集》第五冊，鳳凰出版社 2009 年版，第 295 頁）

## 【黎平王太守招同龔郡丞李明府讌集五榕山即事】

投轄深叨雅意留，賓筵高占碧山幽。鳴騶太守開公讌，打鵑參軍進主謳。時演雜劇。嘉蔭五株垂十畝，清江一曲匯雙流。醉歸燈火西湖似，何意蠻荒得此遊。（《甌北集》卷十九，《趙翼全集》第五冊，鳳凰出版社 2009 年版，第 313 頁）

## 【將發貴陽開府圖公暨約軒笠民諸公張樂祖餞即席留別】

（其一）離人將上洞庭舟，餞別深叨喚主謳。爲我紅塵留不住，開場先唱《岳陽樓》。演呂仙洞庭故事。

（其二）罷官敢復戀華珂，何事臨分淚轉沱。老子婆娑爲君等，

生平此地故人多。

（其三）當筵忽漫意悲涼，依舊紅燈綠酒旁。一曲《琵琶》哀調急，虎賁重感蔡中郎。傷蔡崧霞之歿也，是日又演《琵琶記》。

（其四）解唱《陽關》勸別筵，《吳趨》樂府最堪憐。一班子弟俱頭白，流落天涯賣戲錢。貴陽城中崑腔只此一部，皆年老矣。（《甌北集》卷二十，《趙翼全集》第五冊，鳳凰出版社 2009 年版，第 330 頁）

## 【虎邱絕句（之五）】

欲訪芳祠跡已消，《小姑賢》曲久寥寥。棠梨花下眞娘墓，多少遊人把酒澆。元人宋槧有《小姑賢》詩，自註：「虎邱南地名。有姑欲逐其婦，以小姑諫而止，鄰人祀之於此。」（《甌北集》卷二十一，《趙翼全集》第五冊，鳳凰出版社 2009 年版，第 351 頁）

## 【虎邱絕句（之七）】

舊曲翻新菊部頭，動人餤段出蘇州。近來新曲仍嫌舊，又把元人曲子謳。（《甌北集》卷二十一，《趙翼全集》第五冊，鳳凰出版社 2009 年版，第 352 頁）

## 【西湖雜詩（之十）】

天水空明笛一枝，斷橋人靜月斜時。湖樓多少憑欄女，明日家家說項斯。吾鄉三項生善歌，來寓湖上，每夕在斷橋亭奏伎，傾一時。（《甌北集》卷二十五，《趙翼全集》第五冊，鳳凰出版社 2009 年版，第 431 頁）

## 【西湖雜詩（之十二）】

手翻樂府教梨園，可是塡詞辛稼軒。唱到曲中腸斷句，眼光偷看客銷魂。夢樓在杭製新曲教梨園。（《甌北集》卷二十五，《趙翼全集》第五冊，鳳凰出版社 2009 年版，第 431 頁）

## 【觀劇即事】

（其一）逢場竿木逐兒嬉，顧影郎當衹自知。博得黃金買歌舞，可憐已過少年時。

（其二）明識悲歡是戲場，不堪唱到可憐傷。假啼翻爲流眞淚，人笑癡翁太熱腸。（《甌北集》卷二十五，《趙翼全集》第五冊，鳳凰出版社 2009 年版，第 443 頁）

## 【吳門雜詩（之四）】

金櫻郁李映清波，一疋紅綾一曲歌。誰念青裙張好好，冷如退院老頭陀。酒船中有金、郁二女郎，侍客船尾。張小妹者，舊亦以色藝稱，今老矣。（《甌北集》卷二十六，《趙翼全集》第五冊，鳳凰出版社 2009 年版，第 455 頁）

## 【吳門雜詩（之六）】

占得風流向客誇，賈胡留滯漫思家。前身原是莊周蝶，莫怪三生慣宿花。莊似撰連日有煙花之會。（《甌北集》卷二十六，《趙翼全集》第五冊，鳳凰出版社 2009 年版，第 455 頁）

## 【吳門雜詩（之八）】

六月飛霜怨不磨，看場人盡淚痕多。誰知南部煙花地，也唱山陽竇孝娥。夏谷香觀察出梨園讌客，演竇娥法場，滿座無不下淚者。（《甌北集》卷二十六，《趙翼全集》第五冊，鳳凰出版社 2009 年版，第 455 頁）

## 【舟過無錫蘭谷留飲觀劇即席醉題】

（其一）吳趨連日聽《迴波》，又向梁溪顧曲多。老作人間遊蕩子，戲場到處逐笙歌。

（其二）寫入陶家畫扇中，攜來素手便稱工。平生詩句無人管，留與歌伶拂袖紅。蘭谷以余所贈詩扇付歌郎惲華持上場。（《甌北集》卷二十六，《趙翼全集》第五冊，鳳凰出版社 2009 年版，第 456 頁）

## 【松坪前輩枉和前詩再疊奉答】

（其一）愛從前輩挹光儀，脫略塵緣不受糜。名在詞垣稱老宿，歌翻曲部擅新奇。家有梨園，最擅名。何曾波匿更童面，別二十年，君貌如舊。不礙陶朱號子皮。貲甲於揚州。自為邗江花月好，久從關陝舉家移。君秦人。

（其二）通德門高擁筍簪，一堂兄弟兩詞林。令兄秋芷，乙丑館選。我如乞食來吳市，君已忘機息漢陰。樂奏十番真大饗，承演劇招飲。詩成三嘆有遺音。從今步屧應頻叩，晚節相知意較深。（《甌北集》卷二十八，《趙翼全集》第六冊，鳳凰出版社 2009 年版，第 504 頁）

## 【棕亭治具招同西巖松坪再可為湖舫之遊】

叩戶來名紙，相邀上畫船。秋方過白露，人總是華顛。勝境煙花

窟，清談文字禪。尋香叢桂樹，拾級小山巔。絲竹雖無妓，遇未堂司寇船，有歌者。鬚眉或比仙。會堪稱五老，祠欲訪三賢。湖上有三賢祠，祀歐、蘇二公及王阮亭。治饌行廚潔，開尊密室偏。當爐非犢鼻，掩豆有豚肩。正是持螯候，何煩斫鱠鮮。醉紅顏似葉，焱赤燭如椽。好事推君獨，居貧召客虔。曾書《乞米帖》，豈獲作碑錢。信有逢場戲，同消近局筵。地如韋曲好，跡可渼陂傳。即事成佳話，題詩紀勝緣。清遊應迷主，相約菊花天。（《甌北集》卷二十九，《趙翼全集》第六冊，鳳凰出版社 2009 年版，第 521 頁）

## 【冬至前三日未堂司寇招同鶴亭方伯春農中翰奉陪金圃少宰夜讌即事二首（之二）】

沉沉絃索到三更，燈倍鮮妍月倍明。敢嘆髯絲逢短至，久拚肉陣設長平。歌者郝金官色藝傾一時，有坑人之目，故云。美人變局非紅粉，樂府新腔有素箏。是日演梆子腔。惹得老顛風景裂，歸來惱煞一寒檠。（《甌北集》卷二十九，《趙翼全集》第六冊，鳳凰出版社 2009 年版，第 530 頁）

## 【觀舞燈】

滿野流移似凍蠅，華堂猶列炬千層。臨觴敢謂非豪舉，如此今年看舞燈。（《甌北集》卷二十九，《趙翼全集》第六冊，鳳凰出版社 2009 年版，第 530 頁）

## 【坑死人歌為郝郎作】

孔雀東南飛，共愛毛羽好。其雌但甖甈，五彩必雄鳥。乃知男色佳，本勝女色姣。揚州曲部魁江南，郝郎更賽古何戡。出水菡蓮初日映，臨風緒柳淡煙含。廣場一出光四射，歌喉未啓人先憨。銅山傾頹玉山倒，春魂銷盡酒行三。遂令天下父母心，不重生女重生男。以是得佳號，坑死人，滿城噪。胭脂陣上倒馬關，花月場中陷虎窖。坑縱不死死亦拚，深窄當前甘自蹈。古來掘地作塹坑，或殺腐儒或降兵，不謂煙花有長平。以此類推之，妙悟觸緒生。宋坑可作宋朝諡，秦坑應換秦宮名。老夫老來怕把坑字說，況聞美男能破舌。兢兢若將墜諸淵，惴惴惟恐臨其穴。豈知一見也低迷，不許廣平心似鐵。目成幾忘坎窞凶，有人從旁笑此翁。驅而納之莫知避，教書人未讀《中庸》。（《甌北集》卷三十，《趙翼全集》第六冊，鳳凰出版社 2009 年版，第 540 頁）

## 【是日竹溪漕帥招同惕莊晴嵐置酒過節高宴竟夕賦詩誌雅】

折簡欣叨雅誼親，蒲觴泛座酒千巡。恰逢笙管娛佳節，誰肯雲霄念故人。戰壘重談滇驃信，舊從公同在滇南戎幕。戲場正演楚靈均。是日演屈原龍舟故事。欲知留客情深處，醵罷歸來已向晨。（《甌北集》卷三十，《趙翼全集》第六冊，鳳凰出版社 2009 年版，第 542 頁）

## 【康山席上遇歌者王炳文沈同標二十年前京師梨園中最擅名者也今皆老矣感賦】

燕市追歡夢已賒，近遊欣此度紅牙。豈期重聽何戡曲，恰是相逢劇孟家。歌舞夜闌看北斗，江湖身遠憶東華。當年子弟俱頭白，忍不飛騰暮景斜。（《甌北集》卷三十，《趙翼全集》第六冊，鳳凰出版社 2009 年版，第 549 頁）

## 【程吾廬司馬招飲觀劇賦謝】

淮水秋風暫泊船，敢勞置酒枉名箋。翻因誤入桃源洞，又荷相招菊部筵。去歲因訪晴嵐，誤造君宅，遂成相識。玉樹一行新按隊，歌伶皆童年。《霓裳》三疊小遊仙。殷勤最是留髡意，別後猶應夢寐懸。（《甌北集》卷三十，《趙翼全集》第六冊，鳳凰出版社 2009 年版，第 553 頁）

## 【陳繩武司馬招同春農寓齋讌集女樂一部歌板當筵秉燭追歡即事紀勝】

（其一）紅紙簽名喚主謳，使君要占老風流。幽燕俠氣來玄菟，君家遼左。雲雨閒情樂爽鳩。客醉擬將紗繫臂，詩成或當錦纏頭。只慚措大郎當甚，不稱佳人勸酒籌。

（其二）風景真令裂老顛，衣香人影膩如煙。難降席上胭脂陣，甘受空中指爪鞭。曲調轉因邀顧誤，燈光似為定情圓。何當禁斷蝦蟇杊，窟室長酣不曉天。

（其三）春情盎盎夜迢迢，占盡煙花廿四橋。少女風柔偏覺暖，書生魂小不禁銷。霜迴瓊戶簾衣隔，月避金釭蠟樹燒。細數生平斷腸處，此番也算可憐宵。

（其四）馬湘寇白舊平康，名字流傳齒尚香。一夕綠尊重作會，百年紅粉遞當場。濃粧氣壓多烘客，艷曲聲翻夜度娘。惱煞司空誇見慣，累儂臨老發清狂。（《甌北集》卷三十，《趙翼全集》第六冊，鳳凰出版社 2009 年版，第 556～557 頁）

## 【戲本所演八仙不知起於何時按王氏續文獻通考及胡氏筆叢俱有辨論則前明已有之蓋演自元時也沙溪旅館有繪圖成軸而題詩於上者詞不雅馴因改書數語於後】

何人學作王老志，劾召鬼神示遊戲。把他多少古仙人，亂點鴛鴦集冠帔。韓湘張果呂洞賓，此外載籍無其人。由來化城本荒幻，何必捫籥求其眞。天下都散漢，竟作時代看。鐵拐無姓李，或言劉跛子。趙家《外戚傳》，不聞曹佾能脩煉。藍衫老采和，丈夫忽變爲嬌娥。又況何姑愛酬答，偏與群眞坐聯榻。仙家想是無凡心，不妨男女相混雜。舞衣今作畫圖傳，此輩猶爲有漏禪。少年狡獪非我事，舉手自拍洪崖肩。（《甌北集》卷三十一，《趙翼全集》第六冊，鳳凰出版社 2009 年版，第 565 ～566 頁）

## 【顧藩伯歸按察盧運使枉招佳讌梨園皆蘇州子弟也一年來不見此景色矣即席有作】

千里看山遍浙東，便思歸趁一帆風。豈應官閣笙歌會，偏饗江村笠屐翁。瑤醆香浮重醞碧，銀釭光炫靚粧紅。不因勝餞觸歸客，那見吳趨色藝工？（《甌北集》卷三十二，《趙翼全集》第六冊，鳳凰出版社 2009 年版，第 594～595 頁）

## 【重遇盲女王三姑賦贈】

（其一）十年前聽撥琵琶，曾惜明眸翳月華。今夕紅燈再相對，老夫亦已霧看花。

（其二）無目從何識字成，偏能演曲寫風情。可應手摸知書慣，此瞽眞當字伯明。

（其三）徐娘雖老尙情長，慚愧蕭郎鬢已霜。對面欺他看不見，白頭聊作少年狂。

（其四）人間用短轉能奇，水母曾傳借目窺。爲汝作蝦吾亦肯，便隨流蕩不相離。（《甌北集》卷三十二，《趙翼全集》第六冊，鳳凰出版社 2009 年版，第 596 頁）

## 【題閩遊草後（之四）】

到處華筵競餞賓，梨園法曲遞翻新。自緣好事陳遵轄，豈慕高名郭泰巾。舞態酣搖花映肉，歌聲軟度酒生鱗。當場作戲人何限，我是

場邊看戲人。(《甌北集》卷三十二,《趙翼全集》第六冊,鳳凰出版社 2009 年版,第 597 頁)

## 【題程吾廬小照(之二)】

絲竹中年興不孤,教成歌舞足清娛。可應添寫梨園隊,補作花間擫笛圖。家有梨園小部最擅名。(《甌北集》卷三十三,《趙翼全集》第六冊,鳳凰出版社 2009 年版,第 615 頁)

## 【京口訪夢樓聽其雛姬度曲】

(其一)廿載清齋禮佛香,翻將禪悅寄紅粧。花鬘十六天魔舞,另是僧家一道場。

(其二)手剔銀釭畫燭明,愛留客坐聽新聲。人間何限《霓裳曲》,出自家姬覺有情。

(其三)餤段新翻指點勞,要令姿致極妖嬈。自家忘卻便便腹,只管教他學柳腰。

(其四)恐將寒儉惹人嫌,特與新裁綺縠纖。蓮步出堂嬌顧影,傲他窣地夏侯簾。

(其五)笑我家貧赤腳多,空思百珀買婩娥。鄭康成婢香山嫗,只解吟詩不解歌。

(其六)城鑰催人曲未終,令嚴帥府鼓鼕鼕。出城笑這將軍俗,不及羊羔老党公。城鑰係滿帥所掌,定更後即難出城。(《甌北集》卷三十五,《趙翼全集》第六冊,鳳凰出版社 2009 年版,第 662 頁)

## 【松坪招飲樗園適有歌伶欲來奏技遂張燈演劇夜分乃罷】

樂事真成辦咄嗟,賓筵忽漫集箏琶。張燈直壓團圓月,徵曲如移頃刻花。人柳長條春旖旎,官梅梳影夜橫斜。乞漿得酒真非望,今歲歡場第一家。(《甌北集》卷三十六,《趙翼全集》第六冊,鳳凰出版社 2009 年版,第 675 頁)

## 【近局之會諸公皆有詩見和再次奉酬】

近局頻招欵段遊,不愁無蟹有監州。酒狂偏有人多酌,口實寧煩我自求。味選八珍牙箸奮,令行三爵羽觴流。留髡履舄歡何極,況聽清歌菊部頭。松坪處凡兩次觀劇。(《甌北集》卷三十六,《趙翼全集》第六冊,

—287—

鳳凰出版社 2009 年版，第 698 頁）

## 【揚州觀劇】

（其一）又入揚州夢一場，紅燈綠酒奏《霓裳》。經年不聽遊仙曲，重爲雲英一斷腸。

（其二）回數歡場歲幾更，梨園今昔也關情。秋娘老去容顏減，猶仗聲名壓後生。

（其三）故事何須出史編，無稽小說易喧闐。武松打虎崑崙犬，直與關張一樣傳。

（其四）今古茫茫貉一邱，恩讎事已隔千秋。不知於我干何事，聽到傷心也淚流。（《甌北集》卷三十七，《趙翼全集》第六冊，鳳凰出版社 2009 年版，第 703 頁）

## 【計五官歌】

紫稼歌殘薊苑霜，吳梅村集有《王郎曲》，郎名紫稼。百年曲部黯無光。天公怕斷煙花種，又出人間計五郎。計五生來好姿首，家近虞山黃子久。竟體香分景滌蘭，纖腰軟入靈和柳。天風吹落到揚州，一日聲名不脛走。冠蓋西園夜賞花，笙歌北里朝酣酒。偶然斜睨眼波橫，勾盡滿堂魂不守。座中耆宿也發狂，簾內嬋娟自嫌醜。無人不愛鄭櫻桃，只是有心難出口。揚州樂府聚風華，陳寶陳大寶秦坑郁金官有坑人之稱人共誇。絕調能翻《金縷曲》，丰容雅稱玉鉤斜。《小垂手》博纏頭錦，初上頭添繫臂紗。計郎一出爭相惱，斂避都甘作房老。尹邢豈但怕相逢，元白已皆慚壓倒。若非占得十分妍，妒口如何亦稱好？乃知一樣眉目清，天獨爲他陶鑄巧。我來作客十餘年，看盡梨園舞袖翻。太息選仙空彩格，老來方遇鄂君船。鬈絲禪榻茶煙颺，腸斷春風擁槭憐。（《甌北集》卷三十八，《趙翼全集》第六冊，鳳凰出版社 2009 年版，第 726 頁）

## 【四月廿二日鎮江看都天會因雨阻改期夢樓招飲出家伎奏樂即席二首】

（其一）神會遙傳麗羽旄，我來偏值雨蕭騷。不逢蜃市千層幻，翻聽《霓裳》一曲高。軟腳敢煩開近局，遨頭不枉泛輕舠。看他十六天魔舞，已賽靈風颭鷺翻。

（其二）曾探若木泛東溟，君少年曾隨冊使封琉球。五馬歸來謝紱簪。

閒以聰明修淨業，老憑歌舞耗雄心。君奉佛已廿餘年，而酷好音樂。一堂璈管遊仙曲，四海苞苴賣字金。君書法名海内。臨汝亡來誰作達，謂袁子才。讓君遊戲閬風岑。（《甌北集》卷四十，《趙翼全集》第六冊，鳳凰出版社 2009 年版，第 785～786 頁）

【京口同佩香女史遊招隱寺獅子窟八公洞綠蓋樓諸勝（之二）】

支笻來問病維摩，早散梨園罷教歌。夢樓已散去歌伶。莫怪臨分頻執手，京華舊友已無多。（《甌北集》卷四十三，《趙翼全集》第六冊，鳳凰出版社 2009 年版，第 859 頁）

【王夢樓輓詩（之二）】

早膺華組早投簪，別借疎狂耗壯心。生有笙歌矜馬帳，家有梨園小部。死猶詩句在雞林。君少時隨冊使封琉璃王。點癡各半無眞癖，謗譽相兼有賞音。要是人間名士氣，祗今又作廣陵琴。（《甌北集》卷四十四，《趙翼全集》第六冊，鳳凰出版社 2009 年版，第 881 頁）

【鎮江看都天會】

羽衛何棽麗，神遊出正衙。香煙三里霧，仙帔五雲車。擡架用小兒六七人扮故事，高三丈餘。摑鼓聲傳警，靈旗氣辟邪。客行本寥寂，歸路得雄誇。（《甌北集》卷四十五，《趙翼全集》第六冊，鳳凰出版社 2009 年版，第 918 頁）

【哭緘齋姪（之二）】

尚書家法儼條科，恭毅公。紉佩書紳服習多。座有金人緘口戒，君謹於言，自號緘齋。庭無車子轉喉歌。恭毅遺訓，門内不許演戲，至今遵守。蹣跚見客憐盤辟，晚年不良於行。飲啖兼人笑活羅。二字見《金史・世紀》，君善飲啖。今日追思總陳跡，黃公爐畔渺山河。（《甌北集》卷四十五，《趙翼全集》第六冊，鳳凰出版社 2009 年版，第 922 頁）

【有勸余畜聲伎娛老者戲答】

哀樂中年易感傷，故應絲竹遣流光。豈聞白髮三千丈，猶昵金釵十二行。蟻穴久醒槐國夢，羊蹄恐踏菜園腸。衰孱自有尋歡處，園柳庭花總色香。（《甌北集》卷四十六，《趙翼全集》第六冊，鳳凰出版社 2009 年版，第 945 頁）

## 【十月二十二日為余八十懸弧之辰前一日兒輩為余演劇煖壽是時正白菜上市老夫方謀旨蓄禦冬督奴婢醃菜書此一笑】

鄉風煖壽本無稽，兒輩尋歡欲借題。珠翠滿堂簫鼓沸，先生正製荣根虀。（《甌北集》卷四十八，《趙翼全集》第六冊，鳳凰出版社 2009 年版，第 1000 頁）

## 【題鶴歸來戲本】前明大學士瞿式耜留守桂林，城破殉難，族孫頡作此以傳。

（其一）化鶴歸從瘴海濱，興亡如夢愴前塵。河山戰敗無殘壘，文武逃空剩隻身。青史一編留押卷，《明史》以公為列傳終卷。朱衣雙引去成神。公死後為蘇州城隍神，見錢遵王詩註。覆巢之下猶完卵，想見興朝祝網仁。公在桂林拒戰，時江南久入我朝，其家在常熟，眷屬俱無恙，足見是時法網之疎闊。

（其二）江陵孫子亦英風，來共殘棋一局終。不死則降無兩法，倡予和汝有雙忠。青山何處呼皋復，白首同歸作鬼雄。楊震自能招大鳥，豈須鎩羽比遼東。張居正曾孫同敞與公同被執，幽之民舍。兩人日賦詩倡和，四十餘日，同就戮。

（其三）風洞山前土尚香，二公就戮處。從容就義耿剛腸。久拚白刃為歸路，肯乞黃冠返故鄉。宗澤心期河速渡，福興身殉國垂亡。宗汝霖守汴，完顏福興守燕，皆留守事。易名真荷如天度，偏為殷頑特表彰。高宗純皇帝表彰明末忠臣，特賜公謚忠宣。（《甌北集》卷四十八，《趙翼全集》第六冊，鳳凰出版社 2009 年版，第 1002 頁）

## 【兒輩既為余暖壽遂演劇連三日即事誌感】

今朝兒輩大合樂，饗我八十懸弧辰。兒童歡笑婦女喜，為有餤段百戲陳。瓊筵排日列樽俎，先謙官長次縉紳。下逮里鄰眾交舊，敢以韋布嫌非倫。居然歡場大富貴，滿堂羅綺爭鮮新。豈知儒家作豪舉，半出假貸東西鄰。屏風借得錦步幛，地衣賃來紫茸茵。濁醪恐露牆過酒，精饌謬詡蠟代薪。終非出諸宮中物，捉襟輒復肘見痕。東堂合射本不易，見《晉書・劉毅傳》。乃妄欲以富飾貧。腐儒積貲有幾許，幸獲溫飽已忝人。譬如奔馬宜稍勒，勿使力盡蹶絕塵。胡為拚竭數年蓄，博此數日快意晨。獨不見陽陶轉喉肖歌哭，幡綽弄舌假笑嚬。擎掌臨風胡旋舞，反腰貼地倒刺身。正當歡娛忘夜永，恨不窟室酣連旬。紅

袍一出戲鼓歇，霎時過眼如飃輪。吳歌楚舞復何在，依然籌燈一穗寒相親。（《甌北集》卷四十八，《趙翼全集》第六冊，鳳凰出版社 2009 年版，第1000～1001 頁）

## 【五九】

五九寒初退，好風來自東。春情雲淡蕩，曉夢月朦朧。燈火分棚賽，笙歌度曲工。清遊動高興，吾亦與人同。（《甌北集》卷五十一，《趙翼全集》第六冊，鳳凰出版社 2009 年版，第 1046 頁）

## 【哭洪稚存編修（之一）】

里閭徵逐慣從遊，一病何期竟不瘳。生爲狂言投萬里，君以上書譴戍伊犁。死猶遺稿待千秋。繁音不聽梨園調，生平不聽戲。健步堪當剡曲舟。出必步行。胸次知君原灑落，古來何事不浮漚。（《甌北集》卷五十一，《趙翼全集》第六冊，鳳凰出版社 2009 年版，第 1047 頁）

## 【哭劉檀橋贊善】

生無衣食憂，仕有清華職。中歲賦遂初，又極林泉適。如此在世間，一日勝兩日。君今七十歲，已是百四十。寧復有餘恫，留作故人惜。惟我垂暮年，藉君遣寥寂。情親如蚷蛩，路近可步屧。每當公宴會，肆筵必君宅。張鎡木爲天，伯有窟作室。懸燈碧琉璃，鋪錦紅靴鞈。肴窮水陸珍，器選官哥式。梨園曲翻新，花奴鼓應節。時復出家姬，姿首光照席。憑君衒豪奢，供我恣豪逸。一朝舍我去，此樂寧再得？橋元痛過車，向秀悽聞笛。從此隔幽明，那禁淚沾臆。（《甌北集》卷五十二，《趙翼全集》第六冊，鳳凰出版社 2009 年版，第 1071 頁）

## 【里俗戲劇余多不知問之僮僕轉有熟悉者書以一笑】

焰段流傳本不經，村伶演作繞梁音。老夫胸有書千卷，翻讓僮奴博古今。（《甌北集》卷五十二，《趙翼全集》第六冊，鳳凰出版社 2009 年版，第 1078 頁）

## 【村劇有鄧尚書吃酒戒家人有乞詩文者不許通報惟酒食相招則赴之余近年亦頗有此興書以一笑】

（其一）老怕囂塵費往迴，蓬門無事不輕開。乞詩文者俱相拒，或有佳招我自來。

（其二）安樂窩中簡送迎，苞苴來亦領人情。明知未必皆眞意，或有人猶愛老成。（《甌北集》卷五十二，《趙翼全集》第六冊，鳳凰出版社 2009 年版，第 1079 頁）

# 錢大昕

錢大昕（1728～1804），字曉徵，又字竹汀，號辛楣，江南嘉定（今屬上海）人。大昕幼慧，善讀書，時惠棟、沈彤以經術稱其學，錯綜貫串，發古人所未發。乾隆十六年（1751）召試舉人，授內閣中書。十九年進士，選翰林院庶吉士。散館，授編修。大考二等一名，擢右春坊右贊善，累充山東鄉試、湖南鄉試正考官、浙江鄉試副考官。大考一等三名，擢翰林院侍講學士。三十二年乞假歸。三十四年補原官，入直上書房，遷詹事府少詹事，充河南鄉試正考官，尋提督廣東學政。四十年丁父艱。服闋，又丁母艱，病不復出。嘉慶九年（1804）辛，年七十七。在館時，常與修《音韻述微》、《續文獻通考》、《續通志》、《一統志》、《天球圖》諸書，所著有《唐石經考異》一卷、《經典文字考異》一卷、《聲類》四卷、《廿二史考異》一百卷、《唐書史臣表》一卷、《唐五代學士年表》二卷、《宋學士年表》一卷、《元史氏族表》三卷、《元史藝文志》四卷、《三史拾遺》五卷、《諸史拾遺》五卷、《通鑑注辨證》三卷、《四史朔閏考》四卷、《吳興舊德錄》四卷、《先德錄》四卷、洪文惠、洪文敏、王伯厚、王弇州四家《年譜》各一卷、《疑年錄》三卷、《潛研堂文集》五十卷、《詩集》二十卷、《潛研堂金石文跋尾》二十五卷、《養新錄》二十三卷、《恆言錄》六卷、《竹汀日記鈔》三卷。見《儒林傳稿》卷四、《疇人傳》卷四九、《國朝漢學師承記》卷三、《文獻徵存錄》卷八、《（同治）蘇州府志》卷一一二、《清史稿》卷四八一等。

## 【題乞食圖傳奇六首】

（其一）雲山舊衲話風流，竿木逢場作戲遊。肉眼料應無識者，卻煩紅粉一回頭。

（其二）雪中鴻爪偶留痕，妙句新題悟石軒。難得傾城悅名士，偏從乞食識王孫。

（其三）叔寶清兼昭略狂，玉山醉後易頹唐。青衫一領判拋卻，洗滌從來氍毹腸。

（其四）遊絲一縷本無因，香雪輕埋玉樹春。不是楊枝沾法雨，崔徽爭見卷中人？

（其五）中山千日只匆匆，喚醒三生泡影同。但願有情總圓滿，不教人怨可憐蟲。

（其六）騷人骨相自清寒，碧落黃泉見面難。誰道返魂眞有術，春回江令彩毫端。（《潛研堂集》詩續集卷五，陳文和主編：《嘉定錢大昕全集》第十冊，江蘇古籍出版社 1997 年版，第 86 頁）

## 【洞庭雜詠二十首（之十七）】

玉樹詞人此地埋，南楊銘志刻山崖。須城學士登科早，世上人偏信邀齋。《邀齋閒覽》載梁顥八十二中狀元，《容齋隨筆》辨正之。蓋梁實少年狀元也。今傳奇言施狀元晚達，亦此類。（《潛研堂集》詩續集卷七，陳文和主編：《嘉定錢大昕全集》第十冊，江蘇古籍出版社 1997 年版，第 126 頁）

# 敦　敏

敦敏（1729～1796？），字子明，號懋齋，英親王阿濟格五世孫，任宗學總管。乾嘉之際宗人能詩者，樗仙、嵩山、瞿仙三家鼎立，迭相酬唱。懋齋兄弟稍後起，取徑晚唐，頗具逸趣。其《贈曹雪芹》云：「尋詩人去留僧壁，賣畫錢來付酒家。」《春日雜興》云：「不辭種菜身兼僕，無力延師自課孫。」有槐園，在太平湖側。著有《懋齋詩鈔》。見《雪橋詩話》卷六、《晚晴簃詩匯》卷一〇等。

## 【題敬亭琵琶行填詞後二首】

（其一）西園歌舞久荒涼，小部梨園作散場。漫譜新聲誰識得？商音別調斷人腸。

（其二）紅牙翠管寫離愁，商婦琵琶溢浦秋。讀罷樂章頻悵悵，青衫不獨濕江州。（《懋齋詩鈔》壬午年詩，轉引自蔡義江：《紅樓夢詩詞曲賦評注》，團結出版社 1991 年版，第 447～448 頁）

# 胡季堂

胡季堂（1729～1800），字升夫，號雲坡，光山（今屬河南）人。侍郎煦子，廩生。授順天通判，官至直隸總督，加太子太保，贈太子太傅。諡莊敏。莊敏承文良公家學，案牘之暇，執卷如諸生，故於政事掌故，淹貫如流，詩非所長，氣自清穩。著有《培蔭軒詩文集》。見《（光緒）重修天津府志》卷四〇、《清史稿》卷三二四、《晚晴簃詩匯》卷一〇三等。

## 【己酉九月出京途中口號五疊前韻】

年年讞獄遵欽命，又度關城大道門。塞馬販行群結隊，途遇販馬自口北南行，成群結隊。鄉農迎賽會連村。時鄉村多演劇謝神，誠豐年景象也。春花幸得成秋實，新葉還須養舊根。到處民人咸鼓腹，徜徉樂歲荷天恩。（《培蔭軒詩文集》詩集卷三，清道光二年胡鏻刻本）

# 吳省欽

吳省欽（1729～1803），字沖之，號白華，南匯（今屬上海）人。乾隆二十二年（1757）召試，賜內閣中書。二十八年成進士，官至左都御史。白華著撰，精心果力，不屑蹈襲前人。少日與趙損之、張少華同學漁洋、竹垞，既而別開蹊徑，句必堅凝，意歸清峻。入詞垣，大考翰林第一，繇是衡文荊楚以及西川，遇山屬水刻處，輒以五、七字寫之。或以東野、長江為比，未盡然也。散體文於唐似孫樵、劉蛻，於宋似穆修、柳開，亦復戛然自異。著有《白華前稿》六十卷、《後稿》四十卷。見《湖海詩傳》卷二九、《國朝詩人徵略》卷四○、《晚晴簃詩匯》卷九二等。

## 【龍舟曲】

薄海歸耕日，驕王縱獵場。晴波縈薜澱，風會逼吳閶。閶門東下淞江曲，綺翠輕華看不足。梧宮遙夜豔先施，鶴渚清秋怨諸陸。鱸膾將薦夾岸香，雉媒傍草連茸綠。綠泖青峰圖畫同，護花蟠影轉薰風。青龍江咽三閭怨，白馬潮迎伍相忠。三閭伍相虛塵夢，朱樓吹徹梅花弄。水調吳歌學采蓮，歲時楚記傳嬉稷。萬歲亭臺枕水南，邦人笑語走趨趨。簫鼓競移青雀舫，雲雷紛迸白龍潭。聯駢指臂千夫合，拏攫之而九地控。象罔天吳眩名狀，撲鴨翩躚鬥新樣。蜃閣重重壓浪圓，虹橋宛宛排雲上。灘鷀成雙颺遠汀，鴛鴦相對窺虛幌。更指凌波水上軍，盡拋織女杼巾文。障而嬌攜桐蕊扇，稱身穩試藕苗裙。雪腕當簾搴玉艷，風鬟映座散蘭芬。是處贈花如洧水，誰邊開鏡異坐雲。盡唱銅鞮估客路，不收金彈少年群。此時惟恐靈烏逝，此時誰灑靈修淚。孔蓋霓旌縱陸離，椒漿桂酒真遊戲。還憐幼婦鬱金鞓，去逐迎神碧玉街。座佛栴檀香是海，社公琥珀酒如淮。門丞手版爭行入，竈婦腰金逐隊排。魚龍百戲陳郊甸，不怒倡師裝假面。供奉梨園白首多，傳呼菊部黃金賤。雁柱停勻寶瑟操，鶯簧瀏亮明珠貫。向晚燈船簇彩毬，

金蛇無數竄中流。平攜隋苑三分月，擬借秦淮一段秋。酒旗風緊雲旗暗，山市星衡海市收。鸞笙鳳管圍羅綺，蹋臂小兒唱未已。春申浦畔餓蛟吟，闤闠城上棲烏起。處處蘆花淺水邊，家家紈扇秋風裏。東逝江流流不迴，江陵刺史諷舟哀。一鱗片四非容易，幾輩中人破產來。

（《白華前稿》卷二十四，清乾隆刻本）

## 【次韻傅鴻臚移居宣武街田山薑舊邸（之二）】

鐘催柝警傍層城，擁鼻吟成替落成。夾巷笙歌喧北里，比鄰方壺齋皆梨園子弟。殘年冰雪愛南榮。蚤圖粉辨消寒會，不諱黃羊祭竈名。彷彿修期軀幹偉，瞳神翦水腦華清。（《白華前稿》卷三十五，清乾隆刻本）

## 【題楊卭州吟風閣曲譜】

（其一）紅男綠女鬧連廂，南部煙花點綴忙。卻把湘東三樣管，教人枯淚溼淋浪。

（其二）曾載箏琶泝玉京，舊人一一米嘉榮。竹枝夜續巴猿斷，滾作梁州意外聲。

（其三）臨卭佳話播千春，導弩挑琴有部民。黶殺唐蒙開蜀事，班師偏說渡瀘人。

（其四）倚閣吟風苦費才，康王樂府冷如灰。木床自度楊家曲，誰付梨園菊部來。（《白華前稿》卷四十三，清乾隆刻本）

## 【與東廬入琴泉寺邨人為觀音會觀劇】

（其一）朱旗繡蓋屏傳呼，麥淺桑濃儼畫圖。笑指琴泉山寺湧，瘦笻幾節待親扶。

（其二）雲廊法鼓響闃闃，海會華嚴袒拜偏。一抹春衫香霧底，歌聲齊簇四條絃。

（其三）金人火獸眩青紅，竹牖瓏玲別殿通。勾得浮生閒半日，帽簷吹上紙鳶風。

（其四）十載修門木石腸，旗亭賭唱感茫茫。今朝誤入遊春隊，便惹遊人溢看場。（《白華前稿》卷四十六，清乾隆刻本）

# 朱 鶴

朱鶴（1729～1822），字大米，一字與持，號畫亭，江陰（今屬江蘇）人。乾隆乙酉（三十年，1765）獻賦及畫，蒙恩獎賜。是年拔貢。初官沭陽校官，以薦舉銓授蘆山令。晚僑居沭陽，年九十四乃卒。山水蒼潤朗秀，得虞山風致。工詩詞，所為詩沈酣溫雅，宗法唐人。《入蜀》諸篇，傑桀鬱蟠，是其最盛。著有《畫亭詩草》、《紅豆詞》等。見《歷代畫史彙傳》卷九、《晚晴簃詩匯》卷九二、《國朝詞綜補》卷一五等。

## 【板橋雜記十五首（之三）】

梨園威武昔年遺，密席知音壓臂時。頓老琵琶妥娘曲，可憐天上誤相思。（《畫亭詩草》卷一江漁集一，清乾隆四十三年太嶽山房刻增修本）

## 【小集觀劇次集柳家韻】

壺觴佳客晚筵催，絳蠟高燒四座限。為報美人青玉案，來聽天上紫雲回。風光五載流如駛，意氣諸公肯少頹。試問畫堂歌舞地，幾時重覆掌中杯。（《畫亭詩草》卷八槐陰集二，清乾隆四十三年太嶽山房刻增修本）

## 【重五節蘭畹明府招集靜鏡堂觀劇研北山長賦詩紀事次韻二首】

（其一）龍舟競渡不踰淮，何幸琴堂蒲酒偕。綠樓有人呈曼衍，黃魚無句入俳諧。江陰五日，俱市黃魚入饌，而沭陽無之，故戲用杜句。陰晴暇日追陪近，簾幙薰風小住佳。便似中流趁簫鼓，差池裊裊滿瑤階。

（其二）馮生安樂總成窩，正及黃雲兩穗多。佳節尚教留雨澤，長官何必厭笙歌。明燈布席渾忘夜，縱酒分曹欲灌河。比似古人嘉會少，抽毫敢謝醉顏酡。（《畫亭詩草》卷十海漚集一，清乾隆四十三年太嶽山房刻增修本）

## 【庚子嘉平中浣三日諸同寅讌集□□觀劇餞別華陔明府賦呈二絕】

（其一）重簾複帳護周遭，把琖圍爐聚故交。暫覺薄寒能中酒，春風指顧動梅梢。

（其二）竿木逢場百態生，舞衫歌扇總牽情。休嫌不入吳歈調，便作陽關第四聲。（《畫亭詩草》卷十四續古集，清乾隆四十三年太岳山房刻增修本）

【余學中士周履蘇孝友性成行端而志正兼精於醫凡見請無不往者以故沭人士莫不推仰倚重之今年夏大疫疲於奔命六月十三日與余同觀劇於劉邑侯之堂酒罷別去越日而病假余肩輿以歸三日後問耗則履蘇死矣年僅五十耳嗚呼余居沭十有五年往來稱契好者不一人而履蘇為尤至今已矣為賦雨詩哭之】

　　（之一）猝有驚心事，眞無會面緣。肩輿三日去，總帳一宵懸。大疫人方賴，微痾爾不痊。傳聞遍城郭，婦孺亦潸然。

　　（之二）與善天無貳，修身命有原。如何同羽化，空自望鸞驂。把酒成長別，焚香不返魂。元亭今寂寞，奇字更誰論？《畫亭詩草》卷十八秋鴻集，清乾隆四十三年太嶽山房刻增修本）

【姬人生日適有梨園遠至戲書長律用東坡贈朝雲韻】

　　誰教笙鶴下瑤天，正及簪花兩鬢元。六甲靈飛方記日，三生圓澤久談禪。董雙成有徵歌會，綠萼華無出世緣。人事儻來堪劇笑，且敲檀板唱遊仙。(《畫亭詩草》卷十八秋鴻集，清乾隆四十三年太嶽山房刻增修本)

【秦樓月·贈歌者月兒】

　　人兒月，團圞十五春時節。春時節、燕雛鶯小，也難憐惜。　　清新眉嫵玲瓏舌，塗粉綰鬢風流絕。風流絕，笑伊兒女，不由分說。(《畫亭詞草》卷一，清乾隆刻增修本)

【柳梢青·題歌者錢郎松竹流泉小照】

　　碾玉無瑕，凝香有影，獺髓堪誇。錯認嬌妝，宮黃未褪，指印些些。　　臨流小住爲佳。愛翠竹、青松蔭斜。結歲寒盟，和郎三个，不欠梅花。(《畫亭詞草》卷一，清乾隆刻增修本)

【蝶戀花·贈歌者】

　　錦瑟年華纖柳態。步上氍毹，眉眼都無賴。怪底尊前紅袖在，婷婷嬝嬝眞難賽。　　似水柔情歌舞外。檀板金尊，斗地成禁害。只恐榆錢春可賣，綠陰枉負東風債。(《畫亭詞草》卷二，清乾隆刻增修本)

# 畢　沅

　　畢沅（1730～1797），字纕蘅，又作絗蘅，一字秋帆，自號靈巖山人。鎮洋（今江蘇太倉）人。乾隆二十五年（1760）殿試第一人及第，官至湖廣總督，贈

太子太保。秋帆制府少得詩法於其舅張郎中少儀，登大魁，入詞垣，愛才下士，海內交人，咸歸幕府。凡有吟詠，信筆直書，天骨開張。又好刻書，惠定宇徵君所著《經說》，悉爲剞劂。生平有幹濟材，在陝重建省城，又修華陰太白祠及涇渠；在豫開賈魯河，修桐柏、淮源廟。金川用兵，凡軍裝、騾匹陸續協濟，故深受主知。所撰甚富，有《靈巖山人詩集》四十卷、《關中勝蹟圖志》三十二卷、《關中金石記》八卷、《晉書地理志新補正》五卷、《說文舊音》一卷、《音同字異辨》一卷等。見《湖海詩傳》卷二二、《國朝詩人徵略》卷三七、《（嘉慶）直隸太倉州志》卷二八、《（同治）蘇州府志》卷一一二、《清史稿》卷三三二、《晚晴簃詩匯》卷八九等。

## 【張樂詞】

絳蠟幢幢立彩虹，羅屏繡幙圍春風。西園公子作清宴，蘭堂貼地氍毹紅。小隊吳伶俱稚齒，玉笙金管調宮徵。啾啾七十二鴛鴦，翔戲銀灣曙煙裏。轉調琤琤小忽雷，頹雲凝碧吹晴開。纓鈴鈿扇姍姍去，麟帶蟬衫嫋嫋來。綠醑百遍遭觥罰，蓮漏水乾曾不歇。歸臥塘東走馬樓，梨花一帶飄香月。（《靈巖山人詩集》卷二十聽雨樓存稿，清嘉慶四年畢氏經訓堂刻本）

## 【歷下亭宴會詩分得醒字】

濟南逢令序，海右有名亭。特挈壺觴去，還邀賓從停。湖寒波愈白，山霽靄猶青。濁酒判千石，新詞演小伶。遙懷北海宴，姓字尚芳馨。復誦少陵句，風徽見典型。昔人俱已往，我輩豈宜醒？隸事拈丹橘，藏鉤隱畫屏。觥籌重疊數，蠟淚再三零。歸路沈纖月，寒茫幾箇星。（《靈巖山人詩集》卷四十繪聲漫稿海岱驂鸞集，清嘉慶四年畢氏經訓堂刻本）

## 【板橋行】

前朝故院秦淮曲，春光一片傷遊目。澀浪危牆薜荔青，香姜碎瓦莓苔綠。板橋舊跡失西東，往事魂銷說不同。塡河秋老遲靈鵲，人月波遙駕彩虹。聊按遺編頻想像，鷺峰古寺門相向。小紅雁齒久消沈，新綠魚鱗仍蕩漾。當時此處最繁華，比屋知名趙、李家。引住青鸞深院樹，延來紅蜨出牆花。紅蜨青鸞情繾綣，烹龍炰鳳開華宴。檀板新歌《燕子箋》，繡衣競演《桃花扇》。釄甲香沈樂未央，廚茵地上月如霜。玉花珍簟鋪鴛褥，金縷銀屏掩象床。寇家姊妹年方少，頓老琵琶稱絕調。芍藥闌前龯尾燒，蒲萄架下纏頭勞。良夜爭來橋上遊，赤蘭

干影漾澄流。風翻菡萏開聯蔕，沙暖鴛鴦睡並頭。無端小劫逢龍漢，釵光扇影如雲斷。裴航無處問靈緣，交甫何由登彼岸？燕燕鶯鶯空自憐，茶棚香閣付荒煙。柳梢月上疑妝鏡，水面萍生想笛鈿。歲久人鋤成菜圃，芳魂黑夜應相語。樂府誰歌昔昔鹽，長楊自作瀟瀟雨。雨昏深樹怪禽嗁，往往春泥露象箟。竹在杜陵應問訊，杜殘司馬未留題。葛、顧葛嫩、顧眉聲名最殊眾，分飛嫁得桐花鳳。嚮日爭誇白紵詞，於今何異黃粱夢。一桁鍾山倚麗譙，夕陽畫角悵無聊。可憐寂寞寒潮水，流入長塘綠不消。（《靈巖山人詩集》卷五三山攬勝集白門訪古集，清嘉慶四年畢氏經訓堂刻本）

# 王文治

　　王文治（1730～1802），字禹卿，號夢樓，丹徒（今屬江蘇）人。乾隆二十五年（1760）殿試第三人及第，官至臨安知府。禹卿頗具才情，尤工書，楷法河南，行書效蘭亭。入京師，士大夫多寶重之。時全侍講魁、周編修煌奉使琉球，挾以俱往，故其詩一變，頗以雄偉見稱。出守臨安，被劾束還，遂無意於仕進。其時錢塘袁子才壯年引退，以詩鳴江浙間，禹卿繼其後，聲華相上下，年未五十即耽禪學，精於《楞伽》、《唯識》二書。晚年刻其詩，卷中多秀句。喜聲伎，行輒以歌伶一部自隨。辨論音律，窮極幽渺。客至，張樂窮朝暮不倦。海內求書者多有饋遺，率費於聲伎。然客散，默然禪定。夜坐脅未嘗至席，持佛戒自言：「吾詩與書皆禪理也。」卒年七十三。著有《夢樓詩集》。見《湖海詩傳》卷二二、《國朝詩人徵略》卷三七、《國朝書人輯略》卷六、《清史稿》卷五〇三等。

## 【渡海前一日觀劇口占】

　　把酒休辭玉盞深，扁舟明日海東潯。吳兒一夜銷魂曲，根觸中原萬里心。（《夢樓詩集》卷二海天遊草，清乾隆六十年食舊堂刻道光二十九年補修本）

## 【徐傳舟將之山左贈行】

　　昔年海外相依持，與君親愛比昆弟。及返中原轉離索，人海喧卑各牽繫。騎驢旅食春復秋，匆匆未展故人意。那爭萬里與咫尺，曩者相從今不遂。信知聚散非由人，空堂默坐增感喟。昨君長揖告我行，書簏琴囊緘束備。皇華善處禮爲羅，後命頻催馳驛騎。勸君酒琖君少

留，共君聊話疇日事。揚帆自出五虎門，水氣浮空失天地。遭逢惡颶
不能傷，天遣餘生縱遊戲。蠻王前席求雅音，中山王曾延傳舟彈琴。若秀
當延獻清吹。琉球貴公子皆善歌舞，其姣麗者謂之若秀。蔡家法司老識書，
琴論一篇逞宏議。法司蔡溫爲傳舟著《琴論》。惟君及我皆好奇，佳處追
攀閒處醉。由來域外文獻存，周諮亦頗資多識。即今光景仍目前，縹
緲三山已隔世。古稱泰岱小天下，九點蒼煙堪俯視。昔觀於海今登嶽，
不負平生遠遊志。卻思後會神黯然，努力春華莫顙頷。（《夢樓詩集》卷
三揚州集，清乾隆六十年食舊堂刻道光二十九年補修本）

## 【無錫錢瑾巖工爲詩歌兼精音律新詞自倚有姜白石之風頃余攜瑤生及鈿郎奉過彈絲品竹略展閒情瑾巖爰製哨遍一闋贈瑤生製紅情一闋贈鈿郎續又各贈絕句如千首重章往復詞旨斐然昔賢云世人但解錦纏頭與汝作詩傳不朽瑤鈿二生獲此可以傳矣二生粗諳文義頗深知己之感求予作詩致謝】

龍鍾病守擲手版，萬事浮雲不挂眼。尙餘結習未消除，愛近紅牙
與金管。去官無復持一錢，二生相伴猶清妍。興來腰笛向秋月，一聲
吹破千林煙。高言識曲姜白石，閒暇相思便相覓。黃河親授畫壁詩，
瑾巖能歌「黃河遠上」詩，因授瑤生。絳帳戲登講經席。瑾巖曾與鈿郎同演玉
茗堂《閨塾》劇。新詞如綺寫麥光，微吟齒頰生古香。若翻新譜被絲竹，
定教三日音繞梁。束裝早晚尋歸路，春風綠到江南樹。應偕樵青及漁
童，蓑笠飄然刺船去。相君合是梁柱材，即看駟馬相如來。倘余恃舊
邀吹笛，好踞胡床弄一回。（《夢樓詩集》卷十歸人集，清乾隆六十年食舊堂
刻道光二十九年補修本）

## 【李素誠命家姬出見】

歸心日夜念菇蒲，老去生涯但五湖。特許藍橋見傾國，李矦重我
過髯蘇。（《夢樓詩集》卷十歸人集，清乾隆六十年食舊堂刻道光二十九年補修
本）

## 【贈茅師艾】

與君同舉秀才時，君方白皙我無髭。憐君性苦愛音律，彈絲品
竹靡不爲。有香草堂開春讌，梨園小部羅釵鈿。主人三爵玉顏頹，
自按紅牙度黃絹。憶余海外乍生還，提攜筇竹遊故山。雙峰頂上忽

握手，爲吹玉笛開塵顏。是時月光如白晝，萬頃銀濤捲襟袖。入破一聲雲不流，竊聽蛟龍咸頫首。沈吟此事幾春秋，綺席相看竝白頭。哀樂中年原易感，江山今古豈無愁。君家黃金高斗嶽，偶然揮盡成蕭索。清秋客散孟嘗門，正值空庭黃葉落。卻喜佳兒頭角出，謂亭耕。賦才堪料班揚敵。梧鷯休誇老鳳聲，桃花爭羨汗駒色。君家有子事應足，我亦休官臥林麓。會須開暇數相過，濁酒一杯歌一曲。歌詞試唱大江東，銕板鷗弦意自雄。少年俠氣小湖海，未肯變滅隨東風。（《夢樓詩集》卷十一柿葉山房集，清乾隆六十年食舊堂刻道光二十九年補修本）

【喜程魚門見過即送其北行】魚門辭官，將有入山之志，而草堂之貲未措，家口仍寄京師。明歲恭值慶典，詔開恩科，中書舍人例得仍試禮闈，故同人多勸其北上，至是成行。

吾曹蹤跡眞浮萍，別固容易會亦輕。所悲暫會仍復別，牽衣佇立難爲情。暮春同作吳趨行，平原十日醉不醒。華筵高張集名伶，柔絲脆竹啼春鶯。世人羅綺逐羶腥，曲中妙理誰解聽。服君何但論千古，談宮辨羽亦頗精。歸來揖別江之汀，後期秋日訂蕪城。我以事牽不獲至，山堂叢桂彫清馨。作書問君君就程，傳言君已之燕京。忽然剝啄扣扉荊，掀髯一笑翻失驚。便須命酒對君酌，園蔬小摘猶堪烹。細思十載同承明，故人飃散如流星。豈因厚祿書斷絕，宦途侘傺吾飽經。非君請假辭冠纓，安能來去無羈縈。與君出處素志定，此別不必重叮嚀。君今且去勿回顧，聖朝納策開彤廷。（《夢樓詩集》卷十一柿葉山房集，清乾隆六十年食舊堂刻道光二十九年補修本）

【冬日浙中諸公疊招雅集席間次李梅亭觀察韻四首（之四）】

稗畦樂府紹臨川，字字花縈柳絮牽。芍藥欄低春是夢，華清人去草如煙。時演《牡丹亭》、《長生殿》全本。天留餘暖資調笛，酒到微醺更擊牋。雅集西園眞不忝，倩誰圖向竹風邊。（《夢樓詩集》卷十二西湖長集，清乾隆六十年食舊堂刻道光二十九年補修本）

【題蔣苔生前輩四絃秋新樂府】

古樂秦漢已淪佚，中聲在人今不沒。審音易而作樂難，此語吾服西泠逸。吳西泠名穎芳，杭州布衣，精於樂律，著有《吹齒錄》。堂堂蔣侯起

豫章，奇句驚天卓天骨。餘技能爲樂府辭，宮徵咀含發古質。空谷蘭揚幽闈芬，霜林桂傲陰崖茁。莒生有《空谷香》、《桂林霜》樂府二種。協律今見夷夔才，傳奇卻借范班筆。挑燈偶誦《琵琶行》，潯陽遺事從頭述。名倡遠嫁辭青樓，才子南遷望紅日。元和戡亂時尚隆，樂天敢言道非屈。誰教白璧被蠅點，始信朱顏入宮嫉。茫茫荻花江浸月，船舫無聲四絃歇。莫怪江州泣下多，多情原自忘情出。休官余亦臥江干，四十四年霜髻殘。按：《年譜》，白公作《琵琶行》年四十四，與余適同。臨風聽徹銷魂曲，那免青衫淚暗彈。（《夢樓詩集》卷十二西湖長集，清乾隆六十年食舊堂刻道光二十九年補修本）

### 【周韻亭司馬招同陳澂之汪檉亭凝翠舫小集聽家姬合樂】

衎齋竹木清且幽，曲廊凝翠翠欲浮。捲幔銀燈出紅袖，入破一聲雲不流。主人新詞夏金玉，辨羽咀宮諧竹肉。樊素能歌白傅詩，小紅愛唱堯章曲。就中翹楚名翠翹，翠眉花面楚宮腰。平啓朱唇調玉管，輕舒皓腕撥檀槽。梁園過客身如寄，抖擻征衫恣遊戲。聞將文字證禪那，兼以音聲爲佛事。痛飲官街漏鼓沉，起看皓月當天心。微風不動群響寂，露滴梧桐太古心。（《夢樓詩集》卷十四快雨堂集，清乾隆六十年食舊堂刻道光二十九年補修本）

### 【汪劍潭偕何數峰雨中過訪寓齋留飲竟夕命家伶度湯臨川還魂邯鄲二種曲翌日劍潭製詞見贈悽怨溫柔感均頑艷余弗能為詞以詩答之】

（其一）柴扉陰雨不曾開，忽報江南二妙來。聽罷臨川腸斷曲，始知惆悵爲多才。

（其二）春草煙湖綠半斜，紅牋珍重寄瓊葩。人間有此銷魂句，莫怪仙人恨落花。（《夢樓詩集》卷十四快雨堂集，清乾隆六十年食舊堂刻道光二十九年補修本）

### 【次日奉招星橋竹鄉諸君於池上吟寓軒顧曲竹鄉用前韻見贈再答一章】

老懷無復倒詞源，識曲如君合細論。會得心聲千古是，不妨雅樂至今存。樓橫玉笛月窺檻，花對金巵春沁園。憶演《雙圖》張畫舫，一時名士會吳門。竹鄉撰《雙圖記》樂府，命吳中名優演之。余與程于門（編者案：應爲魚門）、吳竹嶼諸君俱與其會。（《夢樓詩集》卷十四快雨堂集，清乾隆六十年食舊堂刻道光二十九年補修本）

## 【胡東望招諸同人北顧山僧樓觀大閱次日復至余快雨堂聽家伶奏技馮愛圃以詩紀之余和其韻二首】

（其一）大江橫截萬山青，北府軍門擁畫屏。鼓角殷雷驚地軸，旌旗耀日應天星。三車同詣招提路，百戰曾焚老上庭。東望征小金川，屢奏奇績。指點陣圖忠義發，燕然仍擬勒新銘。

（其二）自選妍詞被管弦，雖然稗齒也嬋娟。披衣漫笑垂簾陋，嬌唱差欣道字圓。昨日甲光騰萬馬，今宵鬢影對初筵。詞人筆陣將軍稍，如幻神通小有天。（《夢樓詩集》卷十六無餘閣集下，清乾隆六十年食舊堂刻道光二十九年補修本）

## 【芝塘雷峰訪余於樂圃寓齋余曾出家伶奏技頃芝塘以詩見寄次韻答之二首】

（其一）白頭自訂管弦聲，秋譜真疑竊玉清。君惜知詩未知樂，但誇五七字長城。

（其二）莫漫燒丹擬上仙，仙家歲月箭離弦。且耽一曲一杯酒，飼鶴何須二頃田。（《夢樓詩集》卷二十小止觀齋二集，清乾隆六十年食舊堂刻道光二十九年補修本）

## 【題袁籜菴遺像二首有序】

籜菴《西樓記》傳奇，流播詞場久矣。竊以詩言志，歌永言，孔門於三百篇皆弦歌之，樂與詩無二事也。唐以前詩人偶有著述，樂府輒為流傳，自宋代而降，風流歇絕矣。近時可付管弦者唯南北曲，而文士罕能習之。國朝擅此技者洪稗畦、孔東堂、袁籜庵數人而已。東堂北人，語輒聱牙，難言入室。籜庵才氣狹小，然不可謂非知樂者也。夫知音而不知樂，昔人謂之通而蔽。余少喜填詞，苦不知曲理，及與吳中葉廣明交，始有入處。而蔣苕生前輩以填詞雄視海內，筆力健舉，為古人所難。余常以葉氏所通共相討論，苕生輒為心折。今苕生下世已久，後輩絕無問津者。余久耽禪悅，捨棄人事，獨於聲音結習未能忘情，頃觀籜庵遺像，如見其人，恨不得相與上下其議論也。

（其一）紅顏顧曲負時名，聞道西樓址未傾。翠袖朝來涼似水，至今人唱《楚江情》。

（其二）弦管飄零宮譜殘，白頭誰問舊詞壇。苕生逝後知音少，難得先生畫裏看。（《夢樓詩集》卷二十一小止觀齋三集，清乾隆六十年食舊堂刻道光二十九年補修本）

## 【賓谷都轉招同袁簡齋前輩張警堂同年謝蔗泉漕使清燕堂觀劇歸途大雪有作】

自古文章號有神，一時賓主盡才人。已酹東野雲龍願，況有南皮
絲管陳。雪與梅花鏖白戰，燈連酒海照紅春。夜深扶醉群仙散，萬道
瑤光引路塵。（《夢樓詩集》卷二十四乙卯集，清乾隆六十年食舊堂刻道光二十
九年補修本）

# 張 塤

張塤（1731～1789），字商言，號瘦銅，又號吟蔗，江蘇吳縣人。乾隆三十
年（1765）順天舉人，官內閣中書。詩才橫屬，硬語獨盤。學於山谷、後山，沿
於文長。王蘭泉取其《詠新豐》云：「百家雞犬英雄宅，萬歲枌榆故舊情」，《夜
宴》云：「花露半晴題卻扇，人扶殘醉唱迴波」，稱爲工麗，而病其時有打油釘鉸
之習。洪北江亦謂其詩如「廣筵招客，間雜屠沽，各有愛憎」，正可得失互證也。
《石溪舫詩話》謂：「商言詩秀瘦可愛，書法亦然。」生平與大興翁方綱、陽湖
趙翼友善，故考證金石及書畫題跋，俱詳贍可喜。有《西征》、《熱河》、《南歸》
諸集。見《湖海詩傳》卷二九、《（同治）蘇州府志》卷八三、《晚晴簃詩匯》卷
九三等。

## 【吳中吟四首（之三）】

《賣女》：我歌吳中女，容貌嬌如花。長成五六歲，識字聰明誇。
朝朝學堂走，夜夜書包拏。長成八九歲，雜伎兼箏琶。清歌妙瀏亮，
一囀鳴芳華。十一與十二，翠鬟堆寒鴉。十三與十四，月面歆朝霞。
物雛知識蚤，綠樹紅窗遮。纖手弄團扇，獨處矜匏瓜。郎君何處來？
門前白鼻騧。百金買釵釧，千金贈娘耶。絕裾便永訣，萬里天之涯。
顏色易消歇，寵愛空悲嗟。室中有悍妻，刀杖相詬讟。又隨媒妁去，
道遠莫還家。爲人黃金誤，爲鬼白璧瑕。曷不教採桑？曷不教績麻？
曷不擇夫婿？結髮聘以茶。吳中以茶爲聘。如何生我時，父母起念差。
君看作妾者，幾个戴喪髽。（《竹葉庵文集》卷五「詩五・鳳皇池上集一」，清
乾隆五十一年刻本）

## 【玉松疊韻題予督亢圖中郎女二種院本愛其工雅作詩報謝】

廿年簏稿積生埃，相伴床琴紙帳梅。劍客何曾愁不中，孝娥別有
淚如堆。此言荊軻、蔡琰之不能爲劍客孝娥也。憐他額爛頭焦盡，寫出天

荒地老來。多謝延陵題好句，雙鬟拍版合浮栖。(《竹葉庵文集》卷八「詩八·鳳皇池上集四」，清乾隆五十一年刻本)

## 【雜詠京師新年諸戲效浙中六家新年詩體邀同人和之郵寄吳穀人庶常令連寫卷後十首（之十）】

《鐙戲》：軟繡前門路，梨園半夜開。一聲導絲竹，千火上樓臺。霞吐妖童面，珠明神女顋。花瓶共蓮座，戲歇總成灰。(《竹葉庵文集》卷十一「詩十一·鳳皇池上集七」，清乾隆五十一年刻本)

## 【二月二日經筵禮成賜宴文淵閣賜臣塤鐙夕聯句帖一玉如意一綵段一龍尾研一筆墨絹箋各十即事紀恩三十韻】

天子開書閣，淵、源、津、溯俱。九年成一部，四庫富千廚。祕笈羅星舍，榮光燭斗樞。經筵初屆啟，春色藹全敷。風動蒼龍珮，香盦翠鵲鑪。玉階平以正，銅漏靜無粗。道妙仁而知，書聲帝亦儒。是日講「知者樂，仁者壽，在知人，在安民」四句。阜康衣食計，交泰地天圖。講罷幃纔撤，班分輦並扶。橋迴波似鏡，松嫩露如珠。雅樂遲遲舉，先奏雅樂。華褥一一鋪。西頭編磬泗，東首鎛鐘鳧。此皆縣而不奏。七校傳羊尾，宴中所設。諸王勸酒壺。上特命諸皇子勸酒，並見御製詩注。南金鑴鏨落，陳設金壺玉爵。闐玉削盤盂。傳酒皆玉椀，容半升。懷核天邊有，聽歌世上無。仙人浮海至，法曲定場殊。桃熟蓬山頂，花明玉女膚。昔曾懷肉者，今到此閒夫。雜劇演十八學士、東方曼倩故事。既奏還宮樂，雜劇畢，又奏雅樂。重聞放賞呼。皇八子承旨呼名以賜，曰放賞也。機絲天上織，帖本禁中摹。探柈看龍尾，簪豪賤鼠鬚。丸丸皆易水，幅幅賽成都。物聚琳瑯貴，臣兼翰墨娛。捧來如意也，何以報恩乎？日月貞皇運，圖書叶睿符。六年供校勘，臣以憂去職，在館只六年。三殿為奔趨。豈足微勞及？而叨渥澤濡。公真如量度，細不棄錙銖。可仿遊仙夢，遲看末日晡。歸將詩內景，詳述與妻孥。(《竹葉庵文集》卷十九「詩十九·祕閣集四」，清乾隆五十一年刻本)

## 【冬青樹院本亡友蔣心餘病中作也予為序之越二年君遂殂謝或言予序譽之失實寒夜展卷書其後】

菁華苶爾不如前，三日成書卅八篇。莫道老夫曾作序，病中相慰實相憐。(《竹葉庵文集》卷二十四「詩二十四·賜研齋集下」，清乾隆五十一年刻本)

## 【賀新郎‧觀演長生殿院本】

雨擺梨花罅。佛堂前、風波平地，可憐人鮓。未必卿卿能誤國，何事六軍激射。唐天子、何其懦下。一世夫妻猶若此，爲今生、反使來生怕。雙星恨，高高挂。明皇與太眞誓曰：「生生世世，願爲夫婦。」　夜深蠟炬和灰瀉。蜀當歸、關山烽火，它年入畫。提起宮中行樂事，苦了將軍戰馬。又苦了、夗央棒打。虢國夫人無結局，與梅妃，一樣三人者。同命薄，無依藉。（《竹葉庵文集》卷二十七「詞三‧林屋詞一」，清乾隆五十一年刻本）

## 【花犯‧題石巢四種傳奇】

是無雙，清遊玉樹，南朝阮司馬。秣陵鐙夜。記北院宜春，呼部頭者。亂花小輦扶人下。㐥來春綵謝，又不道、漢仙秦火，闌珊邨酒社。　陰符黃石爾何如？同文獨起獄，寧遭人罵。羅織遍，江南北、此何心也。桃根外、一江細雨，留三兩、黃鸝鳴水樹。尙似說、畫堂簾卷，烏絲膽稿罷。羅萬象疏曰：「輔臣以大鍼爲知兵，恐《燕子箋》、《春鐙謎》未必枕上之陰符而襄中之黃石也。」（《竹葉庵文集》卷三十「詞六‧林屋詞四」，清乾隆五十一年刻本）

## 【絍那曲‧還魂記院本】

花月傳圖史，江山豔綺羅。趙春同未死，一樣是人痾。（《竹葉庵文集》卷三十「詞六‧林屋詞四」，清乾隆五十一年刻本）

## 【一叢花‧問窗前花信】

芳叢消息蚤風前，錦瑟占華年。輕陰靉靆濃於墨，未曾將、螺黛描全。應似美人，今春欲嫁，心事兩眉間。　橫塘二月踏青便，可惜紙鳶天。天涯客思紛如醉，破工夫、先翦花旛。殘燭夜深，新詞幾疊，合作定情箋。時有客度予新翻院本。（《竹葉庵文集》卷三十一「詞七‧林屋詞五」，清乾隆五十一年刻本）

# 顧光旭

顧光旭（1731～1797），字華陽，號晴沙，江蘇無錫人。乾隆十七年（1752）進士，官至甘涼道，署四川按察使。晴沙歷中外，雅著循聲。早遂初衣，杜門養母，人尤以風節高之。生平詩文而外，尤精書法，時以工書名者，北則劉相國

崇如、孔主事東山，南則梁侍講山舟、王太守夢樓，而嘉興周觀察稚圭及晴沙頡
頏其間，殆無媿色。由甘涼道從制府籌運西川軍務，所過蠶叢鳥道，多作詩紀之。
著有《響泉集》。見《湖海詩傳》卷一五、《清史稿》卷三三六、《晚晴簃詩匯》
卷八一等。

## 【楊笠湖九兄刺史寄所製吟風閣曲譜題後】

　　　　吟風閣畔倚闌時，折柳橋邊柳萬絲。誰識梁州楊刺史，自吹羌管
唱新詞。（《響泉集》詩六可耕餘蘦下，清宣統二年顧氏刻本）


# 姚　鼐

　　姚鼐（1731～1815），字姬傳，一字夢穀，人稱惜抱先生，桐城（今屬安徽）
人，刑部尚書文然玄孫。乾隆二十八年（1763）進士，選庶吉士，改禮部主事。
歷充山東、湖南鄉試考官，會試同考官，所得多知名士。四庫館開，充纂修官。
書成，以御史記名，乞養歸。鼐工爲古文。康熙間，侍郎方苞名重一時，同邑劉
大櫆繼之。鼐世父范與大櫆善，鼐本所聞於家庭師友間者，益以自得，所爲文高
簡深古，尤近歐陽修、曾鞏。其論文根柢於道德而探原於經訓，至其淺深之際，
有古人所未嘗言。鼐獨抉其微，發其蘊，論者以爲辭邁於方，理深於劉。三人皆
籍桐城，世傳以爲桐城派。鼐清約寡欲，接人極和藹，無貴賤皆樂與盡懽；而義
所不可，則確乎不易其所守。世言學品兼備，推鼐無異詞。告歸後主講江南紫陽、
鍾山書院四十餘年，以誨迪後進爲務。嘉慶十五年（1810）重赴鹿鳴，加四品銜。
二十年，卒，年八十有五。姚鼐詩亦用古文之法，七律勁氣盤折，獨創一格，曾
文正、吳摯甫皆效其體，奉爲圭臬；七古尤晶瑩華貴，晚年雖學玉局而不失唐人
格韻。所著有《九經說》十七卷，《老子章義》、《莊子章義》，《惜抱軒文集》二
十卷、《詩集》二十卷，《三傳補注》三卷，《法帖題跋》二卷、《筆記》四卷。見
《湖海詩傳》卷二八、《國朝詩人徵略》卷四○、《（光緒）重修安徽通志》卷二
一八、《清史稿》卷四八五、《晚晴簃詩匯》卷九一等。

## 【孔信夫舍人自揚州挐舟見訪將自此適蘇州章淮樹觀察邀與共觀家伎　　因作此送信夫】

　　　　櫻笋成時燕入堂，當軒陰重草初長。共扶白髮三千丈，來看金釵
十二行。灩座玉船傾若下，指塗蒲席向吳閶。明朝萍跡都成憶，耳識
仍增記繞梁。（《惜抱軒全集》詩集卷九，中國書店 1991 年版，第 431 頁）

## 【哭孔信夫次去歲觀伎韻君自遺書乞余銘墓】

　　　　公子聲高魯廟堂，爲余江水遡遊長。石銘歸託名千載，玉版前留

墨數行。鵬臆恍知從物化，人情未可扣天閽。清樽急管同聽處，依舊
烏衣上玳梁。（《惜抱軒全集》詩集卷九，中國書店 1991 年版，第 432 頁）

# 朱休度

朱休度（1732～1812），字介裴，號梓廬，秀水（今浙江嘉興）人。乾隆癸
酉（十八年，1753）舉人，官嵊縣訓導，後為山西廣靈知縣，有循良之譽。淵源
家學，該洽宏通，詩文並造上乘，著《俟甯居偶詠》二卷、《壺山自吟稿》三卷
等。見《兩浙輶軒續錄》卷七、《衍石齋記事稿》卷八、《湖海詩傳》卷一五、《清
史稿》卷四八三等。

【縐雲者英石也峰既峻而縐瘦透三兼焉故是奇品在南海吳將軍府未有
稱將軍故與東海之海寧查伊璜先生結交有奇緣先生客吳時見石錫以
名將軍即陰遣人奉石杭海造先生廬為園安置石以待先生歸以供先生
奇賞事載紐氏觚賸近西江蔣新畬太史演為傳奇號曰雪中人人益豔稱
之其石曾轉海鹽顧氏今歸馬橋馬氏圖來徵詩為題二絕】

（其一）苔衣襤縷骨嶙峋，到處逢迎拜石君。又是一番湔洗後，
將軍得意氣騰雲。

（其二）石欲言時定降神，月明風雨訴前因。永為好也匪為報，
知我感同生我人。（《小木子詩三刻》俟甯居偶詠卷下，清嘉慶刻匯印本）

# 吳 騫

吳騫（1733～1813），字槎客，號愚公，別號兔床，浙江海甯人，諸生。負
異稟，過目成誦。篤嗜典籍，遇善本傾囊購之，校勘精審，所得不下五萬卷，築
拜經樓藏之。夙共陳鱣講訓詁之學，所為詩文詞旨渾厚、氣韻蕭遠，晚益深造，
不屑為流俗之作。四方賢士大夫每過從，必觴詠連日。槎客得宋刻本《咸淳臨安
志》，刻一印曰「臨安志百卷人家」，其風致如此。嘗以妻病買婢至，詢之，良家
女也，撫為己女嫁之，一時咸頌其厚德云。著有《拜經樓詩集》、《愚谷文存》、《愚
谷文存續編》、《拜經樓詩話》、《拜經樓詩話續編》、《皇氏論語義疏參訂》、《尖陽
叢筆》、《桃溪客語》、《陽羨名陶錄》、《詩譜補亡後訂》、《蜀石經毛詩殘本考異》
等。見《兩浙輶軒續錄》卷九、《湖海詩傳》卷三九、《（民國）杭州府志》卷一
四六、《碑傳集補》卷四五等。

【蠡塘雜詠五十二首（之三十九）】

自別汾陽歲已闌，關河風雪夜漫漫。挑燈譜出《鳴鴻》劇，付與

柔些掩淚看。查孝廉識吳順恪於微時，人皆艷稱。程芳沚贈詩有「不羨林宗知孟敏，還同太白識汾陽」之句。家有女樂一部，旦色俱以些名。有柔些者，色藝尤絕，見毛西河詩。《鳴鴻度》，亦孝廉所作傳奇名。(《拜經樓詩集》詩集卷三，清嘉慶八年刻增修本)

## 【蠡塘雜詠五十二首（之四十六）】

葭莊幾見竹生孫，荒草年年冷墓門。誰唱沙亭夜來曲，春窗兒女最銷魂。沈茂才復初為人任俠，嘗為奪沙亭事連染，幾罹於禍，家因而耗。越中影戲至今有《鬧沙亭》一齣，為復初作也。(《拜經樓詩集》詩集卷三，清嘉慶八年刻增修本)

## 【施伶墓二首】 在洮水堰側。

（其一）六幅湘裙夢尚迷，一抔洮水占芳蹊。他時古塚文成後，記取儂家舊姓西。

（其二）清歌幾日罷檀槽，故物空存蜀錦幍。若使返魂眞有術，餘香乞與鄭櫻桃。(《拜經樓詩集》詩集卷五，清嘉慶八年刻增修本)

## 【春柳和查梅史三首（之三）】

禁煙風雨一番經，玉笛悠揚乍可聽。倦眼難分醒睡態，折痕偏近短長亭。鳳州有客思攜手，鶴市何人喚踏青。聞說桃花春夢裏，幾回為爾惜娉婷。梅史有《桃花影》傳奇，為時所稱。(《拜經樓詩集》詩集卷七，清嘉慶八年刻增修本)

## 【寄荊南舊遊二首】予以甲寅三月三日，與諸名士會於海鹽張鷗舫鶴微之涉園，脩曲水流觴故事。竝以楊忠愍公獄中寄鄭端簡書眞跡歸端簡十一世孫鼎鋼，一時以為勝舉。明年乙卯暮春，客陽羨。是日同萬瑱為之蘭、陳景辰經集蔣聲依和湛漬山莊。莊在宜興北三里，溪山明媚，實據一邑之勝。留連觴詠其樂，不減涉園時。詰朝，復赴唐荊溪仲晃之招。荊溪長沙人，以名進士宰邑，尤長於詩。幕下若湘西胡滄臺大觀、王西林人作、鳳臺胥燕亭繩武，竝擅文藻。時闢西新瓶幽亭，予為顏曰「玉鑑亭」。踞小山之巔，林木蓊蔚，高出雉堞。四望萬山環簇，秀色撲人。眉宇亭下，碧玉一泓，渟澄澹沲，相與列坐其次。跨水有石橋，橋側為迤軒。荊溪時方為滄門納姬軒中，酒半，命謳者亭亭歌【賀新郎】一闋。亭亭，吳人也，色藝為梨園冠。轉喉發聲，多予舊題玉鑑亭詩語。詢知乃燕亭所譜，不禁相視一笑。次日荊溪復招同人集城東周氏園賞杜鵑，蓋楚俗以暮春

之巳爲令序。是日適當丁巳，屈指二年中三度脩禊，竝極文酒之樂，亦佳話也。自時厥後，予既倦遊，荊溪亦移官，頻年不得志，諸君皆風流雲散。向時之樂，無異前塵夙夢，渺不可追。聞亭亭亦浪遊邗上，不勝落魄江湖之感矣！暇日因賦二絕，以寄諸舊好云。

（其一）南曲和風北墅煙，兩年三預祓除筵。五雲溪上垂楊柳，撩亂飛花撲酒船。

（其二）夜月啼殘杜宇枝，江南紅豆幾相思。青袍御史休官去，莫遣玲瓏唱我詩。（《拜經樓詩集》詩集卷九，清嘉慶八年刻增修本）

## 【同衡照申錫至流川觀劇】

城隅聊喚渡，滑笏過流川。古木雙崖合，危藤一徑懸。樵歌參佛磬，鳥語荅神絃。故國枌榆社，深春亦可憐。（《拜經樓詩集》詩集卷十一，清嘉慶八年刻增修本）

## 【觀友人演家樂即事八首】

（其一）依依柳色悵離顏，千里旌旗望不還。翡翠堂前新樂府，銷魂休唱古陽關。

（其二）蜀道青騾錦韀塵，淋鈴夜雨卻歸秦。白頭天寶談遺事，賺得龜年一曲新。

（其三）紅豆春風韻管絃，桃花扇底繡簾前。《柘枝》舞罷《楊枝》舞，畫出江南二月天。

（其四）扶醉歸來下碧油，海棠橫臥一枝柔。青衫接唾人何在，夢繞西湖舊酒樓。

（其五）金縷裙拖六幅閑，泥人香襻學弓彎。南朝若問傷心史，五百年前謝阿蠻。

（其六）小隊梨園不夜城，氍毹低貼地衣平。紅雲不怕風吹散，白髮鐙前看愈明。

（其七）嬌鶯慢囀隔窗紗，掩映蛾眉月半斜。欲向東山誇繼美，闌干西角見柔些。柔些，查伊璜先生女樂名。

（其八）記共離尊翠鈒開，三秋不聽《紫雲回》。他年賀老歸田後，定許吳儂載酒來。（《拜經樓詩集》詩集續編卷二，清嘉慶八年刻增修本）

【千元十駕詩】吳趨黃蕘圃主事，喜蓄宋刻書籍，校讎精審，榜其室曰「百宋一廛」。余心竊慕之，而無其識力，惟擬廣搆元槧佳本，取荀子「駑馬十駕」之意，顏所居曰「千元十駕」，戲占長句寄蕘圃，且示簡莊一笑。

少日螢窗忽蔵徂，白頭空守拜經圖。昔鮑君淥飲嘗購得明鄭旼《拜經圖》見貽，蓋以予有拜經樓藏書也。不知百宋一廛客，絕倒千元十駕無。雜曲歌詞防僭濫，元人著述尤繁雜劇歌詞。銀鉤鐵畫戒糢糊。宋刻以銀鉤鐵畫爲尚。憑君更向春明庋，爲我從容議宅租。（《拜經樓詩集》詩集續編卷二，清嘉慶八年刻增修本）

【哀蘭絕句十九首（之十二）】

節義尤欽院本傳，燈前月下墨猶研。荊釵不負簪花筆，妖夢何從到玉蓮。院本有《荊釵記》，姬讀而愛之，手爲傳錄。未及半，忽夢一麗姝墜於淵，驚而寤，自是遂絕筆矣。（《拜經樓詩集》詩集續編卷四，清嘉慶八年刻增修本）

# 翁方綱

翁方綱（1733～1818），字正三，號覃溪，大興（今屬北京）人。乾隆壬申（十七年，1752）進士，選庶吉士，授編修。擢司業，累至內閣學士。先後典江西、湖北、順天鄉試，督廣東、江西、山東學政。嘉慶元年（1796），預千叟宴。四年，左遷鴻臚寺卿。十二年，重宴鹿鳴，賜三品銜。十九年，再宴恩榮，加二品卿，年八十二矣。又四年，卒。方綱精研經術，嘗謂考訂之學，以衷於義理爲主，論語曰「多聞」、曰「闕疑」、曰「愼言」，三者備而考訂之道盡。時錢載斥戴震爲破碎大道，方綱謂：「詁訓名物，豈可目爲破碎？考訂訓詁，然後能講義理也；然震謂聖人之道，必由典制名物得之，則不盡然。」方綱讀群經，有《書》、《禮》、《論語》、《孟子》附記，并爲《經義考補正》。尤精金石之學，所著《兩漢金石記》，剖析毫芒，參以《說文》、《正義》，考證至精。所爲詩，自諸經注疏以及史傳之考訂、金石文字之爬梳，皆貫徹洋溢其中。論者謂能以學爲詩。著有《復初齋全集》、《禮經目次》、《蘇詩補注》等。又擅書名，乾嘉間都下言書，推劉諸城、翁宛平兩家。其能於一粒芝蔴上寫「天下太平」四字，每逢元旦輒書以爲吉慶，自少至老，歲歲皆然。見《湖海詩傳》卷一五、《國朝詩人徵略》卷三四、《國朝書人輯略》卷五、《清史稿》卷四八五等。

【題冒巢民墨跡并吳梅村手札合卷四首（之四）】

碧欄如畫艸如茵，桃葉飛觴跡又陳。我昨橋邊聽暮雨，何人記唱

《秣陵春》！《秣陵春》是巢民家所演，梅邨填曲也。（《復初齋詩集》卷二十祕閣集六，清刻本）

**【兩峰畫二首（之二）】**《綠萼梅》：書冬心自度曲云：「綠女窗中，有人同夢，夢在水邊林下。」

兩峰畫格本冬心，二十年前記賞音。偏向故人疏處見，綠煙橫過綠苔深。「故人近日全疏我，折一枝兒贈與誰？」此兩峰之師金冬心句也。壬辰二月初旬大雪後，予與犖石訪兩峰於萬明寺僧舍，挂冬心此幅題句其上，即贈予攜歸，今廿有五年矣。（《復初齋詩集》卷五十一蘇齋小艸七，清刻本）

**【將發廉州府觀劇作二首】**正月十八日。

（其一）蠻簫邨笛海邊春，冷淡轅門見卻新。已怪客腸如木石，誰知更有幕中人。熊介盧以有服不出飲。

（其二）按行西郡自初冬，今夕伸眉一笑逢。不爲樽前有絃管，春風漸已見桃穠。此地正月半桃已作花。（《復初齋外集》詩卷第三，民國嘉業堂叢書本）

**【東墅復用前韻見嘲有栖霞張樂之句且以東坡攜盼英卿爲辭蓋知予不喜演劇故激使戰耳次韻二首】**

（其一）攜妓遊山幸未曾，松開喝道定同憎。巖巒欲訪雲千疊，滓穢須除障幾層。憶昨禪床清宿夢，尚嫌習氣有詩僧。齋鐘粥鼓紛喧聒，梵響清晨厭不勝。

（其二）總持江總悟何曾，詩到齊梁已可憎。聲律還成拈臗義，筌蹄渾未契高層。縱饒太白如仙句，肯例參寥以下僧。我繪黃樓奉蘇像，茶煙一縷澹誰勝。（《復初齋外集》詩卷第十三，民國嘉業堂叢書本）

## 陸錫熊

陸錫熊（1734～1792），字健男，號耳山，上海人。乾隆二十六年（1761）進士。二十七年召試，賜內閣中書。官至左副都御史。乾隆中編次《四庫全書》，耳山與紀文達爲總纂，書成，分藏七閣，卷帙繁重，魯魚亥豕，事所不免。耳山奉命詣奉天覆校文溯閣所藏書，遂中寒，卒於旅次。耳山博聞彊記，資稟絕人。平日進御之作，工而不穠，婉而能切，同人推爲莫及。至詩文隨手散佚，歿後搜篋中得數百首，皆應酬之作，非其稱意者。著有《篁邨集》、《寶奎堂集》等。見

《湖海詩傳》卷二四、《國朝詩人徵略》卷三八、《清史稿》卷三二一等。

## 【同年公讌於邵香渚給諫宅即席口號一首】

爐香攜乍九霄回，是日蒙恩與重華宮曲宴。仙詠霓裳又共陪。中歲交遊感絲竹，先春勝賞會樽罍。鶯鴻南國歡仍戀，時奏吳伶雜劇。策馬西州恨莫裁。謂辛巳三座主。卻喜故人多有子，瓊枝照座謝家才。蔣秦樹、沈朗峰諸郎君，時俱在坐。（《篁村集》卷九「古今體詩四十八首」，清道光二十九年陸成沅刻本）

# 李調元

李調元（1734～1803），字羹堂，號雨村、童山、墨莊、蠢翁、鶴洲。四川省羅江縣人。乾隆二十八年（1763）進士，改翰林院庶起士。散館，授吏部主事。三十九年以副主考典試廣東。四十一年升任員外郎。四十二年放廣東學政。四十六年任滿回京，補直隸通永道道臺。四十七年以事罷官，擬發伊犁，以母老贖歸鄉梓。其著述宏豐，有《南越筆記》十卷、《觀海集》十卷、《粵東試牘》二卷、《全五代詩》一百卷等。所輯《函海》，計四十函，一百六十三種，八百五十二卷。戲曲理論方面，著有《雨村曲話》、《雨村劇話》。見《清秘述聞》卷七、卷一二，《國朝詩人徵略》卷四○、《晚晴簃詩匯》卷九一等。

## 【南宋宮詞百首（之四十九）】

深宮密坐話昇平，小說閒消永晝清。演史欲聽新曲子，簾前催喚穆書生。（《童山詩集》卷五，中華書局 1985 年版，第 52 頁）

## 【李愛峰招飲鰲若精舍（之二）】

關住山泉不許行，泉聲嗚咽自琮琤。涼州一曲誰能按，憶聽茨姑葉爛聲。時有歌者王郎，能奏北音。（《童山集》詩集卷十二，中華書局 1985 年版，第 148～149 頁）

## 【雄州晤張度西明府留飲觀劇作歌】

憶昔論交金臺中，一時詩酒皆豪雄。興酣拔劍各起舞，顛狂往往驚群公。當時意氣不輕許，餘子碌碌非吾侶。可憐萬事竟無成，白髮而今吾與汝。君向青冥翅偶垂，我雖得意旋乖違。彼此無能更相笑，十年不調同嘲譏。今年奉命過梅嶺，行李往還擾君境。萬里南來遇故人，此行細想真徼倖。甌瓿堂上聞雲和，銅龍照吸金叵羅。相逢百斗

-313-

不成醉，人間離別何其多。君方在南我歸北，均如繫匏不堪食。殷勤相屬惟一言，揚帆此去看風色。（《童山集》詩集卷十六，中華書局 1985 年版，第 220 頁）

## 【綿州潘使君招飲觀劇力辭催役不遜被斥進讓不得已復趁席戲占】

生來嬾性愛山林，每夜招留實不禁。魚鑰已收伶未散，牛膏見跋客仍吟。不妨曾子成三虎，幾使王良獲十禽。一語不交仍復坐，歸來又是四更深。（《童山集》詩集卷三十，中華書局 1985 年版，第 402 頁）

## 【金堂署觀劇】

雲頂召予已遍遊，行滕何意又攀留。虛名每愧陳蕃榻，佳句誰傳李白樓？禍福無憑皆自召，功名有定只看優。若將我輩登場演，粉面何人可與侔？（《童山集》詩集卷三十一，中華書局 1985 年版，第 421 頁）

## 【得魏宛卿書二首】

（其一）魏王船上客，久別自燕京。忽得錦官信，來從繡水城。謳推王豹善，曲著野狐名。聲價當年貴，千金字不輕。

（其二）傅粉何平叔，施朱張六郎。一生花底活，三日坐中香。假髻雲霞膩，纏頭全玉相。燕蘭誰作譜，名獨殿群芳。時都下傳《燕蘭小譜》，載樂工數十人，以長生爲殿，長生即魏宛卿小名也。或云《小譜》余秋室作。（《童山集》詩集卷三十一，中華書局 1985 年版，第 421 頁）

## 【宿妙相院馬射濱暨諸昆攜尊見訪醉後作歌】

馬氏諸昆皆老蒼，就中射濱白眉良。知我作客苦寂寞，攜尊見訪東禪堂。維時大雨正如注，開窗共酌聽淋浪。不復序齒竟就坐，轉瞬瓶罄空壺觴。便有優伶解人意，歌聲烏烏兼笙簧。枯腸得酒高興發，亦自起舞加巫孃。群兒拍手父老笑，此翁無乃今之狂。我醉欲眠客亦去，覺來晚鼓聞燒香。亟起呼僮吹火錄，錄其一半其餘忘。（《童山集》詩集卷三十二，中華書局 1985 年版，第 436 頁）

## 【紅梅八首并序（之一）】陸生見麟家，有紅梅一株，大可拱把。色分深淺，蓋燕支、點絳二種接成也。每年春開，爛若赤雪。生曾分二本貽余，余紅梅書屋所由名也。今年乙卯人日，自攜家樂邀何九皋同觀。主人置酒其下，聽演《紅梅》傳奇，爲作一律。異日州尊盧陵王雲浦用儀首以詩寄和，既而綿竹令清江

楊實之學光、什邡令會稽甯湘維錡、彰明令河陽馬海門元龍陸續繼和，於是遠近聞之，自仕宦縉紳以至釋道女媛，和者不下百餘人。余亦自和，疊至八首，遂成紅梅詩社，可爲此花生色矣。陸生彙爲《紅梅唱和集》，亦可謂好事也。爲綴數語於首。

> 一種春風兩樣分，漫言間色奪繽紛。淺深絳染江邊雪，遠近皸烘嶺上雲。人倚闌干同笑語，天教閬苑入芳群。當筵更奏《紅梅》曲，要算《霓裳》再得聞。（《童山集》詩集卷三十四，中華書局 1985 年版，第 459～460 頁）

## 【二月三日至團堆壩訪孟時三丈適入山尋藥不遇見葉贊之天相毛殿颺德純兩秀才攜尊邀至梓潼宮觀劇底暮盡歡而散】

> 故友攜尊枉駕過，一龕同佛聽笙歌。山中客去尋知母，江上人來得刺婆。蜀調鱸爲刺婆魚。古寺僧稀松葉少，戲場人散蔗皮多。甘蔗冬窖春賣，兒婦尤喜啖之，戲場爲甚。多嚼其汁而棄其皮與渣焉。十年不到團堆壩，白髮看看奈老何。（《童山集》詩集卷三十四，中華書局 1985 年版，第 463 頁）

## 【連山舟行四首（之三）】

> 謳謌載道亦堪聽，乃是村中演小伶。水漲煙田苗盡紫，岸崩土餅草猶青。（《童山集》詩集卷三十四，中華書局 1985 年版，第 464 頁）

## 【九月十四日余姪朝墱榜發得雋是日回家祭祠適新都侍御李尚菁陽棫自新都來賀邀同觀劇酒間舊疾復發翌日侍御問病口占答之尚菁時初起服】

> 骨瘦如柴漸不支，賀筵薄醉便支離。人間好友歸田少，天下傳人在蜀誰？其可再乎忙止酒，未爲晚也急刪詩。數年假我天容否？尚有樓頭書未窺。（《童山集》詩集卷三十四，中華書局 1985 年版，第 467 頁）

## 【河村戲場并序】村間以戲酬神，謂之戲場，見陸放翁詩，所謂「雨足豐年有戲場」也。時方五月，河村演青苗戲。余往觀之，遇雨，宿曹大姑家，適社首送腰臺至，遂大醉書於壁間。腰臺者，社首於優人午臺住演時，以酒肉相勞之名也。

> 本因祈雨酬神戲，翻爲雨多酬不成。贏得豚蹄兄妹共，腰臺多謝社翁情。（《童山集》詩集卷三十四，中華書局 1985 年版，第 468 頁）

## 【茂州廣文車孝廉粹齋書涪州人寓什邡白魚鋪枉顧並邀至家出所著詩文為贈二絕（之二）】

貴妃原產茂州鄉，遺下臙脂水亦香。可惜無因見傾國，玉環生性愛霓裳。君有愛姬武氏，茂州產。是日以觀劇未獲見。（《童山集》詩集卷三十五，中華書局 1985 年版，第 475 頁）

## 【七月初一日入安縣界牌聞禁戲答安令】

（其一）言子當年宰武城，割雞能使聖人驚。前言戲耳聊相戲，特送絃歌舞太平。

（其二）昔日江東有謝安，也曾攜伎遍東山。自慚非謝非攜伎，幾箇伶兒不算班。（《童山集》詩集卷三十六，中華書局 1985 年版，第 497 頁）

## 【觀高蹻燈歌并序】

高蹻，即古蹻戲也。見《列子》，名曰雙屐，蓋自戰國已有之。亦名長趫。宋《武林舊事》：元夕舞隊有踏趫，即此。多於元日，故謂之燈。向余備員吏部，齋宿天壇，遇大禮宣赦時，搶金雞者，用此等人上竿打觔斗。自歸田來，久不見矣。神泉舊縣有黃州人屠姓能為此伎，是月十四日至南村，觀者如堵，因作長歌。

正月十四坊市開，神泉高蹻南村來。鑼鼓一聲廟門出，觀者如堵聲如雷。雙枝續足履平地，楚黃州人擅其技。般演亦與俳優同，名雖為燈白日至。其一老如姜太公，手持釣竿磻溪同。其一少如西施女，採蓮端坐蓮船中。其餘髣髴臺閣架，塗墨施朱吁可怕。金鍪銀鎧闊步來，恍若天上諸神下。就中仙洞飛白猿，儼如王母雲旗翻。慣偷方朔藏何處，返使此輩鑽桃園。須臾舞罷倚簷歇，儼如長股國人立。不知何處獅子來，鉦聲又引群兒集。我聞此伎名蹻戲，《列子》元君有其事。後宋元夕舞隊陳，每逢大禮伎必備。卻憶當年侍太皇，天壇扈從回朝堂。禮成宣赦金雞搶，常見此伎爭如狂。至今跧伏蓬門下，臣罪如山未全赦。太皇九十臣七十，犬馬報主行看罷。今觀此伎淚如泉，難忘元宵侍御前。月明遙望雲堆處，惟祝皇恩萬萬年。（《童山集》詩集卷三十七，中華書局 1985 年版，第 507～508 頁）

## 【弄譜百詠并序】

淫巧警於《泰誓》，奇技戒於《禮經》，百家方術之流，不足伐小人之技以憑君子也審矣！然而成王即政，妾扶亦貢易形；周穆巡行，偃師能教瞬目。怨東吳而三年大旱，指南車而一旦即成；縈帶守而飛梯無聲，輪扇連而滿堂寒色。棘猴太巧，木鵲偏工。運斤而堊鼻不傷，踏床而爪牙俱動。磨

車十斛，運劍一回。斯誠技通天地、藝絕古今矣！若夫尸羅之浮屠十層，季龍之安息五案，葛宏能致神異，武帝亦有辟邪畫地成川，漱水集雨，植瓜種粟，御虎屠龍。術既失傳，技尤荒誕。至於反正作排闥之樂，破敵領訏鼓之軍，事出偶然，原非率爾。閒嘗擔篷大邑，蠟屐名山。杜司徒小駒入市，飽看盤鈴；張平子載筆西京，備陳漫衍。不謂人情逐年趨變，世事閱日翻新，居然窮寇當追，乃彼去而反送。既云邪匪宜滅，何我見而轉逃？假軍壘以營財，視干戈同玩戲。因成弄譜，各綴寓詞，聊爲養寇耽愁，庶免玩兵貽悔云爾。

（其一）俳優班與武文同，竿木隨身色色工。莫把棘門當兒戲，太平天子坐雲中。俳優。

（其二）公然搖擺著衫巾，今日登場色色新。泥塑木雕嗤爾輩，一生全靠捉刀人。傀儡戲。

（其三）立板浮紗布障懸，提人全在一絲牽。如何走肉行尸者，縱有人提不肯前。提戲。

（其四）翻覆全憑兩手分，無端鉦息又鉦聞。分明奪地爭城戰，大勝連年坐食軍。影燈戲。

（其五）著緋掉戲太婆姍，前世曾居供奉官。假面靦然還自著，不知原是沐猴冠。猴戲。

（其六）擊鼓其鏜曲未終，街頭人去忽匆匆。世間多少無窮事，盡在肩頭一擔中。被單戲。

（其七）金鼓齊鳴頃刻間，誰知伎止一青鬞。投閒幸未此身老，愁聽人謌十不閒。十不閒。

（其八）吳姬越女淡娥眉，舞棒如花最解頤。慢撥輕撩俱不落，愛人尤在夾刀時。三棒鼓。

（其九）揚州明月二分時，處處能歌絳樹詞。萬狀千聲聽不盡，揚州只數郭猫兒。像聲，見說鈴。

（其十）錚錚竹板響悠揚，巴舞渝歌共激昂。聞道遼金繁盛日，六街風靜聽連廂。連廂。

（其十一）鼓環八面五銖錢，手板何如指剔圓。一曲陽春誰和得，聲聲只唱太平年。芭蕉鼓。

（其十二）銀字鐵騎雄辨社，四家金鼓競爭雄。要知今古興亡恨，只在三聲醒木中。評話。

（其十三）曾向錢塘聽琵琶，陶眞一曲日初斜。白頭瞽女臨安住，

猶解逢人唱趙家。聞書調，一名陶眞。

（其十四）翠色裙兒杏色裳，雙鬟媚阿儼紅粧。筵前一曲秋波轉，無數纏頭枉斷腸。檔曲。

（其十五）村村擊鼓並鳴鑼，王道先觀鄉飲多。要問太平眞氣象，豐年到處聽秧歌。秧歌。

（其十六）舞罷霓裳樂未央，六朝煙月又荒涼。金陵王氣今何在，花鼓徒聞說鳳陽。打花鼓。

（其十七）爆竹聲喧管動灰，六街兒輩踏歌回。手如雨點知年近，錯認巫師逐疫來。太平鼓。

（其十八）高臺仙子出凡塵，翠袖飄飄嫋娜身。誰謂嬌兒高不仆，雖嬌中有鐵撐人。臺閣，即戴竿舞。

（其十九）教得琵琶指乍調，御前供奉首唐朝。總因樂世人心樂，水調家家唱六么。六么，一作錄要。

（其二十）假面居然看似眞，三軍刺擊勇無倫。張良女貌東坡笑，不謂蘭陵亦婦人。假面。

（其二十一）撥頭納首冒熊皮，白虎蒼龍舞瑟筬。無怪漢皇求曼衍，仲尼貌取亦蒙其。即假獸頭。

（其二十二）眼鍍眞金齒帖銀，毛衣奮迅舞獅馴。來賓不納西涼伎，始信天朝有聖人。舞獅子。

（其二十三）元宵鉦鼓響如雷，爭看鰲山動地來。大雀踆踆龍蜿蜿，不知破費幾家財。鰲山。

（其二十四）鐵馬團團遊又遊，短兵相接又相投。總因一點心頭火，追逐刀兵夜不收。走馬燈。

（其二十五）絹爲鱗鬣燭爲胎，蜿蜿蝹蝹去復回。一片金鳴如地沸，果然甘雨共龍來。龍燈，即曼衍魚龍之伎。

（其二十六）昔爲燎竹今爲紙，驚得群兒笑且號。烌煤聲中神鬼遁，山村何處有山臊。爆仗。

（其二十七）人靈從古奪天靈，走線飛輪變晦冥。坐令陰晴同一色，元宵夜夜看流星。煙火。

（其二十八）競渡船頭列畫旗，揚帆擊鼓水中馳。屈原讒死何能救，總是乘舟好水嬉。撐龍船。

（其二十九）除夕能除癘疫無，敲鑼擊鼓共喧呼。邇來魑魅寒林少，又向人家打夜狐。打清醮。

（其三十）梯上都盧古所難，巴渝險伎等橦觀。讓君儘似猱升木，自笑鮎魚懶上竿。都盧戲，即緣竿伎。

（其三十一）架概長繩繫兩頭，鑼聲催動女嬌柔。翻然欲墜偏無事，多少旁人替爾愁。躧軟索，即繩伎。

（其三十二）截馬如飛勢莫當，紅裙過處土生香。金蓮穩立銀鞍上，惜玉登徒枉斷腸。跑解馬，一名走邅。

（其三十三）椀珠尤愛卓竿奇，覆雨翻雲任爾為。惟有舞盤真妙伎，傾欹終不是傾欹。耍盤，一名杯盤舞。

（其三十四）一鐔一鉢伎非難，妙手摶來似轉丸。我有金聲高瓦釜，煩君擲地試聽看。耍鐔，一名甓瓶伎。

（其三十五）元夕清明透索頻，白光輪裏挽千鈞。怪來兒輩俱爭跳，世事全輸有力人。跳白索，即拔河戲。

（其三十六）鷺戲多從大禮陳，雙枝續脛走如神。莫嗔此輩頻邀賞，先得從來捷足人。高蹻，即鷺戲。

（其三十七）就裏機關費揣摩，雲機社裏漫譏呵。區區小技還能撝，始悟生平被罔多。手撇法。

（其三十八）筋斗教成伎絕奇，漢宮武帝帳前施。憑君莫說天津事，辜負深恩是小兒。打筋斗。

（其三十九）弄過三刀又四刀，踰鋒投狹似猿猱。世間只有過刀險，幾似人心險更高。翻刀，古燕濯戲。

（其四十）脆喉豈可任刀傷，一見吞刀謂必亡。漫詫華陀能洗胃，眩人公子早無腸。吞刀。

（其四十一）莫道咸康伎必爭，蹈天履地豈生成？逆施原是途窮像，請禁婆羅舞倒行。倒行，一名擲倒伎。

（其四十二）橦隨身動伎偏奇，每墮還將一木支。巧捷便還終讓爾，不知身可定安危。蟠橦，即木橦戲。

（其四十三）蹴踘團團妙轉丸，縱橫騰踏任人看。世間樂事知多少，底事乘危博暫歡。蹴踘。

（其四十四）毬場新掃馬聯翩，唐宋當年樂事全。新法若能贏告

罷，頭籌絕勝得西川。擊毬。

（其四十五）綠雲成隊鬥秋千，上板飄飄似鳥騫。墮地寶釵人既散，綵繩空挂綠楊煙。鞦韆。

（其四十六）可是蟠桃會上來，白猿偷摘洞門開。反腰向席非貪飲，唧得金卮當壽杯。反銜，即拗腰伎。

（其四十七）拗腰帖地今猶見，舉足朝天古所無。不用手扳自加頸，問今誰個是陀奴。扳腳，即加頸伎。

（其四十八）貴賤雖分理不差，千金之子亦非夸。勸君須保髮膚體，莫把微軀受釘义。釘义，即弄槍伎。

（其四十九）玉勒回時赤汗飛，張弓射彈莫夸稀。一丸如可雄關塞，三箭天山奏凱歸。射地毬，即飛彈伎。

（其五十）漢武開邊啓外患，未央前殿動龍顏。雞蟲得失何時了，蝸角空爭兩觸蠻。角觝。

（其五十一）聞道散錢須索串，只防貫朽欲穿疑。自能剖斷仍能續，安得身如變線兒？接線，即變線兒。

（其五十二）礪吻振毛首乍低，廣場序立到初齊。大雞昂然小雞聳，不但西江兩相雞。鬥雞。

（其五十三）探喉交撲總無愁，錢滿還須以肉投。莫道人言無足信，市中果有虎來遊。虎戲。

（其五十四）馬牛支解尚符咒，瓮裏何曾著得軀。賣漿不知人在末，長房竟入小葫蘆。支解伎。

（其五十五）動雷起霧亦何元，幻術由來自古傳。笑彼胸中無點墨，也能吐出許雲煙。吐霧吸煙而成事，見《拾遺記》。

（其五十六）年年火判鐵門塑，七竅含煙石火薰。任爾膏明煎到曉，薰香終見自燒焚。火判。元旦京師鐵門泥塑判官，用石炭燒之，則七竅出火。

（其五十七）象似渾天走不休，輥燈法子至今留。老來卻喜人為煖，閑卻薰香舊被毬。輥燈，即古香毬。

（其五十八）相見持拳兩不言，撲交一輥已推翻。邇來筋力衰頹甚，難向深山禮白猿。撲交。

（其五十九）趫捷偏能旁壁行，躍身上屋瓦無聲。此人莫作尋常

看，恐是崔符最有名。打拳。

（其六十）摶土爲丸理則那，變爲側木巧如何。邇來久沐康衢化，入戶還聞擊壤歌。踢弄。

（其六十一）旗分紅黑陣成圖，鶴鸛魚麗勢不殊。收入葫蘆兵已息，將軍不用再追呼。蟻戲，一名教蟻戲。

（其六十二）官私漫向爾相嘲，無理祇聞鬧且譊。攻木撞鐘俱不似，課兒直欲倩蛙教。蛙戲。

（其六十三）善惡皆非竟孰從，世間處處有機鋒。人而可以不如鳥，鳥解先幾辨吉凶。雀牌。

（其六十四）疊作浮屠巧絕倫，靈龜本與卦通神。漸登漸進俱循序，羞煞吾儒躐等人。龜塔。

（其六十五）鼠市曾聞數衡嶽，鼠人今復出徽州。一生受害俱君輩，莫怪將軍認作讎。鼠戲。

（其六十六）合裏歌喉能中節，筒中陣腳巧銜枚。棘樊尚苦營營眾，更請君來獵一回。蠅虎戲。

（其六十七）隨意攤錢不串穿，四文一撥數釐然。嶺南記得文闈撤，醉看門生撥意錢。意錢，一名攤錢。

（其六十八）分明射覆理難諳，只判陰陽北與南。誰是旋乾轉坤手，此中奇耦定能參。麻雀寶，即撚錢也。

（其六十九）作孽當身豈但殲，羿妻尚未月奔蟾。不分鱣鯉終成恨，悔拆當年比目鰜。紙魚伎。

（其七十）伐鼓淵淵射柳林，斷青削白馬駸駸。勸君沒石須加羽，無羽何能賊就擒？射柳。

（其七十一）獨醒偏於酒興賒，醒園邀客醉山花。從來酒令如軍令，盟主登壇愼勿譁。觥律。

（其七十二）色分平仄兩盤皆，象骨雕成是韻牌。萬卷樓頭長有客，酒闌燭炧便安排。韻牌。

（其七十三）檀板笙簫技各呈，雖無其事狀分明。何人解聽無聲樂，此是先天太古聲。無聲樂。如笙、簫、鼓、板，各執一器，環立相視，無其事而有其形，先笑者罰。

（其七十四）筵上花枝照燭紅，隨拈蓮子鬥雌雄。眞空兩手君休

詫，看破乾坤總是空。藏鬮，即倩拳。

（其七十五）婚娶多來盡酒筵，每逢雜踏便踰垣。醉歸已是更三鼓，尙有鄰家拇陣喧。豁拳。

（其七十六）老年萬事不能狂，筋骨逢秋軟欲僵。今日始知年少好，爭於月下捉迷藏。捉迷藏。

（其七十七）渾沌生人自不知，一經穿鑿性全漓。泥孩不是人工巧，造化原來只小兒。泥孩兒。

（其七十八）宋朝之美鮀之佞，形體供人已絕倫。鼻吹口歌今出世，脅肩諂笑是高人。鼻吹。

（其七十九）屢舞傲傲向席前，翩翩欲倒尙盤旋。勸人飲卻無唇飲，猶自稱名喚酒仙。扳不倒，一名勸酒胡。

（其八十）戲名拋足讓京師，五體皆能代足爲。風俗帝京謠尙記，鞬兒飛處柳兒垂。踢毽子。

（其八十一）紙鳶剪就夾弓弦，喚作風箏響徹天。每遇清明風暖日，無邊鴉陣半空懸。風箏。

（其八十二）錐卓千千五寸長，亟繩打得溜光光。忽然平地聞牛盎，知是兒童掣響簧。響簧。

（其八十三）通脫肌膚綾絹身，沙聲撒撒注兜頻。但知土偶爲人弄，造物團沙早弄人。沙戲兒。

（其八十四）手談休詫河圖數，博奕猶賢論語書。喜弄堯兒猶不肖，世人何苦學丹朱！圍棋。

（其八十五）車馬紛紛各動兵，居然兩國隔河爭。棘門灞上皆兒戲，試看誰爲細柳營。象戲。

（其八十六）枉矢哨壺禮所傳，只今空作伎家專。百筹百中終無益，柏棘何如楊葉穿。投壺。

（其八十七）海沙布局探空枰，暗裏摩娑巧自呈。勝負從來吾不校，何須黑白太分明。逼棋，即宮棋。

（其八十八）中央高聳四周低，此伎由來自漢時。堪笑曹瞞好兒子，偷來天下當彈棋。彈棋。

（其八十九）夾馬雖非古法遺，仍然尉衛四圍棋。兒童小戲卻非妄，理貫支干十二時。夾馬棋，即古四圍棋。

（其九十）每逢格五即逾溝，遲速誰爭第一籌。休道蹙戎爲末技，先登賊壘是良謀。格五，即五馬棋。一名蹙戎戲。

（其九十一）小戲由來出牧童，形如乂字四邊通。早知有井難踰越，子莫輸他穩執中。褲當棋。

（其九十二）博齒觚稜二十一，與今投子大相非。就中四子偏傲倖，一擲君王便賜緋。投子。

（其九十三）樗蒲雖異簺皆同，五子皆雕彩色工。一喝成盧齊喝采，終推劉裕是英雄。五木亦。

（其九十四）猢猻布袋古挪揄，各認駕班謹步趨。連得美名皆不振，一生正似選官圖。陞官圖。

（其九十五）何曾丹汞啓金函，各欲乘鸞逐呂巖。睹到蓬萊先撫掌，不知樵採未離凡。選山圖。

（其九十六）契丹雙陸紫檀盤，握槊長行總近彈。各把沉香來鬥壘，撩零空展畫圖觀。雙陸。

（其九十七）賞罰嚴明非等閒，易安詞好不須刪。何方望道飛龍苑，運厄難過函谷關。打馬戲。

（其九十八）豬窩撰本自朱河，採得除紅變法多。堪笑廉夫老詩伯，無聊作譜自消磨。除紅譜，即骨牌。

（其九十九）格葉由來始自遼，崑山看虎盛前朝。宮中尚與群臣戲，何怪人間遍喝梟。鬥虎。

（其一百）葉子初傳葉茂蓮，龍猶始著十三篇。不知闈獻讖何起，弔馬方傳《燕子箋》。馬掉，一作馬弔腳，有譜。（《童山集》詩集卷三十八，中華書局 1985 年版，第 519～526 頁）

## 【得趙雲松前輩書寄懷四首（之二）】

憶昔青雲附驥塵，君方及第戶盈賓。時君初捷辛巳探花。時晴齋每招遊侍，齋爲汪文端公太老師故居，其額尚存。聽雨樓同看劇頻。樓爲畢秋帆前輩在京譔客之所。椿樹醉歸三巷月，綠楊斜對兩家春。癸闈猶記房車過，親報余登第二人。癸未禮闈適君分校，出闈尚未至家，即先過我，報余中第二，故得捷音尤早，至今尚感云。（《童山集》詩集卷四十二，中華書局 1985 年版，第 566～567 頁）

# 茹綸常

茹綸常（1734～？），字文靜，號容齋，一號篡蠶山樵，介休（今屬山西）人。監生。容齋詩溫厚眞摯，不主一體，自漢魏三唐迄宋金元明，無不供其驅使。皆挹其醇而去其疵，得其神遺其貌，以自成一家之言。著有《容齋詩集》。見《晚晴簃詩匯》卷九八。

## 【孫默菴比部席上贈歌兒】

小部新聲第一家，雛鶯嬌囀燕輕斜。只今識得櫻桃鄭，懶問長安路畔花。（《容齋詩集》卷二都門集，清乾隆三十五年刻乾隆五十二年嘉慶四年十三年增修本）

## 【國朝諸名家逸事雜詩（之二十三）】

燕臺七子仰齊鑣，名儷南施固自超。早是此中多壘塊，又傳新劇《祭皋陶》。荔裳。（《容齋詩集》卷二都門集，清乾隆三十五年刻乾隆五十二年嘉慶四年十三年增修本）

## 【題桃花扇傳奇十首】

（其一）馬、阮當場傀儡同，蟲沙四鎮總成空。可憐南渡傷心史，都入雲亭樂府中。

（其二）江左繁華事不堪，空將跋扈恨寧南。笑他漢水樓船戰，未及《春燈》舞宴酣。

（其三）壯悔還從氍毹成，梁園公子最知名。風懷不減樊川杜，一首新詩解定情。

（其四）前身應是李師師，贏得芳名擅一時。莫道卻奩多俠骨，何曾眼底有閹兒。

（其五）時名貞麗亦清芬，展轉摧殘對老軍。獨有桃花人面在，春風歲歲弔香君。

（其六）東林復社局消殘，板蕩維持一著難。太息江濱史閣部，梅花嶺畔葬衣冠。

（其七）一片青溪重有情，紅牙紫玉按歌聲。而今金粉飄零盡，浪蕩空傳楚兩生。

（其八）青樓寇鄭摠芳菲，傳點還聞出禁闈。試看揚塵東海日，輸他卞賽學元機。

（其九）華表歸來鶴姓丁，興亡往事付諸伶。滄桑聽盡漁樵話，不是愁人亦淚零。

（其十）絕調寧同《燕子箋》，重開壇坫繼臨川。休言情種關兒女，可作南朝野史傳。（《容齋詩集》卷三釁桐集，清乾隆三十五年刻乾隆五十二年嘉慶四年十三年增修本）

## 【元夕李曉園席上觀劇漫成】

（其一）萬點星毬夜未澄，徵歌剛喜及燒燈。半人自笑頹唐甚，意氣從教讓五陵。

（其二）海嶠徒聞駕六鰲，當筵生澀試檀槽。春宵一曲憑誰顧？座上周郎已二毛。

（其三）璧月珠燈共一堂，六街煙火正匆忙。何須角觝魚龍技，已是人間百戲場。

（其四）金鎖層城徹夜開，紅牙檀板盡徘徊。輸他紫陌鈿車好，夾道行歌聽落梅。

（其五）幾番料峭任東風，六曲屏圍絳蠟紅。莫打花奴十棒鼓，衣香人語正匆匆。

（其六）閒愁觸忤聽吳歈，懶逐遊人過九衢。記得帝城春正好，紅靴十隊舞氍毹。漁洋句。（《容齋詩集》卷十一昨非集，清乾隆三十五年刻乾隆五十二年嘉慶四年十三年增修本）

## 【題彌勒笑傳奇】江南張漱石原本名《夢中緣》，寸田改爲北曲，命今名。

一笑黃粱夢境語，祇應彌勒可同龕。移宮換徵渾閒事，好向聲聞斷處參。（《容齋詩集》卷十九獨吟集，清乾隆三十五年刻乾隆五十二年嘉慶四年十三年增修本）

## 【己酉長至雪中讓庭明府招飲聽歌即事感懷漫成六首其末章則專贈汪少君兩令嗣也】

（其一）吹葭令節又相催，一曲清歌酒一杯。恰喜當筵飄白雪，謝庭柳絮漢宮梅。

（其二）老廝歡場本不宜，風懷綺歲苦難追。何圖酒綠燈紅夜，竟似旗亭畫壁時。

（其三）銀甲鷗絃酒半醒，憑誰曲誤顧諸伶。白頭莫笑頹唐甚，曾

向周郎座上聽。舊曾於孫默菴觀察座中題詩贈歌兒，有「只今識得櫻桃鄭」之句。

（其四）錯認櫻桃舊日身，鬖絲羞對歲華新。枚生鄒老風流盡，誰是梁園作賦人。舊與田夫、西郊有《詠雪》，用歐、蘇禁體語韻諸作。

（其五）遮莫臨風喚奈何，輸他擁鼻唱迴波。侯君壽愷最喜度曲，故戲及之。更教起舞爲君壽，聽我徐卿二子歌。

（其六）照乘雙珠四座傾，芝蘭爭羨玉階生。他年才調多郎似，好聽丹山雛鳳聲。（《容齋詩集》卷二十一偶存集，清乾隆三十五年刻乾隆五十二年嘉慶四年十三年增修本）

## 【題蔣苔生太史傳奇六首】

（其一）四載南冠頸血新，淋漓大筆爲傳神。司農笏與常山舌，更羨同時有兩人。謂傅忠毅公也。

（其二）月黑烏金慘碧燐，一門氣節仰嶙峋。裙釵且有捐軀志，廝養都爲死義人。

（其三）記取滄桑劫後身，死生大節並能伸。應憐一事公差慰，不少西臺慟哭人。

（其四）正氣歌成泣鬼神，閨中更得墨花新。他年列女憑誰傳，好載清心玉暎人。《桂林霜》。

（其五）捐生樵舍事依稀，古墓何從問是非。僥倖韓陵一片石，夕陽江上弔嫠妃。《一片石》。

（其六）豚柵雞栖一掃空，重將碑碣護幽宮。表貞卻喜多同調，不獨鉛山太史公。《第二碑》。（《容齋詩集》卷二十四可閒老人集，清乾隆三十五年刻乾隆五十二年嘉慶四年十三年增修本）

## 【邇來時髦多耽歌曲檀拍甌絃予固羨之而抑有感焉爰賦四首不必寄視諸子也】

（其一）梨園往事問霓裳，北曲年來笑弋陽。僥倖詞人王實甫，《西廂》傳唱遍村坊。

（其二）漫言傀儡並登場，竿木隨身亦自忙。卻怪英雄李亞子，也同優孟舞郎當。

（其三）《四聲猿》暨《綰春園》，又有南朝《燕子箋》。讓與《還魂》稱獨步，高名一代屬臨川。

（其四）《桃花扇》本喜傳看，聲律吳歈苦未嫻。多事稗畦新樂府，誤他年少趙飴山。（《容齋詩集》卷二十七漫叟剩稿，清乾隆三十五年刻乾隆五十二年嘉慶四年十三年增修本）

# 沈　初

沈初（1735～1799），字景初，號萃岩，別號雲椒。浙江平湖（今屬浙江）人。乾隆壬午（二十七年，1762）召試授内閣中書，癸未（二十八年，1763）進士及第第二人。初五歲即能辨四聲，稍長研究諸經，旁通子史，詩文沿波討源，爲諸前輩推服。通籍後命直内廷，庚歌矢音，殆無虛日。由侍講學士詹事洊擢禮部、兵部侍郎，充會試副總裁官。視學福建、順天、江蘇、江西諸大省，所拔皆績學士。每奉諭旨，以好學政目之。進左都御史，尋授兵部尚書，調吏部，又調户部，仍權吏部，主順天鄉試。遭遇之隆，數十年如一日。入贊樞務，精白一心，不立異，亦不苟同。卒謐文恪。其工詩古文詞，江南文士宗之。著有《蘭韻堂詩文集》。見《揚州畫舫錄》卷一〇、《兩浙輶軒錄》卷三一、《湖海詩傳》卷二八、《清史稿》卷三五一、《晚晴簃詩匯》卷九二等。

## 【柏心有桃花扇傳奇題詞六首偶和之】

（其一）拍板門槌又一宗，才人吐屬致玲瓏。千秋燕子樓頭月，合配桃花扇底風。

（其二）譜來旖旎妙風姿，舞袖歌喉宛見之。一事便高圓老作，不令臣鐸寫烏絲。

（其三）王氣江山剩一年，小朝廷有柱擎天。至今冰雪封遺蛻，香自梅花嶺外傳。

（其四）墨妙雲間可抗行，只緣瑣瑣累清名。成蠅成牿皆遊戲，又看桃花便面生。

（其五）託病遷延爲斷腸，用《吳梅村集》詩序中語。曲中行徑亦堪傷。青裙白髮關何事，粉墨偏加鄭妥孃。

（其六）不學元人面目來，臨川以後此風裁。昔年曾覽東堂集，始信名家有別才。（《蘭韻堂詩文集》詩集卷十西曹後集，清乾隆刻本）

# 劉秉恬

劉秉恬（1735～1800），字德引，號竹軒，山西洪洞人。乾隆二十一年（1756）

舉人，官至兵部侍郎，有《公餘集》、《竹軒詩稿》等。見《湖海詩傳》卷二〇、《清史稿》卷三三二、《晚晴簃詩匯》卷八四等。

## 【觀劇】

一班新子弟，扮作古時人。苦樂無終日，衰榮只一身。形容空想像，笑語若精神。道是當年事，傳來恐未眞。（《竹軒詩稿》有竹軒分牋，清乾隆五十一年刻本）

## 【偕費方伯暨廉使觀察諸君集方崖制府署議讞案議定歸方伯處創稿維時方崖制府邀諸同人習射並設筵演劇洽歡即席賦以誌事】

公餘勤射事，雅座聽清歌。曲奏聲惟協，杯傳飲覺多。主情能若此，客意待如何？舉筆休遍縱，絲毫按律科。（《公餘集》卷一，清乾隆五十年刻本）

# 朱孝純

朱孝純（1735～1801），字子穎，號海愚，一號思堂，漢軍正紅旗人。乾隆壬午（二十七年，1762）舉人，授四川簡縣知縣，遷敘永廳同知，擢山東泰安府知府，官至兩淮鹽運使。子穎承家學，能畫，尤長於孤松、怪石。擅逸氣，鬚髯不多，有兩莖緣脣而下，長二尺許，風吹飄然，撚之頗自憙也。作令四川，獨遊峨眉，經旬乃返。後以迴避當量移他省，時大兵方討金川，子穎單騎赴營觀戰鬥，久之而去，其倜儻奇偉如此。愛友朋，凡知名士如姚郎中姬傳、王太守夢樓，皆所最契者。晚爲揚州鹽運使，方欲招致大江南北諸賢爲文酒之會，而遽以風痺解職。姬傳謂其「不可一世之氣，勃然動於紙上」，夢樓謂其「豪宕感激之意，屢見於詩」。其詩才力雄放，以「一水漲喧人語外，萬山青到馬蹄前」句得名，時人咸推服之。著有《海愚詩鈔》。見《八旗詩話》、《揚州畫舫錄》卷三、《國朝先正事略》卷四三、《湖海詩傳》卷二七、《國朝詩人徵略》卷三八、《晚晴簃詩匯》卷九〇等。

## 【雨中宿二脊灘卻寄李官二明府二公次日有賞荷觀劇之約】

風越危灘猛雨多，昨宵佳約竟如何。功名大負杯中酒，予止酒半載。花月遙憐扇底歌。偶借嶮巇資識量，聊因憂患葆天和。當筵倘問驚波夢，十萬靈鼉枕下過。（《海愚詩鈔》卷七，清乾隆刻本）

## 【德靜亭司馬席上感賦】

五載風颸歲月遒，雪泥留印記江州。尊前刺史匆匆老，白盡梨園

子弟頭。（《海愚詩鈔》卷十一，清乾隆刻本）

## 【觀演邯鄲夢偶然戲作】

為誰歡喜為誰嗔，一枕黃粱認未眞。不是神仙相接引，桃花掃盡
亦癡人。（《海愚詩鈔》卷十一，清乾隆刻本）

## 【答國拙齋方伯五首（之四）】

聲價風流往事過，不才較愧昔賢多。梨園菊部匆匆夜，小試秋香
扇底歌。方伯爲子演吳歈，述唐寅故事。顧謂座客曰：「名士聲價重一時也。」
（《海愚詩鈔》卷十二，清乾隆刻本）

# 沈叔埏

沈叔埏（1736～1803），字劍舟，一字埴爲，號雙湖，一號帶湖，浙江嘉興
人。乾隆丁未（五十二年，1787）進士，官吏部主事。少負異秉，讀書數行俱下。
博涉彊記，爲文辭，筆不停輟。錢文端一見器異，呼爲「小友」。歸田後鍵戶讀
書，足不入公府。鄉黨言質行者，必歸叔埏。會朝廷屢舉特科，復詔求遺書於天
下，東南故家奇文僻籍，往往間出。先生多從甄錄，或勾借手鈔，寒暑不輟。儲
藏之富，幾與曝書亭、八萬卷相垺。著有《頤綵堂詩鈔》十卷、《頤綵堂文鈔》
十六卷等。見《衍石齋記事槀》續稿卷五、《清續文獻通考》卷二七七、《晚晴簃
詩匯》卷一〇五等。

## 【暮春宿精嚴寺石塔房口占】

寺黯金沙一徑紆，僧寮文酒足清娛。更無梵唄流虛座，誰遣嬌絃
送隔㠀。時有梨園弟子寓其中。竟日簷端聽啄木，寺多啄木鳥。餘春花外
喚提壺。南還咫尺留鴻爪，信宿桑陰自笑愚。（《頤綵堂詩鈔》卷三，清道
光二十八年沈維鐈刻本）

# 黃文暘

黃文暘（1736～？），字秋平，號時若，又號煥亭，甘泉（今江蘇揚州）人。
貢生。少負才名，工詩古文詞，所爲詩綽有風調，絕句尤佳。妻號淨因，亦工詩
畫，因極唱隨之樂。子金，號小秋，詩能繼美。《懊惱曲》云：「春草碧如玉，郎
行車轆轆。恨妾不如草，隨郎馬前綠」；又《渡桐江》云：「天水渾相涵，中有青
山影」，皆不減古人。文暘著有《掃垢山房詩鈔》、《魯遊詩草》、《吳越遊草》、《通
史發凡》、《闕里金石志》等，另編有《曲海總目》。見《揚州畫舫錄》卷九、《淮

海英靈續集》庚集卷三、《晚晴簃詩匯》卷一一一等。

### 【余伯符重過揚州感賦四律並哭令弟少雲（之二）】

柴門終日對青天，貧賤年來漸自然。方志何堪分史席，<small>時予與邵二雲先生有邑乘之役。</small>吳歈只合供歌筵。<small>予年來受鹺使之聘，校改元明及國朝各雜劇、傳奇進呈。</small>故人恍惚成新識，前劫依稀記舊緣。太息生平良會少，萍蹤過眼等雲煙。（《埽垢山房詩鈔》卷三，清嘉慶七年孔憲增刻本）

### 【舊絃曲】

（其一）舊絃聲和聽已熟，新絃聲高調易促。冰絲換上移金雁，卻教舊伎彈新曲。

（其二）美人見絃心自憐，暗向堂隅覓舊絃。舊絃覓得藏羅袽，攜上空床伴獨眠。（《埽垢山房詩鈔》卷十二，清嘉慶七年孔憲增刻本）

# 謝啓昆

謝啓昆（1737～1802），字蘊山，號蘇潭，江西南康（今星子縣）人。乾隆二十六年（1761）進士，朝考第一，選庶吉士，授編修。典河南鄉試，分校禮闈，均得士。三十七年出爲江蘇鎮江知府，調揚州，扶養士氣，主持風雅者數年。明於吏事，所持堅正，上官異意不爲奪。治東臺徐述夔詩詞案遲緩，褫職，戍軍臺。尋捐復原官，留江南。父憂奪情，署安徽寧國知府，復遭母憂。服闋，稱病久不出。五十五年特擢江南河庫道，遷浙江按察使。六十年遷山西布政使，州縣倉庫積虧八十餘萬，不一歲悉補完。高宗異其才，以浙江財賦地虧尤多，特調任。歷三歲，亦彌補十之五。蘊山文章經術，爲一時宗仰。著有《西魏書》二十四卷、《小學考》五十卷、《粵西金石略》十六卷、《樹經堂詩集》十五卷、《續集》一卷、《詠史詩》八卷、《文集》四卷等。見《揚州畫舫錄》卷一、《湖海詩傳》卷二二、《國朝詩人徵略》卷三七、《清史稿》卷三五九、《晚晴簃詩匯》卷九〇等。

### 【署齋邀陳松山先生偕同人看芍藥】

度曲聲<small>座有歌者</small>同羯鼓催，當階錦蒂逐風開。頻年例作邀頭宴，十日連傾婪尾杯。<small>數日前與同人賞牡丹。</small>花號將離偏婀娜，春知小別故遲回。<small>余與先生俱有都門之行。</small>豐宜門外豐臺路，紫馬香塵夢裏來。（《樹經堂詩初集》卷八補梅軒草下，清嘉慶刻本）

## 【論明詩絕句九十六首（之二十四）】

元代傳奇數四家，盲翁負鼓唱琵琶。詩名半爲塡詞掩，紅燭輝交並蒂花。高明。（《樹經堂詩續集》卷七清風堂草中，清嘉慶刻本）

## 【論明詩絕句九十六首（之八十四）】

腔變弋陽傳海內，絃彈《白苧》舞《楊枝》。吳兒艷雪胥江上，齊唱梁郎幼婦詞。梁辰魚。（《樹經堂詩續集》卷七清風堂草中，清嘉慶刻本）

## 【論明詩絕句九十六首（之八十七）】

艷曲閒情唱小伶，俞孃腸斷《牡丹亭》。廿年投劾詩三變，視世茫茫一夢醒。先生有四大夢傳奇。湯顯祖。（《樹經堂詩續集》卷七清風堂草中，清嘉慶刻本）

# 石卓槐

石卓槐（1738～1780），字檉山，號芥圃，湖北黃梅人，監生。著有《芥圃詩鈔》、《留劍山莊初稿》等。《芥圃詩鈔》案，是乾隆時期著名的文字獄。見《清代文字獄檔》。

## 【雨淋鈴】

（其一）梨園子弟半凋殘，南內何人解笑顏。譜得淋鈴新樂府，御溝流水到人間。

（其二）巴雲隴樹接青冥，當日上皇此地經。劍閣西風斜棧路，斷腸一曲《雨淋鈴》。（《留劍山莊初稿》卷三「樂府」，清乾隆四十年石卓椿刻本）

## 【題桃花扇】

（其一）北固山頭夜控弦，君臣情性奈纏綿。將軍血戰梅花嶺，司馬清翻《燕子箋》。白馬青絲空有恨，翠眉紅頰已無緣。唯餘三尺衣冠塚，撐起留都半壁天。

（其二）水榭秦淮久逝波，鶯花不忍問如何。彈詞柳老風流遠，說劍蘇生感慨多。古戍殘更傳鐵甕，故宮荒草臥銅駝。莫愁湖上逢寒食，愁聽鶯啼笑翠蛾。（《留劍山莊初稿》卷十六「七言律」，清乾隆四十年石卓椿刻本）

## 【桃花扇題詞】

（其一）綠水秦淮翠黛顰，莫愁湖上梗蓬身。千金一諾侯公子，腸斷桃花扇底人。

（其二）瓜步江空望戰場，可憐萬事總倉皇。君王只愛《霓裳曲》，《燕子》、《春燈》召阮郎。

（其三）降帆又出石城西，烽火連天照鼓鼙。三百年來忠義絕，梅花嶺畔杜鵑啼。

（其四）武昌城下柳毿毿，掩映樓船戰欲酣。當日潯陽江上火，何人論定左寧南。（《留劍山莊初稿》卷二十二「七言絕」，清乾隆四十年石卓椿刻本）

## 【再跋桃花扇後】

（其一）江山半壁尚堪支，斷送都官小部詞。更笑東林諸子弟，秦淮燈火此何時。

（其二）南部煙花總斷腸，板橋衰草弔斜陽。君王不顧傾城色，零落人家李媚香。

（其三）誤盡平生是此名，風流學士語何輕。可憐一代文章伯，不及江湖楚兩生。

（其四）西風吹斷秣陵潮，板子磯頭浪未消。百二山河成廢壘，都將閒話付漁樵。（《留劍山莊初稿》卷二十二「七言絕」，清乾隆四十年石卓椿刻本）

## 【長生殿題詞】

（其一）瓊臺玉宇淨無痕，月殿清歌感至尊。演得《霓裳》新入破，楊家姊妹並承恩。

（其二）夜半天高碧海清，月明秋樹照空庭。何人共立《長生殿》，看取牽牛織女星。明皇與楊貴妃共立《長生殿》，誓願生生世世爲其夫婦。

（其三）鮫綃襁褓洗兒春，詔賜金錢笑語眞。不信漁陽鼙鼓起，當年就是赤心人。明皇呼祿山爲赤心兒。

（其四）馬嵬驛下暮雲橫，棧道淒涼宿草生。寒食東風啼杜宇，亂山孤塚夕陽明。馬嵬兵變，貴妃自縊，尸葬駰旁，至今尚存。（《留劍山莊初稿》卷二十二「七言絕」，清乾隆四十年石卓椿刻本）

## 【再跋長生殿後】

（其一）梨花驛路委凋殘，千古傷心血淚斑。鈿盒金釵誰記取，獨留羅襪在人間。

（其二）西風吹夢總迢遙，南內何人慰寂寥。欲譜《淋鈴》新樂府，《長生殿》外雨瀟瀟。

（其三）海外瓊樓事渺茫，洪都傳語最凄涼。傷心不及閒鸚鵡，猶得人間問上皇。

（其四）海青黑賊至今傳，賀老琵琶最可憐。更有落花寒食路，江南腸斷李龜年。（《留劍山莊初稿》卷二十二「七言絕」，清乾隆四十年石卓椿刻本）

## 【巡水湖雜詩（之四）】

江郎打槳許郎歌，孃孃清喉唱奈何。今日天涯消息斷，一般零落豈惟他？有江茅、許荷者，婉轉善歌。冶服登場，當筵唱曲，觀者莫不消魂。（《留劍山莊初稿》卷二十三「七言絕」，清乾隆四十年石卓椿刻本）

# 高　鶚

高鶚（1738？～1815？），字蘭墅，漢軍鑲黃旗人。世居鐵嶺。乾隆六十年（1795）進士，官內閣侍讀。著有《蘭墅詩鈔》、《蘭墅文存》、《硯香詞》等。見《船山詩草》卷一六、《清秘述聞續》卷一三、《清史稿》卷四八五等。

## 【觀劇】

秋水雙瞳欲剪波，卅年春夢未全訛。非關酒興都消減，憶著何戡舊日歌。（尚達翔編注：《高鶚詩詞箋注》，中州書畫社 1983 年版，第 78 頁）

## 【百字令·潘左卿席上小伶】

玳筵開也，看登場小玉，盈盈妝面。一種風姿天付與，不在翠翹珊釧。嬌咽鶯啼，慢聲蟬咽，竹與絲爭顫。餘音猶嫋，□□一唱三歎。

別有密意難通，聲偷字減、□惹周郎盼。卻笑西堂愁眇眇，辜負橫波流曼。待與端相，挑燈撥月，又酒闌人散。料伊歸去、□應知我腸斷。尤西堂觀劇詞云：自笑周郎眇眇。句注：余短視故云。僕亦短視，兩步外不睹也，故戲用西堂句。（尚達翔編注：《高鶚詩詞箋注》，中州書畫社 1983 年版，第 125～126 頁）

# 錢維喬

　　錢維喬（1739～1806），字樹參，號竹初，維城弟。武進（今屬江蘇）人。乾隆二十七年（1762）舉人，官鄞縣知縣。早歲即工翰墨，爲兄代作已咄咄逼眞。後筆尤蒼厚，山水茂密不繁，作家士氣兼備。著有《竹初未定稿》。所撰傳奇三種，合稱《竹初樂府三種》。《鸚鵡媒》、《乞食圖》尚存，《碧落緣》已佚。見《湖海詩傳》卷二七、《晚晴簃詩匯》卷九〇等。

## 【題蓉裳羅襦樂府】

　　（其一）一曲東南孔雀飛，秋風吹淚華山畿。借君五色江郎管，染作花開緩緩歸。

　　（其二）新調吟風播洛城，君大阮笠湖曾製《吟風閣雜劇》，深得元人旨趣。又從羯末見清聲。紅牙一任敲殘月，柳俊辛豪各擅名。

　　（其三）銜山精衛奈愁何，憑仗鷗絃補恨多。我亦金壺空蘸墨，茫茫碧落臏商歌。予所填《碧落緣》一種，係悼亡之作。

　　（其四）詞人近代推洪、孔，昉思、東塘。今日吾鄉有豔才。安得段師新撥手，杏梁塵外數聲來。（《竹初詩文鈔》詩鈔卷八，清嘉慶刻本）

## 【偕蔣榕菴侍御袁簡齋平瑤海兩太史成成山司馬暨家嶼沙方伯遊湖上小憩淨慈方丈觀琰上人自畫小像遺卷分題五古一首】

　　明湖清且漣，可洗俗吏俗。況陪諸名公，越酒載數斛。五月炎風蒸，如漿汗單縠。出城見山水，一豁矇眯目。古貌四五輩，俱副是腰腹。談往兼及今，霏霏散珠玉。頗聞簪裾流，遊宴紅粉簇。時有女樂從吳門來，或招予湖濱曲宴，未赴也。亮無安石姿，亦寡秦青曲。清暉在林岫，未必愛繁縟。何如此良會，屏盡絲與竹。精藍晤惠遠，戒行具白足。茶瓜歆嘉賓，賡詩妙閑熟。寺僧佛裔以和簡齋詩出示。琰師所遺畫，我見已累幅。手自摹瞿曇，心能發薝蔔。才人本謫仙，何假禮乾竺。唯其脫塵鞅，不異返初服。年來漸割捨，周妻及何肉。乃羈斥鸚棲，尚類羝羊觸。強顏酢杯斝，雖眾不如獨。茲遊群彥齊，後期恐難續。斜陽墮諸峰，但覺長日促。歸來聽街鼓，依舊一燈綠。（《竹初詩文鈔》詩鈔卷十二，清嘉慶刻本）

## 【題汪七傳舟小像（之一）】

　　華屋山邱總愴神，披圖今復見斯人。千金也自教歌舞，一到斜陽

化作塵。汪君，予妻兄也。曩有梨園一部，頗擅名里中。(《竹初詩文鈔》詩鈔卷十四，清嘉慶刻本)

## 【舊藏素心玉鈙蘭皆為春寒所敗僅存次者二盎花時移置案旁詩以慰之（之一）】

夕露晨風護惜長，差留弱幹點秋光。當門已悵無嘉種，入室猶容得古香。綺席幾家羅鄭衛，近鄰有張筵集女伶甚□熱。荒齋一縷託瀟湘。唯應少許能醫俗，不羨花叢富貴王。(《竹初詩文鈔》詩鈔卷十六，清嘉慶刻本)

# 錢孟鈿

錢孟鈿（1739～1806），字冠之，號浣青，武進（今屬江蘇）人。錢維城女，崔龍見室。素以詩名，士大夫多推稱之，尤爲錢璵沙、袁子才二公所許。錢題詩云：「尚書朝罷袖煙清，侍硯朝朝立小楹。笑取生花一管筆，傳將嬌女作門生。」「西溪瘦立影橫斜，重傍踈枝小住家。郎種甘棠兒視草，修來福命勝梅花。」袁題詩云：「尺五眞疑戴皂紗，風裁不似女兒家。也曰氣得江山助，著遍秦關蜀嶺花。」「已隨夫婿綰銀黃，更見佳兒步玉堂。天爲佳人破常例，清才濃福兩無妨。」著有《浣青詩草》、《鳴秋合籟集》等。見《梧門詩話》卷一二、《名媛詩話》卷三等。

## 【題竹初叔父碧落緣樂府】

爲向蓬萊覓賽修，帳中神語總悠悠。空山獨鶴唳清影，別樹寒鳥啼素秋。月照鴛機他日夢，雨淋湘瑟故人愁。天邊莫奏離鸞曲，碧海情多亦淚流。(《浣青詩草》卷二，胡曉明、彭國忠主編：《江南女性別集初編》上冊，黃山書社2008年版，第259頁)

## 【題乞食圖樂府】

（其一）嶔崎風骨出塵姿，卻笑劉伶玩世時。落落堝間小天地，可憐青睞在蛾眉。

（其二）畫圖春色恨明妃，一曲《伊州》淚滿衣。月落劍池遠鐘曉，玉樓夢覺思依依。

（其三）地下埋憂玉骨寒，青陵台畔草漫漫。文章信有回天力，便作空花如是觀。

（其四）美人香草寄情多，又向人天感奈何。彩筆淡描眉黛翠，肯將簪紱換煙蘿。

　　（其五）才士由來多薄命，美人自古惜泥沙。卻將千劫殘灰色，
染出優曇一樹花。

　　（其六）慢拍紅牙補恨詞，醍醐灑遍白楊枝。天驚石裂飛花雨，
聽到生公說法時。

　　（其七）東山絲竹散秋煙，夢雨湘靈五十弦。自有韓陵石解語，
一時爭唱柳屯田。

　　（其八）楊花吹遍大堤頭，唱徹伊涼淚自流。慚愧阿咸能顧曲，
春風可似謝家樓。（《浣青詩草》卷八，胡曉明、彭國忠主編：《江南女性別集
初編》上冊，黃山書社 2008 年版，第 353～354 頁）

## 周利親

　　周利親，字析孫，號幼圃，海寧（今屬浙江）人，諸生。利親弱冠入州學，
以經解受知於學使南昌彭公。丙午下第，鬱鬱得心疾。越數年，天卒。病中盡焚
所作，詩文無一存者，僅餘題畫詩二首。圖爲陳氏所藏，後歸徐氏。著有《雪林
外紀》三卷、《陶詩注》二卷等。見《兩浙輶軒錄》卷三八、《（民國）杭州府志》
卷八九、卷九五等。

### 【題清明上河圖二首（之二）】

　　　　妙繪難從東武尋，流傳摹本重兼金。誰知藝事存規諫，下降仙卿
記姓林。相傳摹本互有詳略，以演丑驢雜劇者爲佳，譏靈素也。（清・阮元輯：
《兩浙輶軒錄》卷三十八，清嘉慶刻本）

## 龔大萬

　　龔大萬，字體六，號荻浦，武陵人。乾隆辛卯（三十六年，1771）進士，改
庶吉士，授檢討，充武英殿三通國史館纂修，與試廣西，旋罷職。純廟東巡，召
試行在，授中書，補內閣典籍，以年已六十，假歸不復出。檢討少孤，家貧力學，
矜尚氣節。初充乙酉拔貢，官永順訓導，即有盛名。暨入翰林，浮沈玉署二十年，
未展所蓄，人咸惜之。所著書多散佚，僅存《賜扇樓草》、《再遊粵西草》二卷。
見《（光緒）湖南通志》卷一九二、《晚晴簃詩匯》卷九四等。

### 【和吳建軒同年有引】都下好事者作《燕蘭小譜》，吾友新化吳建軒思樹極菲
　　薄之，嘗爲詩有「靡調忽開無故事，一時囉嗊和巴人」及「箏阮無端催呬急，
　　不宜默點太平風」之句，作此和之。

（其一）心力空將百歲期，春風滿眼綠楊絲。縱然秋壑工詞曲，贏得西湖草樹悲。

（其二）隔水芙蕖面面嬌，國香誰許試輕描。可堪剖分三分月，卻對紅鐙聽玉簫。

（其三）九陌春花旖旎中，瀟湘才子賦偏工。要知麗則關名教，香草何妨續楚風。（清・鄧顯鶴輯：《沅湘耆舊集》卷一百六，清道光二十三年鄧氏南邨艸堂刻本）

## 潘奕雋

潘奕雋（1740～1830），字守愚，號榕皋、水雲漫士，晚號三松老人，江蘇吳縣人。乾隆己丑（三十四年，1769）進士，授内閣中書。丙午典試貴州，旋陞户部貴州司主事，假歸不復出。嗜吟詠，尤擅書法，自少至老，日習數百字以爲常。歸田後名日益高，求者得片紙輒藏弆之。論詩原本風雅，得於性靈爲多。著有《説文解字通正》十四卷、《三松堂詩集》二十卷、《文集》四卷、《續集》六卷等。見《湖海詩傳》卷三一、《（同治）蘇州府志》卷八三等。

### 【坳堂觀察招飲觀劇即席口占】

（其一）此心出處貴堅持，只怕魔多見佛遲。高坐蓮臺群焰息，當筵隱語耐深思。演《西遊記》火焰山收服紅孩兒事。

（其二）濟公遺事類顛憃，靈隱山門對浙江。會得禪家堅定意，虎威狐媚一齊降。演濟顛僧伏虎醒妓事。（《三松堂集》詩集卷八，清嘉慶刻本）

### 【題徐榆村鏡光緣傳奇】

（其一）碧柳深藏小玉家，桃花鄔畔夕陽斜。傷心鸚鵡空傳語，那得當年古押衙。

（其二）一曲琵琶聽未終，天荒地老恨無窮。征車迢遞關山遠，尺素驚傳塞北鴻。

（其三）殘編零墨裹重重，想見妝臺手自封。他日搜神餘韻在，不知誰復弔昭容。

（其四）樂昌安得鏡重圓，聽罷新聲淚泫然。香土一坏秋草滿，至今風雨怨啼鵑。（《三松堂集》詩集卷十一，清嘉慶刻本）

## 【五月廿五日雨中重過山塘聽歌客曰是葉廣平派也回思庚戌八月夢樓太守招飲經訓堂聽葉廣平諸君度曲時蓋十有四年矣感念今昔慨焉成詠】

屈指清遊未浹旬，柳陰垂幬覆雲津。徵歌已許重移櫂，蠟屐何妨更墊巾。白社我尋塵外侶，黃粱誰認夢中身？是日唱《邯鄲夢》。納書快雨都陳跡，振觸新聲憶故人。葉有《納書楹曲譜》。快雨堂，夢樓書室也。（《三松堂集》詩集卷十六，清嘉慶刻本）

## 【題葉懷庭遺照】

（其一）直將心事付枯桐，消盡清愁是九宮。博帶深衣巖壑裏，風流何似紫霞翁。懷庭所著《納楹樓曲譜》，一時度曲者奉為圭臬。換徵移宮響遏雲，桂庭涼月白紛紛。蔡邕仙去桓譚老，清梵魚山不可聞。庚戌八月，夢樓招飲經訓堂，聽懷庭度曲。今懷庭與夢樓俱謝世，故云。

（其二）紅藥才名海內馳，傷心鵬集日斜時。裁雲鏤月原家學，未得和聲佐后夔。悼哲嗣中翰君也。

（其三）手澤珍藏有後賢，清門文采自翩翩。斜川宛似東坡老，水調重翻萬口傳。哲嗣羽和深明律呂，承示新詞，俊逸有宋人風味。

（其四）四上誰為賦《大招》，虛堂蕭瑟展生綃。何能喚起鄱陽叟，譜我新詞入洞簫。自元人製曲，詩餘久不播絃管矣。余得白石老仙詞譜，以問國工，無有能解者。今之言詞者，動謂《大晟樂譜》失傳，時譜工尺不合於古，不知《楚詞‧大招》已有四上競氣字，則唐宋以來諒亦同此。雖有異名實無異用，安得起白石講明融貫之乎？（《三松堂集》詩集卷十七，清嘉慶刻本）

## 【九月十三日偕蕘圃拉澄公同遊白雲泉】

不看秋山色，回頭十四年。遊山皆在春，惟戌午秋一看紅葉耳。已衰猶健客，尚暖乍寒天。嵐翠真圖畫，泉聲當管絃。是日友人邀余觀劇未赴，故云。無功留妙句，吟賞石亭前。余誦唐人「樹樹皆秋色，山山惟落暉」句，蕘圃謂確是眼前妙境也。（《三松堂集》續集卷二，清嘉慶刻本）

# 祝德麟

祝德麟（1742～1798），字趾堂，號芷塘，浙江海寧人。乾隆二十八年（1763）進士，官監察御史。芷塘詩以性靈為主，亦能驅遣故實，蓋欲力追其鄉先輩查初

白及其房師趙甌北兩先生。其未冠登第，官翰林。及改官御史，以言事不合鑴級。歸里，僑居五湖三泖間，授徒自給。日以詩酒友朋之樂，宕漾其襟懷。著有《悅親樓詩集》。見《湖海詩傳》卷二八、《國朝詩人徵略》卷四〇、《晚晴簃詩匯》卷九一等。

## 【梓潼二首（之二）】

梨園歌管奉宸娛，繞殿惟聞萬歲呼。運去不知行蹕貴，聽來鈴語亦挪揄。郎當驛。（《悅親樓詩集》卷六，清嘉慶二年姑蘇刻本）

## 【華清宮】

津陽門外連平楚，疏雨寒煙啼杜宇。行人太息天寶年，一曲新詞斷腸譜。唐家天子厭明堂，朝奉元元過會昌。十月驪山長望幸，疏泉甃石治溫湯。溫湯泛漾丹砂沃，命婦宮人多賜浴。錦鳧繡雁意皆春，暖玉柔香看不足。自從搜得壽王妃，共輦專房燕樂私。雕梁畫棟連天起，翠箔珠簾跂地垂。一騎荔支纔索笑，聯跗卓莢又生姿。牽牛殿畔他生約，舞馬床頭萬壽詞。牽牛舞馬無情物，能識君王恩意密。何況五家三國親，勿令車騎隨仙蹕。春回繡嶺百花開，夾隊香裾五色裁。珠璣爭向道旁掃，笑語多從天上來。左藏金錢頻敕賜，梨園綺宴每教陪。廣寒法曲霓裳疊，桃李春風羯鼓催。霓裳羯鼓邀天喜，瓊枝璧月那堪擬。祇恨朝朝暮暮空，但祈歲歲年年似。誰知一脫祿兒裯，烽火漁陽驀地驚。紫褥倉皇馬嵬驛，青騾辛苦劍門程。劍門程遠天王狩，華清宮闕都非舊。能言鳥去金籠抛，長生鹿在銅牌繡。山頭月出似蛾眉，嶺際松鳴疑鳳奏。舞扇歌塵委逝波，屫風傑雨摧華構。遊客題詩說太眞，千秋往事共酸辛。玉蓮池外泉無主，金粟堆前草不春。漢代尚留飛燕井，秦家亦剩祖龍墳。一聲阿濫村童笛，愁殺豐原霸水人。（《悅親樓詩集》卷九，清嘉慶二年姑蘇刻本）

## 【信宿夢樓快雨堂瀕行留贈兼別雷峰四首（之二）】

俠拜呼新婦，時夢樓新娶子婦，即雷峰女也。單行音杭見小君。交情同輩少，禮數一家分。歌管姣童狎，旃檀大士聞。累他清淨地，爲我設壇葷。夢樓蓄聲伎，長齋奉佛。（《悅親樓詩集》卷十，清嘉慶二年姑蘇刻本）

## 【澹遠堂芍藥屏風歌贈查恬叔舍人世倓】

暗風入麥靈雨零，殿春花發豐臺坰。襟原帶隰連畦町，街頭賣花

聲可聽。舍人巧意出未經，割取花田入畫屏。十二迤邐張歲星，紫檀作體金塗釘。麥光表裏糊瓏玲，厥後藏以千甖瓴。一朵一勺泉泓渟，百千亂插惟所令。拗折弗露趺痕青，高低深淺滿戶庭。溫馨鬱鬱姿婷婷，花牆花壁花窗櫺。有花無屋兼無瓶，寢處幾與花忘形。自嫌孤賞猶伶仃，召客霍霍雞羊刑。金尊瀲灩滄沽醽，蘭燈璀璨樺燭熒。照出花魂下窈冥，玉皇絳闕朝群靈。雲裾霞帔翔鸞軿，山雞隊隊舞莫停。鳳皇孔雀揚修翎，三里五里仙霧暝。一陣兩陣篤耨馨，花香酒氣交忪惺。令人未醉迷難醒，主人清暇樂且寧。帶圍不羨維揚廳，有客仗節踰絕陘。將離尚記長短亭，願君馳書報鶺鴒。傲以高會除優伶，令兄映山好聲伎，時方視學粵西。吾曹聚散秋池萍。駒塵蝣晷無百齡，那能巢睫如蟭螟。花嬌酒釅茶清泠，無事長來叩竹扃，作歌讚歎君其聆。（《悅親樓詩集》卷十一，清嘉慶二年姑蘇刻本）

**【余將至吳興取眷雷峰邀同紆道遊吳門夢樓留飲出家伶演劇即席得二絕句】**

（其一）天風吹下步虛聲，舊句。似挾凡胎到上清。欲向丹邱談道妙，不辭飛檝闔閭城。一月前夢樓以擬楊風步虛詞二十章見寄。

（其二）飄蕭鶴髮地行仙，肎爲賓朋輟管弦。但得疏狂常作達，此生何負不歸田。（《悅親樓詩集》卷二十三，清嘉慶二年姑蘇刻本）

**【讌集快雨堂夢樓出家伶奏伎即席成詩并效其體】**

話雨曾棲快雨堂，廿年惟有舉頭望。唐碑晉帖書家味，玳管銀箏樂府香。檻外篔簹滋舊綠，尊前羅綺換新妝。悲歡莫道都如夢，似此歡娛得幾場。（《悅親樓詩集》卷三十，清嘉慶二年姑蘇刻本）

## 吳翌鳳

吳翌鳳（1742～1819），字伊仲，號枚庵，諸生。先世新安人，高祖盧遷吳。翌鳳於學無所不窺，尤長於詩。自漢魏三唐及宋金元人詩，皆手自選定。吳祭酒梅村詩集舊注詳略失宜，翌鳳考訂五十餘年，據史傳爲之注。所爲詩格律深穩，得溫柔敦厚之旨。所撰輯之書甚多，卒年七十八。中歲應湖南巡撫姜晟之聘，繼主瀏陽南臺書院，操行潔白，不可干以私。既老，倦而歸，橐中惟書數千卷而已。父死哭過節，一目失明。事繼母以孝聞。與人交有終始，友人林蕃

鍾爲妻縣教諭，病篤以書招，翌鳳馳往，卒爲經紀其喪。著有《東齋賸語》一卷、《梅村詩集註》十卷，編有《國朝文徵》四十卷，《印須集》八卷、《後集》六卷、附《女士詩錄》一卷，《懷舊集》十二卷、《後集》六卷、《續集》二卷、附《女士詩錄》一卷、《唐詩選》六卷等。見《（同治）蘇州府志》卷八三、《鄭堂讀書記》卷七〇等。

### 【秋日雜感三十首（之十六）】

左右風懷老未捐，一官偏乞廣文錢。笑佗暖閣《春鐙謎》，不稱蕭齋夜雨氈。落拓可憐人欲殺，煙花難遣月長圓。無憀漫續《齊諧記》，舌劍脣槍莫浪傳。沈薲漁以傳奇著名，喜作狹邪遊。年來司諭祁門，作《諧鐸》一書，多所譏刺。因成此章，蓋爲薲漁危之也。（《與稽齋叢稿》盧雲小錄，清嘉慶刻本）

### 【楊三永叔重納小姬以詩調之八首】（之六）時永叔客武昌制府幕。

鎮日歌臺舞《柘枝》，費佗急管與哀絲。惱人莫怪情懷惡，唱到《回波》栲栳詞。繡閣與歌臺切近，日常演劇。（《與稽齋叢稿》抽颻集，清嘉慶刻本）

## 邵晉涵

邵晉涵（1743～1796），字與桐，一字二雲，別號南江。餘姚（今浙江餘姚）人。乾隆辛卯（三十六年，1771）會元，充《四庫全書》纂修官，累官至侍講學士。少多病，左目微眚，清羸如不勝衣，而獨善讀書，數行俱下。寒暑舟車，未嘗頃刻輟業。於四部七錄，無不研究。嘗謂，《爾雅》者，六藝之津梁，而邢叔明《疏》淺陋不稱，乃別爲《正義》，以郭景純爲宗，而兼採舍人樊、劉、李、孫諸家，郭有未詳者捃他書補之，凡三四易稿而始定，承學之士多捨邢而從邵。其至性過人，事親喪葬盡禮。篤於故舊，久要不忘。性狷介，不踏權要之門，以教授生徒自給。二雲經術湛深，所著皆實事求是，有益於學者。詩文操筆立就，淵博奧衍。著有《爾雅正義》、《皇朝大臣諡迹錄》、《輶軒日記》、《南江文稿》、《南江詩稿》等。見《文獻徵存錄》卷八、《儒林傳稿》卷三、《兩浙輶軒錄》卷三一、《國朝詩人徵略》卷四三等。

### 【讀桃花扇樂府次張無夜先輩韻】

（其一）青絲白馬渡江來，凍雪山頭暮雀哀。苦恨中山留愛女，凝妝猶自待人催。福王出奔時有進奉女二人，未及攜去。

（其二）三載香樓翠被空，雁書遙染錦當胸。曲中姊妹多僥幸，未必孫三遠勝儂。<sub></sub>孫三舊與李香齊名，後以王事死於太末。

（其三）桐城公子老歸禪，舊事南中盛管絃。西粵夢迴滄海轉，青溪桃葉自年年。桃葉渡宴集，方密之爲之主。

（其四）黑雲高壓縉雲城，窮海孤臣戀主情。等自貴陽書畫客，濁涇難染渭流清。楊龍友初以貴陽姻婭，不滿於人。後仕閩爲督師，死事甚明。

（其五）竿木隨身浪子場，渡江遺話笑吳王。蕪湖贏得崑銅祭，一枕琉璃寄恨長。阮大成在錢塘時，曾以伯嚭渡江自喻。見蕪湖沈士柱祭阮司馬文。

（其六）妥娘故宅破窗紗，憔悴秋楊映暮鴉。半壁南朝成底事，祗憐燕子怨桃花。鄭妥娘在諸妓最爲老壽，初以演《燕子箋》得名。

（其七）雪苑才名冠大梁，朱門不改舊青鴛。西山曾見移文否？未許侯郎赴道場。朝宗歸商邱，仍舉雪苑文社。辛卯應鄉試，擬第一人，以忌者中止。

（其八）棲霞山接武夷青，龍舶難邀帝子靈。瑤草歸來同白首，石交空怨阮懷寧。馬士英在浙中，頗以大成任事己受惡名爲恨。

（其九）名花零落白門秋，舊恨臙脂匯畔流。欲問秦淮芳草色，風華只羨顧眉樓。板橋名妓，惟顧媚一人，得以夫人終。（《南江詩文鈔》詩鈔卷四，清道光十二年胡敬刻本）

# 秦　瀛

秦瀛（1743～1821），字凌滄，號小峴，江蘇無錫人。乾隆三十九年（1774）舉人。四十一年召試，賜內閣中書。官至刑部侍郎。錫山秦氏，素以事功經術見稱，至對岩學士始擅詞章，有《蒼峴山人集》，故凌滄以小峴名集。在武陵數年，以文章、山水自任，招邀賢俊，屢爲詩酒之會。刻前哲遺書，又修望湖樓於湖上，以供東坡。性情蕭澹，從容和雅，雖勤於吏治而素無宦情。著有《小峴山人集》等。見《湖海詩傳》卷三三、《清史稿》卷三五四、《晚晴簃詩匯》卷九六等。

## 【大梁懷古四首（之四）】

承平十葉舊神孫，曾記淮南桂樹繁。定邸藏書傳祕笈，憲王樂府唱中原。笙簫蘭館鈞天夢，燈火樊樓月夜樽。一自橫流經白馬，魚龍

無地與招魂。(《小峴山人集》詩集卷二，清嘉慶刻增修本)

## 【閱長生殿傳奇偶成二絕】

（其一）凝碧池頭涕暗零，管絃聲奏不堪聽。梨園大有奇男子，嗚咽琵琶泣海青。

（其二）白頭宮女淚潸然，閒說元宗亦可憐。更有江南舊人在，落花時節李龜年。(《小峴山人集》詩集卷二，清嘉慶刻增修本)

## 【詠梁溪雜事一百首（之五十七）】

十老荒亭古磵阿，清泉白石到行窩。莆田遺老風流劇，記得梨園一曲歌。碧山吟社，明成化中邑中十老爲詩會處。先貞靖先生築鳳谷行窩，即今寄暢園。本朝初，吾家伶樂最盛，見莆田余澹心《譙遊歌》。(《小峴山人集》詩集卷三，清嘉慶刻增修本)

## 【詠梁溪雜事一百首（之八十八）】

暮雨清尊故國春，白頭祭酒話前塵。座中猶有何戡在，舊是征南幕下人。明季時，蘇崑生工南曲，滄桑後流寓無錫。先宮諭贈以詩云：「曾事征南幕，間關剩一身。」嘗讌吳祭酒偉業於家園，崑生亦在座。(《小峴山人集》詩集卷三，清嘉慶刻增修本)

## 【詠梁溪雜事一百首（之九十七）】

縷衣零落感蕭孃，深巷花陰隔短牆。一曲西樓人盡醉，白頭腸斷有袁郎。相傳金壇妓穆素輝晚歸吾家某公，置屋數間居之。袁籜菴嘗觴於吾家，觀演《西樓記》，一座盡傾。(《小峴山人集》詩集卷三，清嘉慶刻增修本)

## 【觀舞伎】

華屋氍毹酒未闌，朔風吹入玉盃寒。雪花如掌燕山夜，舞罷銀貂小契丹。(《小峴山人集》詩集卷五，清嘉慶刻增修本)

## 【移居二十韻】

平生本乏買山貲，草草茅茨比卓錐。卻爲過家新識戶，漫誇遷木賀盈楣。百年拓落違三畝，□口辛勤借一枝。廚竈乍謀忙婢僕，餳餭分饋到親知。庭除灑掃惟煩弟，堂構經營暫付兒。仍舊詎同長府作，苟完聊學子荊爲。不須朵栱雕鏤侈，牳設牆垣粉堊施。擇地僅如蝸立壁，移巢

差喜燕將雛。俸緡已損裝原儉，逋券重添橐更垂。屋故鄒氏產，直四千金余，俸錢不敷，假貸予之。容膝便稱藏畫舫，遮頭權作讀書簃。疑牽岸上舟如葉，免寄人間屋下籬。栽竹恰當殘臘候，看梅猶及早春時。安床到處常隨分，問舍由來豈素期。玉局幸無鄰嫗泣，相如慣被富人嗤。浮雲冉冉春如夢，舊事茫茫淚有絲。行馬人從矜第宅，磨牛吾自笑生涯。賃春廡下曾偕婦，採藥山中更挈誰？歸櫂莫嫌移具少，辭鄉又惜挂冠遲。時余將入都。只看傀儡當場戲，幾見楸枰近局棊。是屋向爲薛氏所築，落成時演劇延客，時余甫八歲，隨先曾王父往觀，今兩易主矣。卻望故居縴隔巷，喬松千尺映鬚眉。（《小峴山人集》詩集卷十一，清嘉慶刻增修本）

## 【過揚州】

人生蹤跡感浮萍，煙月揚州又放舲。過客帆遮瓜步綠，隔江山到蜀岡青。無愁天子荒斜冷，薄倖詞人舊夢醒。笑我匆匆打槳去，歌聲閒殺竹西亭。曾運使賓谷邀余觀劇，未赴。（《小峴山人集》詩集卷十一，清嘉慶刻增修本）

## 【康山二首】

（其一）竹西歌吹綺羅春，腰鼓琵琶老此人。名士風流愛南國，逋臣家世本西秦。片言曾救同文獄，一曲還留未死身。彈到《中山狼》故事，料應對酒倍酸辛。

（其二）從來樂府說康王，跡到飄零更擅場。好似升菴謫滇海，何殊子美在滄浪。一編作乘君無媿，《武功縣志》，對山所撰。七子論詩我未忘。只此揚州卷石地，略如太守舊山堂。（《小峴山人集》詩集卷十一，清嘉慶刻增修本）

## 【揚州雜詩十首（之一）】

銀燭湘簾映畫屏，酒邊人已鬢星星。不嫌老大顏唐甚，喚取笙歌一部聽。賓谷招飲觀劇。（《小峴山人集》詩集卷十六，清嘉慶刻增修本）

## 【揚州雜詩十首（之三）】

定子當筵一抹霞，斷腸春色廣陵花。分明剪取吳淞水，鴛胚湖邊是爾家。歌者計郎，吳江人。（《小峴山人集》詩集卷十六，清嘉慶刻增修本）

【題葉白湖玩月曲後】玩月，秦人，以藝勝，善舞。

　　（其一）拉雜秦聲動一時，梨花夜月淡臙脂。彎弓騎馬掮豪甚，不賭黃河遠上詞。

　　（其二）箏琶聲裏踏紅綃，掌上風輕鬥舞腰。十月京華逢小雪，羊家靜婉足魂銷。

　　（其三）誰唱梅邨樂府來，中年詞賦極悲哀。相逢何必曾相識，贏得歌場醉幾回。（《小峴山人集》詩集卷十九，清嘉慶刻增修本）

【觀劇四首】

　　（其一）冠劍丁年去白登，節旄落盡臥層冰。故人枉賦河梁什，身沒單于恨李陵。

　　（其二）巾幗偏教恥負薪，那知夫婿不長貧。後人卻笑朱翁子，富貴徒誇一婦人。

　　（其三）阿瞞也解贖娥眉，淚盡琵琶幾拍辭。齒冷中郎鄔塢事，失身何怪蔡文姬。

　　（其四）傾城會合最良宵，天假因緣有鵲橋。千古才人齊感激，崑崙奴解盜紅綃。（《小峴山人集》詩集卷二十八，清嘉慶刻增修本）

　　編者案：此四首詩，第一首詠《牧羊記》，第二首詠《爛柯山》，第三首詠《文姬歸漢》，第四首詠《崑崙奴》。

# 吳　俊

　　吳俊（1744～1815），字雲繡，號蠡濤，吳縣人。乾隆三十七年（1772）進士，官山東布政使。蠡濤與弟少甫稱詩京雒，又與馬玉圖培、李滄雲棻，詩場酒座無不同之。而蠡濤取徑幽深，精心獨造，非但不拾人間餘唾，亦不必盡合古人矩矱。從軍以後，崎嶇烽火，所見益奇。筆足以發難顯之情，即少甫亦多不逮。著有《榮性堂集》。見《湖海詩傳》卷三三、《國朝詩人徵略》卷四三、《晚晴簃詩匯》卷九五等。

【薈亭中丞招飲聽家伶新曲并示所製古近體詩翌日賦謝】

　　鼻觀文字香，如飲曹溪水。一滴十八灘，灘空清見底。世人艷江瑤，俎豆家家祀。十九發風氣，斯言聞蘇氏。巍峨大中丞，事業仁壽比。和風舞彝童，威聲懾樊子。餘事為歌詩，山川助燕喜。我腹如菜

園，宵夢羊蹄美。朝來赴嘉招，絃匏奮宮徵。不謂我無文，新篇陳滿几。驟讀若薑橙，辛芬著牙齒。繼若噉甘蔗，節節涼沁髓。經營造恬愉，纂組出麻枲。宗派一洗空，慧性湊禪理。廬山雲霧多，從今辨眞似。千載黃涪翁，同工而異軌。藥我劣詩魔，芎藭治宿痞。服膺再三歎，欲和輒復止。覓句晝閉門，差類陳無己。（《榮性堂集》卷十一「古今體詩」，清嘉慶刻本）

## 【盧湘艖州判招飲於虎邱羅浮別墅盛蘋洲司馬蔣立崖刺史彭守約孝廉藹堂明府俱在（之一）】

山塘雨後屐痕輕，來趁羅浮小閣成。久別鄉園疑夢寐，乍聞絃索最分明。有雛伶善彈琵琶。征衫猶漬崑崙雨，往與湘艖同在福節相嘉勇公幕中，從事於南寧、太平之間。轟飲如觀河朔兵。客醉欲歸風滿樹，樽前通德淚淒清。（《榮性堂集》卷十二「古今體詩」，清嘉慶刻本）

## 【觀蔣心餘太史雪中人傳奇】

（其一）孝廉自可人，六奇實名士。倘不遇督師，一囚一餓死。
（其二）寨賊三十六，轅門稽顙頻。今朝橫海將，當日雪中人。
（其三）一揮三千金，予義取亦義。兜鍪齷齪子，籍兵以自利。
（其四）友也父事之，橐鞬拜措大。我亦好相人，傷心不逢丐。
（其五）奇絕報恩局，快人作快事。一朵綺雲峰，能爲顚米媚。

（《榮性堂集》卷十三「古今體詩」，清嘉慶刻本）

## 【次蘭岩學使見贈之作】

峭寒輕暖試燈過，出海金輪淨若磨。曲有晉聲難悅曠，連日觀劇，頗厭其靡。詩求大藥不逢和。玉堂風月神仙貴，嶺嶠文章翡翠多。待得曲池新水漲，綠萍看泛雪翎鵝。使院九曜池春水方生，鵝鴨唼喋其中。（《榮性堂集》卷十四「古今體詩」，清嘉慶刻本）

## 【梧州見王太守友蓮】

臨桂南行八百里，蒼山競與碧江奔。灘來入鬱旁穿脇，火自銜珠徹照昏。太守多情飾優孟，爲水閣江干演劇以迎。行廚差喜有燔豚。饋余燔豚蒸餻。繫龍洲上糢糊樹，落日江光互吐吞。（《榮性堂集》卷十六「古今體詩」，清嘉慶刻本）

# 沈赤然

沈赤然（1745～1817），字韞山，號梅村，德清（今屬浙江）人。乾隆戊子（三十三年，1768）舉人，官直隸豐潤縣知縣。赤然少工詩古文辭，自罷官後閉戶著書，不預外事。與杭州吳錫麒、紹興章學誠相切劘，文以辭達爲主，不失體裁。著有《公穀異同合評》四卷、《寒夜叢談》三卷、《寄傲軒隨筆》十卷、《寄傲軒讀書續筆》六卷、《寄傲軒讀書三筆》六卷、《五硯齋文鈔》十一卷、《詩鈔》二十卷等。見《兩浙輶軒續錄》卷一〇、《清續文獻通考》卷二五八等。

## 【京邸夜坐聽趙龍門桐匠門榕度曲】

（其一）廊空月色白於霜，嘹亮征鴻叫斷行。一曲夜深絃索冷，小屏燈火照凄涼。

（其二）新愁如繭繭難開，幼眇聲中淚滿顋。不耐坐聽支枕睡，寒風吹葉打窗來。（《五研齋詩文鈔》詩鈔卷二鴻爪集，清嘉慶刻增修本）

## 【梨園觀張優演劇有感】

佛奴玉質沉檀香，男兒乃作女子粧。杏臉卻嫌胡粉膩，杵腰不勝羅裙長。圓珠一串丹唇破，春星四照明眸光。只愁無處覰妍跡，不覺頓令雌雄忘。歸來心醉託毫素，小大錯落八九行。支頤假寐鬼見夢，措大徒爾搜枯腸。此間富兒生膏粱，買笑不惜珠斗量。便邀李杜入歌席，百詩那敵兼金黃？我聞鬼言勃焉怒，拔劍起逐巡兩廊。鬼啼劍折夢亦醒，落月照窗詩在傍。（《五研齋詩文鈔》詩鈔卷三鴻爪集，清嘉慶刻增修本）

## 【題仇實父畫閨中行樂四幅】（之三）

笛聲吹徹玉簫和，點拍尊前聽艷歌。莫惜珠喉推醉起，一園花氣夜來多。度曲。（《五研齋詩文鈔》詩鈔卷六瘁膿集，清嘉慶刻增修本）

## 【途次觀村落演劇】

一聲鉦響集如雲，鼓鈸喧轟曲不聞。神鬼荒唐驚變相，旄鍪零落笑行軍。擔頭高唱賣新果，樹底午風吹畫裙。望斷守閭翁媼眼，歸來兒女話紛紛。（《五研齋詩文鈔》詩鈔卷七瘁膿集，清嘉慶刻增修本）

## 【雨後斷橋閒眺全雪樵作】（之二）

濃雲散盡兩峰明，不動湖光似鏡平。未敢高吟惱山水，新詩爭比繞梁聲。時女樂盛行，皆僑寓湖上。（《五研齋詩文鈔》詩鈔卷十一青鞋集，清嘉慶刻增修本）

## 【題云亭山人桃花扇傳奇後二首】

（其一）興亡自取復何疑，肯爲金陵王氣悲。只恐深山無史讀，網羅遺事作傳奇。

（其二）一載君臣過耳風，桃花扇血尚殷紅。秦淮生色鍾山笑，不道青樓勝鉅公。（《五研齋詩文鈔》詩鈔卷十四青鞋集，清嘉慶刻增修本）

## 【隔牆聞演雜劇戲為婢女作】

隔牆演雜劇，云是賽社神。曲誤顧不得，但聞鼓吹聲。忽作兒女語，嬌囀如春鶯。忽爲楚漢戰，亂槌鳴大鉦。科諢發群笑，響若牆壁傾。小婢側耳聽，大婢循牆行。可憐隔一堵，儼然阻重城。聞說富兒家，照眼氍毹明。妖童吐哇咬，鵑靚紛嘲轟。仙佛與神鬼，百戲雜沓呈。簾內簇珠翠，簾外觸眾賓。蠟淚積堂下，月月同堦平。人生但如此，安用遊蓬瀛。我聞啞然笑，婢語誠人情。明朝便遣去，箕帚妾富氓。歌舞徹宵旦，豬羊喧割烹。只愁坐無汝，執爨徒欲清。獅子吼夜半，怛怛心魂驚。方思我家樂，書聲滿軒楹。（《五研齋詩文鈔》詩鈔卷十九週甲集，清嘉慶刻增修本）

## 【新市土俗上元前後無張燈者過此數日里中惡少年輒鳴鉦遍走街市揚言某社某神欲出夜遊謂之催燈於是衢巷盡設燈棚好事者又扮演雜戲男女若狂至中和節猶未已也天或陰雨人家皆倦於從事而鉦聲如故直至無一人應之始喪氣去因戲為四絕句以補前詠土風詩所未備】

（其一）空說金錢買放燈，曾無寸燭照街明。直教一片鉦聲起，火樹銀花到處生。

（其二）青龍無爪馬無蹄，管笛無腔聽不齊。漫說社神貪看此，威儀零落走東西。

（其三）男婦兒童盡若狂，墜釵遺舃撞還搪。誰憐守屋煩翁媼，料峭春風坐夜長。

（其四）忽地晴明變雨風，鉦聲又起雨聲中。笑渠用盡平生力，依舊燈無一點紅。（《五研齋詩文鈔》詩鈔卷二十週甲集，清嘉慶刻增修本）

# 洪亮吉

洪亮吉（1746～1809），本名禮吉，字君直，一字稚存，號北江，陽湖（今江蘇武進）人。亮吉生六歲而孤，家貧，就外家塾讀書。聰穎踰常兒，年二十四補

諸生。大興朱筠視學安徽，往從之遊，所交多知名士。乾隆五十五年（1790）進士，授編修。博通經史，精於地理之學。詩與黃景仁齊名，號「洪黃」；學與孫星衍齊名，號「孫洪」。至性過人，景仁客死，嘗素車千里奔其喪。著述有《卷施閣集》、《更生齋集》、《北江詩話》、《十六國疆域志》等數十種。見《揚州畫舫錄》卷三、《國朝漢學師承記》卷四、《文獻徵存錄》卷四、《清史稿》卷三五六等。

### 【萬壽樂歌三十六章并序（之三十三）】

　　《昇平寶筏第三十三》：三層樓，百盤砌，上干青雲下無際。上有立部伎，坐部伎，其下回皇陳百戲。蟠天際地不足名，特賜大樂名昇平。考聲動復關民事，不特壽人兼濟世。萬方一日登春臺，快看寶筏從天來。（《卷施閣集》詩卷九西苑祝釐集，《洪亮吉集》第二冊，中華書局 2001 年版，第 644 頁）

### 【南樓憶舊詩四十首并序（之十九）】

　　走索人教細馬馱，十番纔了又秋歌。臨街樓上懵騰坐，要看魚龍徹夜過。樓前為縣學場，每春日百戲俱集。（《卷施閣集》詩卷十祕閣研經集，《洪亮吉集》第二冊，中華書局 2001 年版，第 663 頁）

### 【南樓憶舊詩四十首并序（之三十一）】

　　纔過中元又下元，賽神簫鼓巷頭喧。年來臺閣多新樣，都插宮花扮杏園。賽神會中，每用七八人扛一棹，上扮金元院本諸故事，名曰臺閣。（《卷施閣集》詩卷十祕閣研經集，《洪亮吉集》第二冊，中華書局 2001 年版，第 665 頁）

### 【貴陽元夕燈詞（之八）】

　　簫鼓初停坐客稀，魯巖節使以予不觀劇，為擇日另設一筵。半酣筵上換春衣。七千里隔津門路，卻有黃魚入饌肥。（《卷施閣集》詩卷十三黔中持節集，《洪亮吉集》第二冊，中華書局 2001 年版，第 738 頁）

### 【初十日漱石止房銷寒第二集題張太守鳳枝珠還圖（之四）】圖為太守侍姬舟氏所作。姬母無賴，妄搆訟端，姬由是遣歸。其母謀別嫁之，姬剪髮自誓，乃止。同人感其義，勸太守復迎焉，爰作是圖，名曰《珠還》，亦所以美太守也。

　　暇日閒窺青瑣旁，玉山筵上未頹唐。抵他一曲颼風怨，只有銷魂淚兩行。姬以訟事未結，留貴陽守署匝月。一日，隨徐恭人觀劇偶窺坐客，見械齊太守在席，不覺垂淚。（《卷施閣集》集卷十四黔中持節集，《洪亮吉集》第二冊，中華書局 2001 年版，第 771 頁）

## 【陸孝廉繼輅洞庭緣樂府】

（其一）下第才人暗自傷，忽驚奇福出尋常。龍堂入夜波如海，別展鮫宮作婿鄉。

（其二）玉茗花殘閣亦傾，是誰拈筆與爭名。到頭一例神仙夢，樂府新傳兩柳生。（《更生齋集》詩卷七西圃疏泉集，《洪亮吉集》第三冊，中華書局 2001 年版，第 1372 頁）

## 【回舟泊長安鎮】

海甯稱四鎮，古諺賤長安。舊諺：四鎮分富貴，貧賤長安鎮。宋元時爲優人所集，故里俗皆賤之，今習尚已改。又荊襄米舟抵者，率皆聚此，生聚較前百倍焉。近覺煙波窟，偏欣粟米寬。越波輸萬頃，西湖水凡溉海甯等數州縣。楚艇集千竿。今昔居然異，攤書枕上看。（《更生齋集》詩續集卷一，《洪亮吉集》第四冊，中華書局 2001 年版，第 1480 頁）

## 【友人屬題燕子牋樂府】

（其一）一曲新詞勝秣陵，吳祭酒偉業有《秣陵秋》樂府。朱絲闌子寫吳綾。阮大鋮以吳綾界朱絲闌寫自所爲《燕子箋》曲本進呈。何應王謝堂前燕，亦與人間管廢興。

（其二）千年往事尙回頭，粉子先蒙伯起羞。一樣被他輕薄累，好將遺恨訴東流。（《更生齋集》詩續集卷四徑山大滌集，《洪亮吉集》第四冊，中華書局 2001 年版，第 1640 頁）

編者案：其一詩注中《秣陵秋》應作《秣陵春》。

## 【友人以湯義仍孔玉叔院本屬題】

玉茗香一庭，桃花紅一扇。一居婁水頭，一住秦淮岸。誰識東京黨錮賢，都歸南部煙花傳。南朝金粉傷心艷，歌扇舞腰情尙欠。花月銷殘怨更新，家山破後心猶念。一代興亡剩幾時，辰魚院本子龍詩。甯歌碧月瓊枝曲，不唱《春燈》、《燕子》詞。（《更生齋集》詩續集卷九，《洪亮吉集》第四冊，中華書局 2001 年版，第 1819 頁）

## 【買陂塘・題錢孝廉澍川鸚鵡媒傳奇】

爲多情青衫血淚，生生判向愁老。冰絃誰把傷心譜，又早別懷縈擾。幽會巧，君不見、茫茫碧落相思鳥。芳心寸拗。待密約重圓，愁盟暗續，一一淚珠繳。　　銷魂處，我亦青鸞信杳。年來暗損懷抱。

江南江北傷春恨，付與斷腸衰艸。辜負了，是舊日、金釵鈿盒情多少！閒愁待掃。又一兩三聲，無端逗起，清夢隔簾悄。（《更生齋詩餘》卷二，《洪亮吉集》第五冊，中華書局 2001 年版，第 2125 頁）

# 吳錫麒

吳錫麒（1746～1818），字聖徵，號穀人。浙江錢塘（今浙江杭州）人。乾隆乙未（四十年，1775）進士，官至國子監祭酒。錫麒以駢文擅長，兼工詩詞。後袁枚三十六年成進士，而名與相並。所爲詩才氣誠不逮枚，然步伐整齊，壁壘森嚴，亦非枚所及。乃其名爲駢體所掩。錫麒性嗜飲，無下酒物以書代之。少壯至老，未嘗離筆硯。生平不趨權貴，然名著公卿間。交重其學。在上書房時，爲皇曾孫師傅，與成邸尤莫逆，得一帖一畫，必共題跋，禮遇之盛，同於大學士。乞養歸，主安定、愛山、雲間書院，校刊《全唐文》，澹然榮利，不復出。作詩古文詞如萬斛泉源，不擇地而涌。天性友愛，且能周人之急，卒年七十三。著有《有正味齋詩集》、《文集》。見《清續文獻通考》卷二七七、《兩浙輶軒續錄》卷一一、《清史稿》卷四八五等。

## 【燈戲行】

軒軒磕磕廣樂庭，灼灼爋爋火齊屏。神光離合接窈冥，不知皎月空中停。是時觀者以目聽，搖搖甲覺列炬熒。一隊兩隊行跉踳，千影萬影同娉婷。回旋若有風生橝，神官出盞蟎夾輾。霓旍經節來亭亭，赤熛一怒聲裂霆。亂擲飛電鏘流鈴，綠煙朱燗紛陽靈。忽又細響鳴玲玎，元霄子棒敲春醒。卟兮城開簇妙齡，纖手色色蓮花拎。明爐暸息含忪惺，倒投跟撓慘不早，魚龍咫尺迷晦暝。獰鱗詭甲承使令，燃犀炯炯無遁形。燒尾隱隱騰魚腥，是誰巨載浮滄溟？霞標高建照面顟，蠙珠螺貝孔翠翎，旁唐磊砢堆瓏玲。一歌得寶揚楚舲，旋換水調嬌吳伶。撥絃火鳳催薦醻，金迷紙醉誰尹邢？鼻觀陡發優曇馨，莊嚴如履佛所廷。珠眉火目心清泠，說法未了天花零。富貴空羨《華嚴經》，茶昆誰護服匿瓶。洪爐卅六飄秋螢，我聞如是爾曷聆。玉樓丰二空故釘，大光明只靈臺扃。天雞叫落銀河星，東方杲杲生純萍。（《有正味齋集》詩集續集卷七韓江酬唱集三，清嘉慶十三年刻有正味齋全集增修本）

## 【金縷曲·題蔣心餘先生臨川夢院本】

萬事飄如絮。驀吹來、先生筆底，夢都堪據。不怕殘鐘輕打破，機上穿成縷縷。莫認作荒唐雲雨。一段因緣文字起，續《離騷》、半部

精魂語。眞共幻，論千古。　宛然玉茗花前句。試喚起、臨川點拍，也應心許。三十種眠全解脫，纔識菩提覺路。引蝴蝶、翩翩而舞。世上儘饒鼾睡漢，問何人、許入梨園譜。纔讀罷，夜三鼓。（《有正味齋詞集》卷八，清嘉慶刻有正味齋詩集本）

## 【滿江紅·朱春橋方藹舊有觀演邯鄲夢詞一闋今刻在小長蘆漁唱中余在都下偶閱是劇即用其調賦寄春橋】

過眼薈騰，纔信了，當場顛倒。悔輕被、文人提破，天工應惱。冠帶一番鳥爨弄，箏琶幾曲華胥調。比長房、藥市興如何，壺中跳。

榮辱事，難憑料；煙雲意，誰分曉？走邯鄲道也，故人不少。人哭人歌傳舍換，夢來夢去神仙老。問與君、此段甚因緣，拈毫笑。（《有正味齋詞集》卷八，清嘉慶刻有正味齋詩集本）

## 【桂枝香·題唐子畏美人拈花圖】江漪塘所藏，云即《三笑因緣》傳奇中秋香也。

秋迴一翦，只脈脈無言，折枝低捻。金粟前身約略，破禪香漸。風前記起靈山笑，證三生眼波重展。泥金衫袖，滲金窗戶，斜陽人面。　料只是情天眷戀，肯才人名字，押上紅券。遊戲光陰盡殼，風花磨鍊。初三下九頻頻約，怕梨渦暈來難淺。幾時圓合，蘭因絮果，畫圖相見。（《有正味齋詞集》續集卷一，清嘉慶刻有正味齋詩集本）

## 【南仙呂·袁籜庵名于令字韜玉以作西樓傳奇得名嘗官荊州守罷歸梅村詩所稱詞客開元擅盛名蕭條鶴髮可憐生者是也今其小像在袁綏階處屬題此曲】

〔八聲甘州〕：

飄然舊影，認烏巾朱舄，意態縱橫。幾場歌酒，險把光陰送盡。要堅紅字綢繆約，爲洗青樓薄倖名。揚州夢、留伊杜牧三生。

〔不是路〕：

鎧甲霜清，誰逼輪蹄出塞行。添豪興、燭圍貂帳坐書生，檄揮成。激邊風、吹起梁州笛，便賽了，中原十萬兵。秋毫等，道眼光已注燕然頂。待留名性，待留名姓。

〔解三酲〕：

醉燕市，騰騰酒醒；盪湘波，摺摺帆輕。回頭往事秦淮冷，誰唱

到，楚江情。章臺人去笙歌歇，夏口煙迷橘柚平。臏何處、琵琶送客，淚染衫青。

〔又〕：

曲當場，烏紗句併；語傳嬌，驢背伶仃。餘聲譜出風波定，漸白髮，可憐生。天寶客逢聊共話，《廣陵散》絕孰重聽？只西樓、幾枝新柳，愁囀春鶯。

〔尾聲〕：

邗溝臏有潮堪聽。休更戀，二分月子與同行；算落得，畫裏荊州慰此生。（《有正味齋詞集》外集卷二，清嘉慶刻有正味齋詩集本）

# 許兆椿

許兆椿（1747～1814），字茂堂，號秋岩，湖北雲夢（今湖北武漢西北）人。乾隆三十七年（1772）進士。官漕運總督。工詩善書，尤精於吏牘，下筆千言，無不迎刃而解，非獨以吟詠見長。曾官御史，以忤時相鑴級，嗣由部郎外任府道，薦擢漕督。巡撫黔、粵、浙三省，所在有聲。著述宏通，皆傳於世，有《秋水閣詩文集》等。見《湖海詩傳》卷三三、《湖北詩徵傳略》卷二二、《國朝詩人徵略》卷四三、《晚晴簃詩匯》卷九五等。

## 【觀劇席上作】

（其一）匹馬秋風舞湛盧，丹誠耿耿片心孤。即今滿座頭如雪，休向昭關訝子胥。

（其二）秋江木落水生波，別恨盈盈兩地多。江下芙蓉江上柳，不堪憔悴為郎歌。

（其三）花落鶯啼倦獨遊，綠窗春睡下簾鉤。重門不鎖相思夢，直到山窮水盡頭。

（其四）宛轉當筵舞不辭，紅牙鐵板故遲遲。何戡一曲相思調，贏得劉郎扇上詩。馮丈默齋贈以詩扇。（《秋水閣詩文集》卷二，清道光二十五年刻本）

# 趙懷玉

趙懷玉（1747～1823），字億孫，號味辛，武進人。乾隆四十五年（1780）召試舉人，官青州府同知，以憂歸，終於家。性坦易，工古文辭，嘗自言「不敢

好名爲欺人之事，不敢好奇爲欺世之學」。惲敬稱其不惑於貴勢，不牽於友朋，硜硜自立，不厭不倦，故集中所存，無有雜言詖義、離眞反正者。著有《亦有生齋集》。見《湖海詩傳》卷三七、《國朝詩人徵略》卷四七、《清史稿》卷四八五、《晚晴簃詩匯》卷一〇二等。

## 【安瀾園觀劇】

（其一）清夜沉沉絳蠟高，主人小部奏檀槽。春寒那任羅衣薄，還與櫻桃蜀錦袍。櫻桃錦，名見《蜀錦譜》。

（其二）驚鴻瞥見曳華裾，一串歌喉瑟瑟如。酒半忽傷涼世態，更無人續絕交書。是日演任西華事。

（其三）杏花微雨綠楊煙，三日淹留總惘然。如此園亭如此景，幾人消受到平泉。

（其四）枯腸自笑久拋杯，酹酒王郎歌莫哀。留得新翻春樂府，木犀香裏待重來。王進士學浩著《再生緣》傳奇未竟。（《亦有生齋集》詩卷一「古今體詩」，清道光元年刻本）

## 【病後友人招飲即席作】時歌者十二人。

病餘餘興寄檀槽，緩聽清歌淺酌醪。月月好花都看遍，不知若箇是櫻桃。（《亦有生齋集》詩卷四「古今體詩」，清道光元年刻本）

## 【題昇平曲傳奇】

南極星明正及秋，海西人亦效共球。未知貞觀圖王會，粉本能如院本不？（《亦有生齋集》詩卷十「古今體詩」，清道光元年刻本）

## 【王太守文治枉過舟中並訂觀家伎爲留一日先投以詩】

梁園幾度感征鴻，余在汴時，嘗三辱書問。江上重來話短篷。人有慧心先作佛，詩無近習獨推公。尋常入室參盧白，容易聽歌到小紅。若向昔賢商位置，謝東山後米南宮。（《亦有生齋集》詩卷十一「古今體詩」，清道光元年刻本）

## 【中秋夜與周編修兆基孫比部星衍莊舍人復旦集同年楊進士倫寓齋主人詩先成因次其韻】

多病遂成嬾，怕踏長安街。何以遣佳節，所思在朋儕。故人果折柬，爲余掃蓬階。萬物本逆旅，附蝸而棲蝸。多君借禪房，素壁光如

揩。得非草元亭,或仿治事齋。能傾數升釀,勝束七尺骸。嘗新貴爛栗,入饌珍市鮭。酒陣各分曹,壁壘嚴臨淮。孫郎善持論,語雜莊與諧。周郎喜顧曲,行雲忽迷崖。<sub>遲歌者不至。</sub>莊生近雖貧,作達能安排。回頭憶去年,初泊滄江涯。歲序自荏苒,親懿愁睽乖。不有此嘉會,安得攄孤懷?豈無朱門客,雍容曳龜緺。三千論鍾乳,百萬買寶釵。一朝冰山頹,空望荷鍤埋。酒闌逗微雨,雲破天如篩。如何連夜月,不向今宵佳。達哉阮生屐,莫羨李泌輱。歸來正三更,好夢尋大槐。人事古難全,君看補天媧。(《亦有生齋集》詩卷十二「古今體詩」,清道光元年刻本)

## 【觀劇】

(其一)最難青眼賞風塵,俠骨柔情萃此身。夜半朱門輕出入,居然紅線一流人。

(其二)風竹琤琤花月移,侍兒立倦漏遲遲。問年恰比當頭月,正是盈盈三五時。(《亦有生齋集》詩卷三十「古今體詩」,清道光元年刻本)

## 【戲贈歌者汪郎】

月因微暈更添華,燕石何如玉有瑕。千尺情波渾不斷,桃花潭水本儂家。(《亦有生齋集》詩卷三十「古今體詩」,清道光元年刻本)

## 【十月朔朱撫部<sub>勳</sub>招集終南仙館作餞分得閣字】

積雨溢深秋,入冬潦未涸。遊子將東歸,意緒悵離索。中丞今北海,召客為宴樂。徵色復選聲,張筵特開閣。先通屈曲徑,如過窈窕壑。上座尊漆園,<sub>謂虛菴老友。</sub>是翁殊矍鑠。其餘集少長,曾弗禁諧謔。我病形骸忘,公寬禮數略。瑤林四五枝,<sub>春臺部中歌者皆以林為名。</sub>當風爭綽約。歌囀玉瓏玲,舞垂珠錯落。添燈曲漫聽,洗琖酒重酌。頓覺蘇膏肓,不知困腰腳。回思初來時,階正翻紅藥。一臥苦沉綿,三霜欣倚託。斯別會難再,明朝地分各。還望美人雲,遙情寄寥廓。(《亦有生齋集》詩卷三十「古今體詩」,清道光元年刻本)

## 【十月九日老友莊刺史<sub>炘</sub>陸茂才<sub>耀遹</sub>過近林精舍話別分得日字】

元序候開冬,驚風屢吹日。天寒晷正短,戶堁氣已栗。如何當此時,遠道身力疾。故人知我憂,先後來講室。足音跫然聽,談鋒

脫而出。語羨陸郎新，品推莊叟逸。數典不忘祖，論詩最嚴律。堆盤野味雋，是日設熊掌。傾琖醇醪溢。拇戰方指撝，心旌旋奔軼。客緒今暫寬，晤期後難必。人難開口笑，境易交臂失。況有桃花潭，情深非眾匹。歌者汪芸適至。月高漸近午，漏促已盡戍。分曹各拈韻，據案互揮筆。我倦長言宣，聊將短篇述。惟覺跋履艱，每於跬步窒。當閾即虎溪，送君慚禮畢。（《亦有生齋集》詩卷三十「古今體詩」，清道光元年刻本）

## 【與張六朝纘話舊】

昔歲紀渚灘，同客夷門道。君如緒當年，玉樹臨風皎。我亦氣正豪，百壺恣傾倒。幕府盛聲伎，群彥集稽討。餘各蓄小部，客至矜慧巧。維時吾與君，身閒少懊惱。晝常名勝探，夜或笙歌繞。豈知聚未幾，一別殊草草。欲覓邂逅難，并苦音書杳。經今廿八秋，歲月去何慓。頃者來吳興，相見出意表。我久未疾嬰，君方瘧鬼擾。未暇臆披陳，先驚面枯槁。舊雨話拳拳，前塵記了了。冠蓋多應求，章縫亦文藻。如何謝華屋，遞看拂丹旐。同輩盡長眠，九泉難再曉。唯餘兩人存，焉得不速老。君猶未及艾，我幸餘生保。絲竹足陶寫，湖山可憑眺。急尋眼底歡，莫損客中抱。（《亦有生齋集》詩卷三十一「古今體詩」，清道光元年刻本）

## 【湖州郡齋席上聽朱錦山音伎歌并序】錦山，烏程人，能陳二十四種樂器於前，以口及左、右手足動之，皆中節。又能奏各種曲，間以拇戰等聲，亦臻其妙。自言舊嘗給事故相邸中，將敗，先一年辭去。頃還吳興，仍藉素業餬口，感而有作。

長槊高張月正午，太守開尊謝歌舞。何人奏伎向筵前，一藝能兼眾長取。是時寂無談笑聲，座上客皆傾耳聽。忽然悲笳迸空出，雜以金鼓鏦然鳴。此時無論絲與竹，直併百骸歸手足。又喜無論宮與商，盡收萬籟藏喉吭。乍如競度中流戲，東舫歌殘西舫繼。已覺前行聲漸遙，旋驚後隊紛讙謑。俚曲肓詞無不擅，耳畔又疑爭拇戰。五花八門信足迷，貫蝨承蜩知久練。自言少入悅生堂，給事曾叨眄睞光。早識冰山難倚仗，預歸故里獨襄羊。挾伎營餐聊自便，山郭水村遊跡遍。亦有朱門倖免人，繁華夢裏誰先見。（《亦有生齋集》詩卷三十一「古今體詩」，清道光元年刻本）

# 劉大紳

劉大紳（1747～1828），字寄庵，寧州（今屬雲南）人。乾隆壬辰（三十七年，1772）進士。官朝城知縣，署武定同知。少穎悟好讀書，晝夜不輟，母恐其勞，取書置他所。寄庵不知，問妻，妻詭言：「吾藏矣。」大怒詈之。妻以實告，時母已寢，乃偕妻跪母室外。至二更許，母憐而予之。少年成進士，任山東新城令，不攜眷，潔己愛民。善書工詩，日與騷人墨客酬唱。凡客入署，不待報直入書室。大吏至，寄庵入謁，閽者立而拱，怒欲杖之，大吏謝過乃已。不取民間錢，亦不奉上官一錢，視去官如脫屣。罷官歸里，送者雨泣，皆呼青天。行至江，盜劫殺人，眾聲詾詾，一盜魁大呼曰：「勿驚山東劉青天。」寄庵有詩紀之云：「強弓毒矢莫肯加，盜賊還能恕吾輩。」其自言於詩博好唐、宋大家，嗣從王、李格調之說，後則奉新城神韻爲圭臬，而兼用近人之所謂性靈者，嘗謂：「格調中未必有神韻，而神韻即在格調之中；神韻中自有性靈，而性靈不能在神韻之外」，論者以爲知言。著有《寄庵詩文鈔》。見《清史稿》卷四七七、《晚晴簃詩匯》卷九五等。

## 【反東野寒地百姓吟】

長夜重屋暖，美人更侍眠。曉雪一尺落，醉語呼張筵。銅爐簇炭火，玉堂雜管絃。貂衣映四座，爭助纏頭錢。微風不得入，額汗珍珠圓。貧兒望天曉，呼號及門邊。不作主人犬，低頭厭腥羶。腥羶易飽煖，難到主人前。閽人麾之去，主人今聖賢。（《寄庵詩文鈔》詩鈔續卷五，民國刻雲南叢書初編本）

## 【北邙】村人演劇其間。

嫠婦經師盡出門，北邙風日正晴暄。逢場但唱人間曲，行樂須憐地下魂。碧血森森春草短，青燐點點月輪昏。誰爲鄒衍重吹律？百鬼歡騰起九原。（《寄庵詩文鈔》詩鈔續卷七，民國刻雲南叢書初編本）

# 張雲璈

張雲璈（1747～1829），字仲雅，號簡松，晚號復丁老人。錢塘（今浙江杭州）人。乾隆庚寅（三十五年，1770）舉人，官湖南湘潭知縣。簡松於學無所不窺，尤長於詩。選湖南安福知縣，調知湘潭。地當衝劇，審理積訟，人以爲能。尋謝病歸。當七十時，猶步至湖上，或登吳山，與文士賦詩談笑，無異少年。著有《簡松草堂詩集》二十卷、《蠟味小稿》五卷、《歸舲草》一卷、《知還草》四卷、《復丁老人草》二卷，又有《文集》十二卷、《金牛湖漁唱》一卷、《三影閣

筹語》四卷、《選學膠言》二十卷、《選藻》八卷、《四寸學》六卷、《垂綏錄》十卷等。見《兩浙輶軒續錄》卷一〇、《（民國）杭州府志》卷一三七、《晚晴簃詩匯》卷九四等。

## 【息圃觀劇】

（其一）春宵風景太豪奢，簫管聲中語不譁。殘月曉風無限意，休將鐵板換紅牙。

（其二）輕寒習習月濛濛，夜半徵歌興未終。幾度細聲聽不得，暗風吹入畫簾中。

（其三）豈是吳孃水調歌，琵琶掩抑恩偏多。坐中亦有深情客，不敢臨風喚奈何。

（其四）銀燭離離酒半醒，當筵哀樂幾曾經。葫蘆依樣從人畫，翻對俳優識典型。（《簡松草堂詩文集》詩集卷二，清道光刻三影閣叢書本）

## 【月夜絢秋軒菊花下聽度曲】

輕寒如水灑簾櫳，絃急梁州聽未終。香霧四圍燈照座，澄波萬里月行空。催來檀版尊尊酒，引入瑤簫縷縷風。自識天涯偏浪跡，幾回怊悵對芳叢。（《簡松草堂詩文集》詩集卷六，清道光刻三影閣叢書本）

## 【春夜嵇笠軒偕過粉坊琉璃街訪歌者王郎不值因讀壁間史竹圃同年近什歸賦六絕句以紀其事兼呈竹圃笠軒】

（其一）雙輪陌上走輕雷，叩罷銅鐶小戶開。滿院綠陰春不見，錯教蜂蝶過牆來。

（其二）茶煙香篆兩朦朧，燈外屏山曲曲紅。記取琉璃街畔路，春羅消受落花風。

（其三）眼紋如纈倚匡床，空亂蘇州刺史腸。謂笠軒。我在秦宮花底坐，不須重問鬱金堂。

（其四）如水春愁一例多，碧紗窗霧隔銀河。今朝開煞燕支拍，也省臨風喚奈何。

（其五）休嫌公子太夭斜，暫當東風碧玉家。不識六郎顏色好，卻從詩裏看蓮花。予與王郎初未識面。

（其六）行間珠玉字縱橫，贏得詞人識姓名。但使一篇歌一曲，防他吟瘦史邦卿。（《簡松草堂詩文集》詩集卷八，清道光刻三影閣叢書本）

# 汪學金

汪學金（1748～1805），字敬箴，號杏江，鎮洋（今江蘇太倉）人。乾隆四十六年（1781）殿試第三人及第，官左庶子。杏江爲持齋少司空哲嗣，襟情既勝，才調彌嘉。詩超妙絕俗，有「揚州煙月，江左文章」之目。最工駢體。所營靜崖小築，水竹彎環，樓臺窈窕，梵磬龕鐙，儼然世外。朋舊中如武林潘侍御庭筠同之，餘人莫逮也。著有《靜崖詩稿》。見《湖海詩傳》卷三七、《國朝詩人徵略》卷四八、《晚晴簃詩匯》卷一〇四等。

## 【立春日過蠡濤寓留飲出示西苑早春詩二首次韻和之（之二）】

半晌吟情靜裏功，短櫳疏牖粉坊東。酒香濃與風光近，花氣溫宜火力烘。吹律定回鄒谷黍，賞音爭託蔡家桐。尊前製就陽春曲，明日新聲遍郢中。原詩有送歌郎之楚云云。（《靜崖詩稿》初稿卷十「古今體七十二首」，清乾隆刻嘉慶增修本）

## 【滄雲戶曹席上送樞直諸公之木蘭和玉圃考功韻（之一）】

折柳初聞出塞歌，急裝小隊渡灤河。風竿夜動呼蒼隼，雪帳晨移送紫駝。邊塞新詩公等健，關山換調爾曹多。座中有吳伶度曲。十年豪興消除盡，僕官內閣時，三之熱河。班馬喧槽奈客何。（《靜崖詩稿》初稿卷十「古今體七十二首」，清乾隆刻嘉慶增修本）

## 【晚晴閒步後園梅事將闌聞墻外度曲聲因有是作】

江城一笛落梅風，吹到園林曲未終。花影倦臨春水碧，人情貪看夕陽紅。羌無好句堪持贈，賴有清樽不放空。嚦嚦山禽難忍俊，已隨板拍過墻東。（《靜崖詩稿》後稿卷十一「古今體七十三首」，清乾隆刻嘉慶增修本）

# 百　齡

百齡（1748～1816），字子頤，號菊溪，漢軍正黃旗人。乾隆壬辰（三十七年，1772）進士，官至兩江總督、協辦大學士。封三等男，諡文敏。菊溪撫粵數月，調督兩湖。去之日，士民遮道留，肩輿不得行。至夜，乘馬出城，作《感恩紀事》詩，其第三首云：「不教藏過宰官身，夾路香鐙照水濱。豈有去思留異日，從來直道在斯民。同其好惡情能洽，釀以詩書氣自醇。付與諸公勤撫字，未妨單騎出城闉」，指此事也。幼穎異，長益奮於學。著有《守意龕詩集》。見《國朝先正事略》卷二一、《國朝詩人徵略》卷四三、《清史稿》卷三四三、《晚晴簃詩匯》

卷九五等。

## 【上元前一日西苑散直邀同樹堂芝軒兩侍講城南觀劇】

（其一）散直銅壺漏幾巡，仙園迢遞踏芳塵。玉河兩岸千株柳，好向東風一探春。

（其二）太乙藜光護紫微，琅函高架吏人稀。時大典告成。浮生半日拋書卷，也向閒中暫息機。

（其三）匆匆衣袖暖風含，十里相邀興轉酣。馬似龍媒車似水，一鞭紅日過城南。

（其四）畫欄東畔共飛觴，聒耳秦聲亦繞梁。同是大羅天上客，是日為同年公會。踏歌誰譜《月分光》。元宵曲名。（《守意龕詩集》卷三「壬寅」，清道光讀書樂室刻本）

## 【同日得梅軒香谷兩弟書賦寄】

瞻雲臥白晝，憶弟心徘徊。健足至自遠，尺書同日來。二書皆六月廿二日寄。開椷如會面，讀竟無疑猜。各述近時狀，縷縷情具賅。一則奉官舍，舞衣娛尊罍。時三弟來書云演劇奉嚴君壽，誠天倫樂事也。一纔抵大梁，馬首披塵埃。五弟赴陳省觀，時方纔抵豫省，距陳止三日。計程距三日，相見歡相陪。摳衣向堂上，笑語聲如雷。仰視親未老，昔別兒尚孩。一時聯雁序，慈顏知頓開。顧余憶兩弟，彌覺中情摧。違侍今九年，宦逡東西催。愛日繫遙想，縮地無仙才。持書對老母，中夜腸九迴。（《守意龕詩集》卷三「壬寅」，清道光讀書樂室刻本）

## 【四月三日同人再集頤園疊前韻答芷塘前輩（之一）】

嘉會不疏亦不數，流觴重例艷陽辰。主人布席忽成客，是日乃芷塘、端崖兩公子頤園作東道主。舊調撥絃都是新。座有歌者。未必荒園能買夏，果然深屋足藏春。晚歸九陌初新雨，雲護高軒過帝闉。（《守意龕詩集》卷四「癸卯」，清道光讀書樂室刻本）

## 【上元前一日立春同年為歌酒之會晚歸遣興即用查初白先生上元夜飲姜西溟同年寓元韻】

地軸迴青陽，宿寒發似弩。改歲已浹旬，雪痕餘凍土。今辰斗柄東，和曦媚衡宇。新年例有會，折簡招伴侶。廣陌安燈棚，短巷競腰

鼓。條風吹柳枝，柔線乍可數。嘉譙開城南，觀者竟如堵。秦腔忽繞梁，巧作《雲翹舞》。是日演劇，呼爲梆子腔。絃聲嬌欲歇，間以梆聲補。努目俄低眉，優孟不自苦。臨觴付一笑，獻酬迭賓主。竿木同登場，貌與心誰古。況復佳節逢，圓魄近三五。踏歌夜禁弛，花市銀蟾吐。爆竹能驚人，雷鳴等瓦釜。我輩興不淺，那更較貧窶。解囊訂後約，及時作豪舉。晚影扶頹唐，車馬散如雨。後塵步老成，酒狂避狎侮。聳肩撥吟髭，索句力須努。小技慚雕蟲，高韻羞畫虎。良宵鐘漏賒，清味消幾許。簾罅曖煙騰，春歸坐和煦。（《守意龕詩集》卷五「甲辰」，清道光讀書樂室刻本）

## 【歌者福郎予使晉時曾於陳時齋司馬席上見之色藝擅一時之最後五年復遇於京華旅邸憔悴依人迥殊昔狀予爲嘆息者久之會章峻峰明府至自保陽因勸令攜之而去並爲賦小詩四章悼勝會之不常睹芳華之易謝峻峰深於情者倘亦動天涯淪落之感耶】

（其一）豈是三生石上緣，彩雲遙墮太行邊。懵騰一別渾如昨，頯頩相逢劇可憐。尚記銀鉤藏袖底，屢呼檀板出花前。南皮賓從歡遊地，撒手春風漫五年。

（其二）鴉髻妝成豔綺羅，迴眸閃閃瀉晴波。金張座上珠璣綴，王謝堂前歲月過。誰許杏梁安燕壘，枉銜花蕊築蜂窠。停樽不御青燈耿，用梅村句。爲爾愁心一夕多。

（其三）破帽疲驢顧影單，纈紋堆面怯風寒。自憐飄泊身如寄，欲訴生平事轉難。紅杏詞人留渭北，謂葛菱溪在秦中。青衫司馬滯江干。陳時齋赴粵東。天涯僑輩同牢落，相對何心道換官。

（其四）久住黃鶯恰恰啼，殷勤重覓一枝棲。氣如醇酒推公瑾，思比春蠶笑玉溪。花底放衙安筆硯，日邊行部侍輪蹄。願公莫惜東風力，扶起寒條蔭舊堤。（《守意龕詩集》卷七「丙午」，清道光讀書樂室刻本）

## 【醉中作福郎詩既而悔之再賦四韻以誌吾過並簡鑑溪】

（其一）賺入歡場醉不支，無端風月繫離思。人如旅燕曾相識，跡似飛鴻任所之。幻望未消禪榻夢，豔歌猶甚冶遊詞。鑑溪曾作冶遊詞。鼠鬚鑄錯難回首，掬水從教洗惡詩。洞庭王鷗白櫨《南田一竹齋圖》爲程東冶舍人題。

（其二）妙墨神物持，通靈能破壁。遙遙作者心，誰與步程式。相彼一竹影，當窗翠欲滴。坐中秅阮徒，風雨快幽覿。卓哉南田翁，筆勢老無敵。即今副墨留，聊以補散佚。公之嗜古情，感舊動胸臆。流連海上琴，悽惻山陽笛。過眼成煙雲，幽意企而及。譬撫匡廬山，真面倘可識。（《守意龕詩集》卷七「丙午」，清道光讀書樂室刻本）

# 黃景仁

黃景仁（1749～1783），字仲則，一字漢鏞，自號鹿菲子，江蘇武進人。四歲而孤，家徒壁立，母課之書，能刻苦力學，不沾沾帖括，古文則肆志《史》、《漢》，詞賦則專心《文選》。八歲爲制舉文，即工。稍長，補博士弟子員，未學詩也。與陽湖洪亮吉志氣相得，見其所誦漢魏樂府，援筆試爲之，亮吉大稱賞。編修邵齊燾主講陽湖，景仁與亮吉皆受業門下。家窶，不屑授徒，遊四方以餬口。遇雲水佳勝，輒竟日流連。一日經宣、歙山中，避雨坐崖樹下，吟詠清發，樵夫牧豎見者，以爲異人。一登匡廬，又泛彭蠡、洞庭，其詩益牢戾悽惋，含意不測。翁方綱稱其詩「凌屬奇矯，不主故常」。大興朱筠爲安徽提學，引致幕府。三月上巳登采石太白樓，張飲賦詩，賓客甚盛。景仁年最少，著白袷衣，立日景中，頃刻成數百言，一往奔詣，座上輟筆。當塗應試文士聞使者高會，畢集樓下，莫不從奚童乞白袷少年詩，競相鈔寫。景仁由是乃自負爲詩人也。著作甚富，七言古詩尤工，有《兩當軒集》。見《文獻徵存錄》卷一〇、《續印人傳》卷六、《湖海詩傳》卷三四、《國朝詩人徵略》卷三九等。

### 【金縷曲・觀劇時演林沖夜奔】

姑妄言之矣。又何論、衣冠優孟，子虛亡是。雪夜竄身荊棘裏，誰問頭顱豹子？也曾望、封侯萬里！不到傷心無淚灑，灑平皋、那肯因妻子？惹我髮，衝冠起。　　飛揚跋扈何能爾？只年時、逢場心性，幾番不似。多少纏綿兒女恨，廿載以前如此。今有恨、英雄而已。話到從頭恩怨處，待相持、一慟緣伊死。堪笑否？戲之耳！（《兩當軒集》卷十八，上海古籍出版社 1983 年版，第 431～432 頁）

# 顧宗泰

顧宗泰（1749～？），字景嶽，號星橋，元和（今江蘇蘇州）人。乾隆四十年（1775）進士。爲諸生時，試輒冠軍，與吳縣諸生劉璜齊名。家有月滿樓，文酒之會無虛日。袁枚稱其詩「清冠等夷」，海內知名之士無不交投縞紵。官吏部

主事，出爲廣東高州知府，罷歸。著有《月滿樓甄藻錄》一卷、《月滿樓詩文集》六十三卷等。見《隨園詩話》卷九、《（同治）蘇州府志》卷九〇、《國朝詞綜續編》卷二、《湖海詩傳》卷三三、《晚晴簃詩匯》卷九六等。

## 【題張瘦銅督亢圖樂府一首】

張侯懷古多慨慷，酒酣斫劍燕歌長。荊卿往事去千載，旗亭播曲悲風翔。質子當年苦艱厄，馬爲生角烏頭白。一宵飛遁函谷關，傾國誰爲報讎客。智勇乃有田先生，結交當日推荊卿。欲激壯心成大事，自殺直等鴻毛輕。華陽高館擁箕箒，太子日夕置美酒。金箸初嘗駿馬肝，玉盤更進佳人手。感激遂入虎狼秦，危冠髮指俱生瞋。登車就道去不顧，死生那惜區區身？咸陽宮中九賓列，圖窮匕首出倉卒。秦王引袖超屏風，羅衣如雪紛紛裂。鼓琴聲中抽轆轤，藥囊助勢殿上呼。刺王不中中銅柱，倚笑踞罵何爲乎？吁嗟嬴政非齊桓，奈何生劫忘危安。郎使要盟得約契，略地早背趙與韓。無論荊卿疏劍術，漸離筑擊亦同失。燕丹寡謀自滅身，於期枉死更何說？余昔車從易水過，滔滔日暮回寒波。指點賓朋送行路，白袍涕泣愁雲多。彈鋏一歌羽聲曲，寒空慘淡傷心目。聞雞亭廢荊館荒，憑弔臨流想歌哭。張侯當今曠世才，薊門乘興歸去來。督亢遺圖譜筆底，與君起舞風雲摧。親教樂部消長畫，情懷鬱勃還如舊。馬遷良史淵明詩，寫來聽取當筵奏。（《月滿樓詩文集》詩集卷九木葉集，清嘉慶八年刻本）

## 【小春二十四日家魯齋招同蘭渚太史條山明經近村處士泛舟白堤即席分韻得南字】

西風何處菊花潭，綠水橋邊得縱探。夢繞玉堂歸薊北，人聯詩國醉江南。香山詩云：「境亭吟詠眞詩國，興入笙歌好醉鄉。」詩國言蘇州也。今集白堤多名流，故云。滿林黃葉山光隱，極渚紅霞塔影涵。逸興飛時雲唱遠，尊前遮莫付何戡。座有歌者。（《月滿樓詩文集》詩集卷十二蠟屐集，清嘉慶八年刻本）

## 【題廖古檀小青遺真記】

（其一）崔徽風貌卷中描，更寫芳情按碧簫。不獨玉人空谷裡，斷腸往夢記花朝。空谷玉人有小青序，題於崇正甲申花朝。

（其二）可憐芳樹並嵯稀，小青原序：「生有姬芳樹，才色不減於青。」

回首紅顏百事非。再世鵑啼傷薄命，風流債續邵飛飛。康熙時，閩中邵飛飛為羅侍御妾，亦以妒不得志，作薄命詞三十首，中有云：「蜀魄啼殘不忍聽，斷腸最是《雨淋鈴》。紅顏千古同悽惻，我又如斯慟小青。」事載趙吉士《寄園雜錄》。

（其三）唐突清魂傳改嫁，《療妒羹》傳奇，以青改嫁。豈知瘞玉有餘芳。《牡丹亭》畔春風杳，誤我多情杜麗娘。小青詩：「冷雨幽窗不可聽，挑燈閒看《牡丹亭》。人間亦有癡於我，豈獨傷心是小青。」又空谷玉人序：「青墓在孤山，聞其死，實以讀《牡丹亭》故。」

（其四）底事韓郎盼陌頭，章臺見說亦堪羞。夕陽死剩桃花塚，抵得生前燕子樓。

（其五）倩女情深可奈何，鏡潮湧淚濕香羅。清詞半曲南鄉子，消受懺懺夜雨多。劉無夢得小青【南鄉子】詞賤，僅有三句，云：「數得懺懺，夜深兩無多也，只得一半工夫。」

（其六）金縷年華最愴神，嬌嬈著意寫真真。風前灑盡梨花酒，要奠人間失意人。（《月滿樓詩文集》詩集卷十二蠟屐集，清嘉慶八年刻本）

## 【觀察陳葯洲先生招同夢樓侍讀冶山庶常條山明經竹香刺史讌集雪鴻小築席上出唐子畏夜堂賦別圖卷分題因用漁洋山人修褉水繪園韻得八首（之六）】

珠玉天風傳欬唾，水繪園中數番過。漁洋辟疆修褉來，燭剪西窗對床臥。瓣香先哲披蘭襟，紫雲一曲追遺音。時亦徵伶按曲。雪鴻軒畔清宵永，依舊簫聲滿碧林。（《月滿樓詩文集》詩集卷二十二西湖集，清嘉慶八年刻本）

## 【劉純齋觀察招同王吳橋觀察何鏡堂太守讌集清江署齋觀劇席上有作】

（其一）雲樹紅筵獸絳紗，風前側曲和琵琶。擅場半是吳門舊，今夕相逢唱落花。

（其二）使君真有如淮酒，袁浦傾樽興最賒。雪滿旗亭同畫壁，風流往事說京華。（《月滿樓詩文集》詩集卷二十三薇省集，清嘉慶八年刻本）

## 【王夢樓太守茅耕亭學士招同劉雲房少宰查篆仙觀察陳桂堂太守讌集二知堂觀劇席上即事有作】

（其一）黃鵠山高秋雨天，重尋翰墨又添緣。江亭折柳工酬倡，回首駒塵三十年。庚寅春，余之秣陵。過京口，下榻夢樓太守柿葉山房，歡敘

累日。夏初，先生過吳門，即止余月滿樓。時賦詩送余北上，少宰雲房先生偕心餘、桐嶼兩太史多和韻，并書於冊。茲夢樓、雲房、雨公與余又得會合潤城，余適攜冊舟中，因重披加跋，各道奇緣，追憶前塵，忽忽垂三十年矣。爰屬耕亭學士、篆仙觀察、桂堂太守續和入冊云。

（其二）南征粵嶺北春明，余將出守高州，適少宰視學任滿回都，一朝同泊京口，幸得重聚焉。何幸三生會潤城。太守時適吳門初歸。他日主賓重話雨，東南盤敦又前盟。庚寅夏與太守別後，甲午秋晤於京口，己亥夏晤於杭州，相敍一年。甲辰春又晤於江上蹕途。至今嘉慶戊午秋又晤，而少宰與學士暨查、陳、雨公適會合潤城，重披快雨堂主人倡和之冊，不啻星聚一時，則此為東南高會也。他日幸再尋盟，此會又為前盟矣。

（其三）長齋餘事按聲歌，太守繡佛長齋，垂二十年矣。快雨堂中妙選多。太守詩文擅海內，不廢顧曲。鈿卿而後，比日有澹雲、微雲、拂雲者，皆一時妙選，雅邁時伶。曲擅仙雲銀燭夜，喚回香夢寄南柯。時按《花報》、《瑤臺》諸曲，雅譜宮商，不同新奏。

（其四）鈿卿紈扇寫袁絲，曩余為鈿卿轉索書於隨園主人，持加賞音。手書金扇，余持歸付與。又續風流此一時。為語香山老居士，知音偷律許微之。（《月滿樓詩文集》詩集卷三十六舩秾集，清嘉慶八年刻本）

# 【南都詠史詩（之八）】

子夜華鐙奏曲妍，紅牙按拍聽風前。輕紈字妙烏絲格，小部聲催《燕子箋》。阮大鋮以烏絲闌寫所作《燕子箋》進之，又有《雙金榜》、《獅子賺》諸傳奇。猶悵後庭徵曲譜，卻忘原廟缺宮縣。福王居興寧宮，憮然不樂朝。贊周請其故，王曰：「梨園殊少佳者。」贊周泣曰：「奴以為陛下或思皇考，乃作此想耶？」羽書況急空江外，圍逼樊城困幾年。（《月滿樓詩文集》南都詠史詩，清嘉慶八年刻本）

# 【顧郎曲】

顧郎五十鬢纍纍，我昔見之美少年。短髮才如車子幼，嬌喉不數順郎圓。喧闐廣座舩籌舉，走上紅茵盡無語。擅場最是梨花槍，絕技渾同柘枝舞。顧郎之母本女優也，《梨花槍》一折，其母所授，諸伶無能習之者。癡兒買笑揮黃金，黃金買身不買心。未終東舍當筵曲，已有西家秉燭尋。曦軒月駕如梭疾，老卻名花春幾日。青虬散去肯重來，雪刺

才芟行復出。繩樞甕牖短牆隅，剛與儒家共巷居。靦面依稀齷可識，自言困苦乞爲奴。顧郎作計眞成錯，視爾形衰筋力弱。喬氏高安孰見憐，王家便了難如約。我亦生平喜曼聲，尊前撅笛老猶能。好天良夜相過易，且與時時唱渭城。（《著老書堂集》卷三，清清乾隆刻本）

### 【滿江紅・題桃花扇傳奇後】

扇上桃花，費幾許、含宮嚼徵。重演出，石城殘局，板橋遺事。北里漫勞詞苑志，西臺應續參軍記。問當時，朝士聽歌來，傷心未。

衣帶水，何堪恃；衰冕服，渾如戲。尙艷搜，吳越黨分牛李。江左夷吾人自比，山中弘景蹤誰繼？謂張白雲也。笑侯生、眞似此收場，佳公子。（《著老書堂集》詞，清乾隆刻本）

### 【浪淘沙・贈歌者郭生】

度曲晚春天，一串珠圓，相逢莫說已華顚。隔著棘花簾子聽，還似當年。　楚楚復娟娟，記得筵前，如今老去得人憐。回首少時歌舞地，荒草啼鵑。（《著老書堂集》詞，清乾隆刻本）

# 楊士炳

楊士炳，號蔚亭，江南人。乾隆戊戌（四十三年，1778）歲貢，任太平縣教諭。著有《蔚亭詩稿》。

### 【小兒班演劇】

檀板聲中盡妙年，梨園子弟舞翩翩。衣冠儼具成人狀，綽約初疑降謫仙。口帶乳香歌樂府，足搖花步蹴金蓮。霓裳一曲天香子，暫落紅塵結勝緣。（蕭耘春選輯：《蒼南詩徵》，上海古籍出版社 2005 年版，第 122 頁）

# 李賡芸

李賡芸（1753～1817），字生甫，江蘇嘉定（今屬上海）人。少從錢辛楣先生學，孝於繼母，敦礪品節，爲時所稱。通六書，善屬文，以禮經史志爲根柢，爲文別開一徑。慕許叔重之學，故又字許齋。乾隆庚戌（五十五年，1790）以二甲進士用知縣，發補浙江。官福建布政使。見《揅經室集》二集卷四、《湖海詩傳》卷四〇、《國朝詩人徵略》卷五一、《清史稿》卷四七八等。

# 【船山詩集中有題桃花扇傳奇詩頗不愜鄙意為作八絕句】

（其一）欲向南都譜舊聞，偶然刻畫李香君。女兒熱血能多少，灑去模糊點不分。

（其二）人皆欲殺黨人魁，翻案幾然未死灰。只有傾城悅名士，青樓一女勝姦回。

（其三）欲把新詞續玉臺，俄看東海忽飛埃。天荒地老桃花死，此曲人間劇可哀。

（其四）板橋流水碧潾潾，橋畔桃花歲歲春。齧臂有盟甘玉碎，九原羞煞息夫人。

（其五）誰歟作者孔東塘，詞意分明寓抑揚。好比東京孟元老，《夢華》一錄感興亡。

（其六）匆匆殘劫閱紅羊，又踏槐花進舉場。南部煙花消息斷，金梁橋上月如霜。

（其七）畫師田叔忒多情，血當胭脂為寫生。從此白門香扇墜，薛濤蘇小共傳名。

（其八）夷門公子最翩翩，裘馬風流望若仙。賴有佳人作知己，雕蟲小伎壯夫傳。（《稻香吟館集》詩薰卷六，清道光刻本）

# 李　燧

李燧（1753～1825），字東生，號青墅，棠子，河間（今屬河北）人。官浙江下砂頭場大使。天姿過人，幼承庭訓，工聲律。其格律老成，音調清越，無題、詠物諸體，寄託深遠，復不失溫柔敦厚之旨。著有《青墅詩稿》十卷。見《國朝畿輔詩傳》卷五四、《晚晴簃詩匯》卷一○三等。

## 【題桃花扇樂府】

（其一）滄桑興廢恨無窮，都付雲亭曲調中。南渡江山存野史，西京禾黍變王風。箋銜燕子新詞麗，血染桃花別樣紅。裙屐風流消歇盡，銅駝荊棘雨空濛。

（其二）飛來奇貨大江頭，草草朝廷御氣浮。調燮陰陽資肉食，指陳綱紀笑俳優。多搜玉帛藏郿塢，衹管鶯花選莫愁。瀟灑阮生頻入幕，羊頭羊胃盡封侯。

（其三）光祿重司御苑春，東林往事足傷神。初經烽火淪宗社，

又見殘碑記黨人。盡日延年翻別調，當時江令遜才臣。江沈鐵鎖無人問，玉樹瓊花色色新。

（其四）東南王氣付長流，江上烽煙入望收。藩鎮何心恢社稷，廟廊終日計恩仇。唐基興復思光弼，漢室艱危仗武侯。主將清風惟坐鎮，空傳開府領揚州。

（其五）干戈滿目慘愁顏，冷落蕪城夕照間。誓把寸心迴日月，難將一木障河山。深宮徹夜笙歌細，征袖臨風血淚殷。白馬寒濤向東去，殘軍零亂幾人還。

（其六）樓船已近石頭城，宰相尚書醉裏驚。只慮漢陽來勁旅，律忘淮北但空營。半江戰血千秋咽，六代煙花一夢醒。莫問寧南舊時事，怒濤東卷恨難平。（清‧陶樑輯：《國朝畿輔詩傳》卷五十四，清道光十九年紅豆樹館刻本）

# 楊芳燦

楊芳燦（1754～1816），字才叔，號蓉裳，金匱（今江蘇無錫）人。乾隆丁酉（四十二年，1777）拔貢，官靈州知州，改戶部員外郎。蓉裳善駢儷文，綴玉聯珠，驚才絕豔，幾於上掩溫（子升）、邢（邵），下儕盧、駱，與洪北江、孫淵如齊名。詩取法於工部、玉溪間，沈博絕麗，有金鳷香象之觀。填詞亦兼有夢窗、竹山之妙。京朝多暇，高文典冊，多出其手。著有《芙蓉山館全集》。見《湖海詩傳》卷三五、《國朝詩人徵略》卷四〇、《晚晴簃詩匯》卷一〇〇等。

## 【戲場轉韻擬薛司隸】

吳趨佳麗地，士女重遨遊。華筵徵趙舞，曲部選齊謳。衣香散蘭閣，花影護珠樓。臨衢金絡擁，夾道鈿車留。倡女紅裙襦，妖童綠幘幗。相逢各歡笑，對面不成羞。鼕鼕畫鼓撾，百戲迭相誇。團欒歌扇麗，周遭綵幔遮。妙舞如翔鵠，高髻若盤鴉。幣裁鴛鴦錦，袖織葡萄花。細腰生楚國，玉貌出盧家。鐙然蘇合油，屏列靈麞燭。竟夕按節歌，當場吹管逐。細度廣陵散，慢摻漁陽曲。鈿笛和嗚嗚，金槽彈續續。彩仗顫流蘇，假面塗朱綠。漏滴玉虯寒，宵深興未闌。既躍公孫劍，旋弄宜僚丸。袿服生光耀，婉轉回宮調。白雲停不留，華月低還照。千回檀板敲，一面紅妝笑。翠釜點駝酥，金壺沁瀣多。桂尊陳百味，猊爐焚四和。姍姍曳長袖，的的見橫波。坐有多情客，聞歌喚奈

何。(《芙蓉山館全集》詩鈔卷一，清光緒十七年活字印本)

**【潺湲引】**《潺湲引》者，令貽伯氏自度曲也。伯氏工琵琶，製此曲。癸巳夏夜聞之廣勤齋中，喜爲作歌。

我曾夜宿青山裏，萬壑松泉入幽耳，跳珠猷玉令公喜。今夕何夕聞此聲，檀槽金屑鳴根根。恍疑閬風巔上行，足底水樂流琤琤。慢撚輕攏戞宮徵，一派寒聲赴纖指。綵霞亭亭華月起，寂不聞喧夜如水。忽然入破不可聽，變幻萬象歸空冥。驚蜓彈舌韻嗷嗷，老鶴刷羽音泠泠。水明洛渚降窈窕，草枯青冢啼娉婷。三尺么絃裂秋練，四條瘦玉敲寒星。飛流瀉入金碧浦，瑤漿迸破琉璃瓶。靜中不辨洄與淳，叢鈴碎佩鏘瓏玲。我聞此曲狂興發，拂袖竟欲凌風颮。人間絕調許誰和，紫晨擊磬緱山簫。曲終飄落神靈雨，幽修仙與湘娥語。潺湲餘響流不住，一片空山冷雲去。(《芙蓉山館全集》詩鈔卷二，清光緒十七年活字印本)

**【寧夏采風詩**有序（之十）**】**余牧靈武五年矣。聽斷餘，間宣上德意而詢其疾苦、懲其末流，亦史職宜爾也。靈武隸寧夏，余以徵風土之會，因作詩十章，聊以備輶軒之采云爾。

《小當子》：近時有歌兒，其名曰當子。郡中產尤多，挾技走都市。便串出新變，瀆波何所底。公餘集賓僚，百戲盛豪侈。當筵召之來，婑媠齊稚齒。巧學內家妝，垂鬟釵鳳紫。偏諸小紺袖，纏臂金約指。氍毹置正中，步搖行且止。老郎抱琵琶，對客據鬆几。玉撥風中挑，腕下何奔駛。維時綺席間，橫斜不盈咫。鸞喉澀初囀，鷺頸延而跂。三聲歌未畢，擊節爲驚起。上客親點籌，斜行白團紙。曲終索纏頭，四座紛塡委。更鼓夜將闌，主賓情未已。或爲連臂歌，或如坐部伎。翩翾主觴政，宛轉接簪履。一樽侑一曲，心醉非甘醴。潁潁樺炬然，峨峨玉山圮。吁嗟乎此時，幾欲爲情死。我本非解人，隨眾聊諾唯。擬將紅豆記，謾以香奩比。豈知舉其辭，嘔哕逼心髓。詩騷逮樂府，不盡刪淫靡。要知作者心，雅鄭各有體。金元諸院本，存眞汰其俚。豈聞玩侏儒，直欲窮猥鄙。禁之固無庸，狎之良有泚。奈此嗜痂人，饞餂著瘡痏。徒令兒女嗤，豈惟壯夫恥。歌詞遍六州，音節頗清美。胡不唱伊涼，澆撥留犁七。胡不唱隴頭，梅花驛邊使。我有數篇詩，

頗合風人旨。諷諭雜謠諺，激昂入宮徵。惜無好女伶，歌向旗亭裏。
黃華一嗑然，古調嗟已矣。（《芙蓉山館全集》詩鈔卷五，清光緒十七年活字
印本）

# 汪如洋

　　汪如洋（1755～1794），字潤民，號雲壑，秀水人。乾隆四十五年（1780）
殿試第一名及第，官翰林院修撰、雲南學政。雲壑爲康古次子，與兄念孫咸以文
名，而雲壑和平端雅，以狀頭直上書房，爲公卿所器重，以爲安州尚書之比。其
詩清圓朗潤，不襲槎枒梏瘦之習。年甫四十，遽歸道山。成親王哀其遺詩，刻於
京邸。著有《葆沖書屋集》。見《兩浙輶軒錄》卷三三、《湖海詩傳》卷三六、《晚
晴簃詩匯》卷一〇二等。

## 【影戲】

　　剪裁端不露筋骸，一瞬神光費輭推。月下金針原暗度，帳中玉佩
宛遲來。煙雲滿紙空談衍，歌笑當場隔膜猜。火樹燈棚看次第，偃師
餘技到重儓。（《葆沖書屋集》外集卷一「古今體詩八十六首」，清刻本）

## 【清明日花間堂席上觀雜技分體得五古】

　　春城無火禁，良會趁休沐。朝來食單移，客至咄嗟速。芳辰曷云
遣，故事《夢華錄》。秋千索霄空，白打錢塞屋。例如百戲陳，悅耳
亦娛目。其聲異箏琶，厥狀類此欸。暗鳴雜秦缶，伉浪近燕筑。優孟
肖以神，侏儒飽惟腹。俄焉眾喧起，側聽四座肅。巧言鸚哥忙，惡詈
鳩婦逐。嘲諧宛閭井，瑣碎到麥菽。初疑來無蹤，孔壁出絲竹。戛然
忽中止，跫音杳空谷。乃悟適來幻，事等黃粱熟。別有身手強，趫捷
邁蹴踘。教坊舞杯盤，傳自漢唐夙。茲猶得遺意，世業妙詒穀。高如
掌承露，側若珠瀉斛。能令一甌完，不效欹器覆。擲繩或吞刀，餘者
待更僕。當筵試評量，俚語不嫌瀆。熙朝崇雅音，鄭衛在黜伏。新腔
屏絃索，美服戒羅縠。比頑懲殷惐，庶俾風教淑。此曹亦遊閒，尚憫
非彼族。喉無車子圓，面作蒙倛惡。乞食擬吹簫，隨身衹竿木。但能
效脅諂，未敢壞淳樸。時豐街巷饒，點綴太平福。軒渠聊爾爾，境過
疾飛鏃。餘酣鼓詩勇，斜照已西麓。枯腸怯窮搜，且噉桃花粥。（《葆
沖書屋集》外集卷一「古今體詩八十六首」，清刻本）

# 王芑孫

　　王芑孫（1755～1818），字念豐，號惕甫，長洲（今江蘇吳縣）人。乾隆五十三年（1788）召試舉人，候補國子監博士。惕甫詩癯然以瘦，憂然以清，亦縝密以栗，蓋上溯杜、韓而實出入於郊島間。惕甫在京師與法時帆式善，何蘭士道生、張船山問陶、楊蓉裳芳燦諸君琴歌酒賦，故爲南北時望所推。又工書，仿劉石菴具體而微。著有《淵雅堂全集》。見《湖海詩傳》卷四○、《國朝詩人徵略》卷四九、《（同治）蘇州府志》卷八九、《晚晴簃詩匯》卷一○六等。

## 【再集松軒聽曲六絕句】

　　（其一）湘簾高捲對松風，寶馬傳來有漢中。謂睿親王。添得飛瓊教捧硯，龍華小會玉虛宮。

　　（其二）縹緲天風霧幾重，吹來兩朵玉芙蓉。當筵催遞琉璃盞，人意還如酒意濃。

　　（其三）流風《迴雪》度新腔，微步凌波欲渡江。端爲陳思才絕世，洛神攜偶到雙雙。

　　（其四）好倩蛾眉捧韻枝，共將黃絹寫烏絲。桃花扇底斜行在，讓取風流李伯時。

　　（其五）緩緩歌翻緩緩歸，午炎吹不到雲衣。玉環郤似梅花瘦，不減風姿只減肥。歌兒中有名玉環者。

　　（其六）爲證連環解得無，曲中有所謂連環扣者。明珠翠羽伴歌呼。仲宣狂似襄陽米，再序西園雅集圖。（《淵雅堂全集》編年詩藁卷六，清嘉慶刻本）

## 【同年孫淵如刑部移居索詩四首（之二）】

　　種得櫻桃欲傍樓，人言花底不知愁。孫郎日日當花坐，卻向花間白了頭。所居曰櫻桃傳舍，舊爲歌郎陳銀所居。（《淵雅堂全集》編年詩藁卷十一，清嘉慶刻本）

## 【閏二月廿八日孫淵如刑部星衍招同毛海客大令大瀛吳穀人編修錫麒張亥白孝廉問安張船山檢討問陶徐朗齋孝廉嵩徐心田上舍明理小飲寓齋寓舊爲歌者陳郎所居淵如因用漢瓦文櫻桃傳舍四字顏其室船山朗齋即席爲圖同人作詩題後予亦次韻是日有雨】

　　櫻桃纔謝牡丹栽，富貴花從席上開。有歌伶名富貴者，今在淵如所。君借漢文摸倒薤，客攜阮屐破蒼苔。酒人情味杯深淺，柳絮因緣夢去

來。作畫題詩同剪燭，雨窗殘蠟淚成堆。（《淵雅堂全集》編年詩薰卷十二，清嘉慶刻本）

## 【漚波舫歸興二十四首有序（之二十一）】

雪藕冰桃喚侑觴，舞衫歌扇擅當場。秦淮志夢詩成後，又遣斜行到海棠。時有歌兒海棠者，出扇求詩。（《淵雅堂全集》編年詩薰卷十三，清嘉慶刻本）

## 【上元後三日攜婦子至華亭定居漚波舫四首有序（之三）】

袁海叟、楊龍友有先躅，繼我恐難堪。記曲《桃花扇》，稱詩白燕菴。風流徵故事，忠孝果奇男。官職尋常在，嘉譚孰與三。（《淵雅堂全集》編年詩薰卷十四，清嘉慶刻本）

# 吳　鼐

吳鼐（1756～1821），字及之，又字山尊，號抑菴。全椒（今屬安徽）人。嘉慶己未（四年，1799）進士，官侍講學士。善書畫，工駢體文，能詩。山尊胸藏一酉，力富五丁，所作駢體沉博絕麗，少為石君司農激賞。詩以韓、孟、皮、陸為宗，鬥險盤空，句奇語重。五言長古，尤足以推倒一世。著有《吳學士詩文集》。見《湖海詩傳》卷四一、《國朝詩人徵略》卷五四、《歷代畫史彙傳》卷八、《晚晴簃詩匯》卷一一四等。

## 【麓泉為說平話之陳蘭舟索詩走筆贈之】

史陳工誦三代有，張皇古事不絕口。漢優唐伶亦解事，險語參錯抵巇否？平話傳者柳敬亭，生逢南朝厄運丁。來往軍中行險說，風月影裏刀血腥。陳生生當太平世，早遊揚州繁盛地。廿二朝史誰耐看，借爾口中知古事。悲歡離合何紛紛，往事如水如流雲。喜爾填胸乃有筆，動盪儻悅如行文。使人悲喜時時生，突作危筆人皆驚。遊戲三昧妙至此，脣鼓舌戰談鋒錚。一事岌岌問凶吉，四坐無言待詞畢。驚風驟雨啞然停，振衣起請俟他日。昨夜未闌忽中止，使我思之夜三起。文無死法有生機，作勢弄巧皆妙旨。世人觀劇徒登場，無人識曲良可傷。以汝絕技難自飽，我亦傭筆頭如霜。況伊大戶能一斗，壘塊同澆思用酒。酒酣舞劍嗟已頹，為汝作詩同不朽。（《吳學士詩文集》詩集卷二「七古」，清光緒八年江寧藩署刻本）

## 【新年雜詠（之九）】

《燒火判》：獵獵風生自齒牙，可憐炙熱手難遮。大都何止千身現，都中胡同有廟處皆設此。小劫居然百煉加。典簿貌獰神有筆，登場銜換面如花。梨園演《冥判》齣。冰山火樹原同盡，冷閱年光莫自嗟。（《吳學士詩文集》詩集卷四「七律」，清光緒八年江寧藩署刻本）

# 石韞玉

石韞玉（1756～1837），字執如，號琢堂，一號竹堂居士，江蘇吳縣人。歷官山東按察使，罷，復授編修。乾隆庚戌（五十五年，1790）一甲一名進士，授修撰。未散館，特命典試福建，視學湖南。戊午入直上書房，充日講起居注官。出知四川重慶府。時川楚用兵，從勒文襄辦軍務，倡築長壽城，民賴以安，賞戴花翎。兵撤，韞玉收養被難婦女數千口，妥為安置。遷陝西潼商道，禁過釐，陞山東按察使，兩署布政使。以公去官，賞編修。引疾歸，主講紫陽書院二十餘年，聘修郡志。道光癸未，吳中大水洊饑，請免米稅、通商販。辛卯力勸當事留養淮北流民，資送其歸。年八十二卒。著有《多識錄》九卷、《讀左卮言》一卷、《讀論質疑》一卷、《漢書刊誤》一卷、《蘇州府志》一百六十卷、《獨學廬初集》九卷、《二集》九卷等，并著有《伏生授經》、《羅敷采桑》等雜劇九種，合稱《花間九奏》。見《（同治）蘇州府志》卷八三、《晚晴簃詩匯》卷一〇七等。

## 【逍遙堂述事】

梨園弟子爭芳妍，中有粲者妙若仙。二十不足十五餘，雙雲覆額容嬋娟。撞鐘擊鼓開長筵，中堂華燈鑠九蓮。血色氍毹軟鋪地，清歌一曲聲聞天。登場蒼鶻鬢氄氄，參軍學語聲綿蠻。英雄兒女各有態，座客聽之無間言。曲終行酒四座間，似曾相識秦淮邊。偶談舊事頗了了，賤子當此又破禪。青溪故人散如煙，或者珥筆升雲天。我居荒城苦岑寂，忽然遇子緣非慳。胸中塊壘積十年，澆以淳酒鯨吸川。當筵醉倒客勿笑，人生行樂胡拘牽。明朝送子登歸船，我將贈子瑤華篇。子歸吳門長聲價，纏頭不數黃金錢。（《獨學廬稿》初稿卷四，清寫刻獨學廬全稿本）

## 【周廉堂少宰使院觀劇有感二首】

（其一）曼衍魚龍祖優師，人情好怪類如斯。雪車冰柱徵詩苦，

露犬紲牛入畫奇。香捲白波行酒客，光搖紅燭出門時。都緣公瑾如醇意，香爐燈殘坐不辭。

（其二）統統畫鼓報轅門，秩秩賓筵笑語溫。自昔逢人常說項，即今送客尚留髡。狂來吞海心猶在，興到談文舌莫捫。卻念種桃前度客，雞竿曾否沛新恩。金門宮保方在請室，故云。（《獨學廬稿》三稿卷二，清寫刻獨學廬全稿本）

**【詠小忽雷】** 蓮龕觀察座上見古樂器，象軫檀槽，皤腹修頸，蛇皮蒙面，張以雙弦，似琵琶而差小，曰唐宮小忽雷也，舊藏於孔東堂家。考《樂府雜錄》：唐文宗朝有內人鄭中丞善胡琴，內庫有二琵琶，號大、小忽雷。鄭嘗彈小忽雷，即此器也，因成四絕句。

（其一）驃國新聲久絕傳，梨園法曲化成煙。獨留一片無情木，經歷滄桑九百年。

（其二）雙弦挑抹響楞登，想見妍娥玉手憑。卻怪人人弔青塚，無詩詠到鄭中丞。

（其三）鳳頭尺八紫檀槽，腰腹彭亨古錦韜。若譜唐宮新樂府，教人腸斷水仙操。鄭以忤旨被縊，投於河流。出再生為小吏梁厚本妻，故云。

（其四）象牙軫上蠅頭字，辨取雲亭絕妙詞。不盡桃花亡國恨，更翻新曲度龜茲。（《獨學廬稿》三稿卷三，清寫刻獨學廬全稿本）

**【觀繩伎作】**

百花齊芳春晝長，主人醼客開華堂。犎軒幻人百戲集，就中繩伎尤擅場。花間百步廣場闢，觀者如牆四圍列。娉婷少姝二八年，舉頭見客顏羞澀。雙手徐徐挽索登，翩然早在雲霄立。一竿在手如水平，兩端繫物為權衡。誰道身同一鳥過，黃鸝、紫燕無此輕。百尺長繩兩頭繫，一進一退恣遊戲。倏忽翻身作倒懸，雙趺向天頭著地。綠毛么鳳挂花枝，飲水猿猱引長臂。須臾騰身復向前，曲肱為枕繩上眠。海棠一枝睡未足，回身化作風輪旋。兩旁觀者皆心悸，當局逍遙若無事。斂衣行酒到尊前，未飲先令眾心醉。吾聞伯昏無人（編者案：此句疑闕一字），懸崖置足心帖然。人謂至人全其天，瑣瑣嬰兒技乃爾，前身定是肉飛仙。（《獨學廬稿》三稿卷六，清寫刻獨學廬全稿本）

# 凌廷堪

凌廷堪（1757～1809），字仲子，一字次仲，歙縣（今屬安徽）人。六歲而孤，學貫未成，年二十餘始讀書向學，天性極敏，過目輒不忘。乾隆五十五年（1790）成進士，選甯國府教授。著述十餘年，卒於官。與黃文暘交。文暘最精於制藝，仲子乃盡閱有明之文，得其指歸，洞徹其底蘊。每語人曰：「人之刺刺言時文法者，終於此道未深。時文如詞曲，無一定資格也。」善屬文，工於選體，慕其鄉江永、戴震之學，貫通諸經，於《禮》尤深。好天文曆算之學，與江都焦循並稱。著有《禮經釋例》十三卷、《禮經釋例目錄》一卷、《燕樂考原》六卷、《梅邊吹笛譜》二卷等。見《揚州畫舫錄》卷五、《文獻徵存錄》卷八、《儒林傳稿》卷四、《疇人傳》卷四九、《（光緒）重修安徽通志》卷二一九等。

## 【論曲絕句三十二首】

（其一）三分損益孰能明，瓦釜黃鐘久亂聽。豈特希人知大雅，可憐俗樂已飄零。《唐志》所稱俗樂二十八調，今祇仙呂等六宮、大石等十一調而已。

（其二）工尺須從律呂求，纖兒學語亦能謳。區區竹肉尋常事，認取崑崙萬里流。

（其三）誰鑿人間曲海源，詩餘一變更銷魂。倘從五字求蘇、李，憶否完顏董解元？

（其四）時人解道漢卿詞，關、馬新聲競一時。振鬣長鳴驚萬馬，雄才端合讓東籬。

（其五）大都詞客本風流，百歲光陰老更遒。文到元和詩到杜，月明孤雁《漢宮秋》。

（其六）為文前後公相襲，富古才人慣乞靈。若為《西廂》尋粉本，莫忘《醉走柳絲亭》。王實甫《西廂記》全襲董解元郎。「莫戀宸京黃四娘」一詩，亦董本所有也。

（其七）清如玉笛遠橫秋，一月孤明論務頭。不獨律嚴兼韻勝，可人鴛被冷堆愁。

（其八）殘紅撲簌胭脂落，大石新詞最擅場。安得櫻桃樊素口，來歌一曲《㑇梅香》。

（其九）二甫才名世並誇，自然蘭谷擅風華。紅牙按到《梧桐雨》，可是王家遜白家。

（其十）天子朝門撮合新，後園高弔榜頭人。《青衫淚》與《金錢記》，衹許臨川步後塵。元《青衫淚・朝門敕配》、《金錢記・弔拷韓翃》，皆湯臨川之粉本也。

（其十一）妙手新練五色絲，繡來花樣各爭奇。誰知白地光明錦，卻讓《陳州糶米》詞。

（其十二）仲宣忽作中郎婿，裴度曾爲白相翁。若使硜硜徵史傳，元人格律逐飛蓬。元人雜劇，事實多與史傳乖迕，明其爲戲也。後人不知，妄生穿鑿，陋矣！

（其十三）比干剖心鮑吉甫，玄奘拜佛吳昌齡。《摘星樓》暨《唐三藏》，莫笑讕言都不經。

（其十四）《博望燒屯》葛亮才，《隔江鬥智》玳筵開。至今委巷談《三國》，都自元人曲子來。

（其十五）是眞是戲妄參詳，撼樹蚍蜉不自量。信否東都包侍制，金牌《智斬魯齋郎》。元人關目往往有極無理可笑者，蓋其體例如此。近之作者乃以無隙可指爲貴，於是彌縫愈工，去之愈遠。

（其十六）傳奇作祖施君美，散曲嗣音陳大聲。待到故明中葉後，吾家詞客有初成。

（其十七）弇州碧管傳《鳴鳳》，少白烏絲述《浣紗》。事必求眞文必麗，誤將剪綵當春花。

（其十八）《四聲猿》後古音乖，接踵《還魂》復《紫釵》。一自青藤開別派，更誰樂府繼誠齋。

（其十九）玉茗堂前暮復朝，葫蘆怕仿昔人描。癡兒不識邯鄲步，苦學王家雪裏蕉。

（其二十）齼齒顰眉各鬥妍，粲花開出小乘禪。鼎中自有神丹在，但解吞刀未是仙。

（其二十一）仄語纖詞院本中，惡科鄙諢亦何窮。石渠尚是文人筆，不解俳優李笠翁。

（其二十二）婁東辛苦變吳歈，良輔新聲玉不如。誰向岐陽摹石鼓，世人爭效《換鵝書》。

（其二十三）一字沉吟未易安，此中層折解人難。試將雜劇標新異，莫作詩詞一例看。

（其二十四）語言辭氣辨須眞，比似詩篇別樣新。拈出進之金作句，風前抖擻黑精神。「抖擻著黑精神，扎撒開黃髭髮」，康進之《黑旋風負荊》【端正好】曲也。

（其二十五）半窗明月五更風，天寶香詞句浪工。底事五言佳絕處，不教移向晚唐中。王伯成《天寶遺事》「半窗千里月一枕，五更風似晚唐人」詩，於曲終不類也。

（其二十六）前腔原不比么篇，南北誰教一樣傳。若把笙簧較弦索，東嘉詞好竟徒然。

（其二十七）諧聲製譜幾人諳，徐、沈分鑣論北南。白介云科渾不辨，浪傳於室其寧菴。

（其二十八）即空三籟訂南聲，騷隱吳騷亦有情。更與殷勤編《曲品》，羨他東海鬱藍生。

（其二十九）五聲清濁杳難分，去上陰陽考辨勤。韻是劉臻當日訂，周郎錯怨沈休文。周挺齋《中原音韻》亦誤以廣韻爲沈韻。

（其三十）一卷中原韻最明，入聲元自隸三聲。扣槃捫籥知何限，忘郤當年本作平。

（其三十一）先纖近禁音原異，誤處豪釐千里差。漫說無人辨開閉，車遮久已混家麻。

（其三十二）下里紛紛競品題，陽阿激楚付泥犂。元人妙處誰傳得，只有曉人洪稗畦。（《校禮堂詩集》卷二，清道光六年刻本）

# 楊鳳苞

楊鳳苞（1757～1816），字傅九，號秋室，亦稱西園老人，浙江歸安（今浙江吳興）人。諸生。鳳苞早以西湖秋柳詞有名於時，經學、小學皆有根柢，尤熟諳明季事。嘗爲《南疆逸史跋》十三篇，補溫睿臨之不備，而訂其誤。陳焯有《湖州詩錄》之輯，爲增補數百家，并考其爵里。晚年館郡城陳氏，其書室爲鄭元慶魚計亭，人以爲元慶復生。性癖，非應試不入城市，既受知於學使者阮元，習業詁經精舍。其詩初學義山，後服膺竹垞，晚年略仿樊榭，大較多隸事，尚詞華，其光黝然，未絢朝采，獨七言歌行沈雄激盪。著有《西湖秋柳詞》一卷、《秋室集》十卷等。見《兩浙輶軒續錄》卷一八、《文獻徵存錄》卷一〇等。

## 【水磨頭寓樓雜詩十五首（之九）】

腰鼓三百副，對山娛暮年。琵琶四百軸，升庵稱老顛。嬉酣失意後，才士自古然。夢樓雅顧曲，頗得荊劉傳。脫身宦海外，跂腳明湖壖。歌伶蓄小部，勝日開賓筵。燈昏笛版急，月冷氍毹眠。賦詩當纏頭，不啻十萬錢。風流起遐慕，今昔感候遷。西去舊莊路，寂歷凝寒煙。王夢樓太守罷官後，攜雛伶一部，寓小脯西陳氏莊，日集四方名士，畫舫聯吟，燈樓度曲，極昇平之樂事。寂寞湖山，頓爾生色，今不可再矣。每過之，輒生惆悵。（《秋室集》卷六「詩」，清光緒十一年陸心源刻本）

## 【題阮大鋮樂府】

（其一）一年江左小朝廷，夜飲朝眠曲未停。不管馬嘶渡揚子，檀槽親撥教諸伶。

（其二）漏舟焚屋鬥妍華，舊院風流屬內家。一自劍堂新曲奏，黃旗清曉進蝦蟆。

（其三）研紅箋小敕填詞，狎坐吹簫逐燕娭。卻笑齊梁風味淺，破家時節酷裁詩。王次回句。

（其四）秦淮煙月夢中消，樂府猶傳寫韻嬌。留與水天作閒話，《桃花》、《燕子》送南朝。（《秋室集》卷十「詩」，清光緒十一年陸心源刻本）

# 姚文田

姚文田（1758～1827），字秋農，號經田，浙江歸安（今浙江吳興）人。嘉慶己未（四年，1799）一甲一名進士，官至吏部尚書，諡文僖。秋農負人倫鑑，屢典文衡，皆得士。以學行受兩朝特達之知，持己方嚴，蒞官勤慎。當時學者盛談考据，其弊流爲瑣碎穿鑿，秋農嘗作《宋儒論》以詔學者，然未嘗不究心漢學。生平博綜群籍，所著《易原》、《春秋月日表》、《説文聲系》、《説文考異》諸書，皆入許、鄭之室。治部務通達，治體不爲激亢之行。所爲奏議，無不切中時弊，多蒙嘉納，海内爭傳誦。另有《邃雅堂集》。見《國朝先正事略》卷二四、《國朝詩人徵略》卷五五、《兩浙輶軒續錄》卷二、《疇人傳》卷五二、《清史稿》卷三七四等。

## 【先在陳州試畢阻雨主人留觀劇一日是日次太康行館卻寄李竹醉振翥太守】

連宵密雨灑芳田，長路行泥浣馬韉。煙郭栖藏陽夏市，石欄花破

晚春天。空懷舞袖雙垂好，無復歌喉百囀圓。孤館酒醒稀客夢，新詩聊爲苕纏綿。（《遠雅堂集》卷九，清道光元年江陰學使署刻本）

# 曾　燠

曾燠（1759～1830），字庶蕃，號賓谷，江西南城人。乾隆四十六年（1781）進士，官貴州巡撫。曾任兩淮鹽運使。維揚爲南北要衝，又有平山、蜀崗、虹橋諸名勝，故士大夫往來者籃輿筍屐，徘徊旬日而不能去。然二十餘年覓船投轄，地主無人，每有文酒寂寥之嘆。賓谷開東閣之樽、集南都之彥，一時文士被其容接者尤多。而擘紙揮毫，散華落藻，攬《題襟館詩》兩集，遂覺煙月爭輝，江山生色。著有《賞雨茅屋詩集》、《文集》，輯有《國朝駢體正宗》十二卷、《江西詩徵》九十四卷。見《湖海詩傳》卷三七、《國朝詩人徵略二編》卷四一等。

【繡女祠（之二）】宋宮人從高宗南渡，遺落揚州，遂入道仙去。土人爲立祠，稱曰繡女。

　　學仙能得幾人成？萬事吹殘觱栗聲。《齊東野語》：女冠吳知古用事内
宴，演參軍。教坊輩請簽文書，參軍曰：「我方聽觱栗。」請至三四。骨前擊其
首曰：「甚事不被觱栗壞了」云云。蓋時呼黃冠爲觱栗也。曾見東華稱教主，
空煩北斗用神兵。擘釵偏向蓬壺住，竊藥眞爲月府行。堪笑天長烽火
逼，汪黃猶自講無生。（《賞雨茅屋詩集》卷三，清嘉慶二十四年刻增修本）

## 【編江西詩徵得論詩雜詠五十四首（之五十）】

　　優孟具衣冠，但堪演傳奇。人愛公傳奇，如愛王季詩。公詩則休
矣，妙處誰當知。湯玉茗。（《賞雨茅屋詩集》卷六，清嘉慶二十四年刻增修本）

# 袁希謝

袁希謝，王元煒室，江蘇吳江人。當時節婦能詩者有王家榛妻董雲鶴、范庸潤妻顧佩芳、王元煒妻袁希謝，皆早寡守志，先後被旌表。王著《涵青閣詩草》，顧著《集雨吟》，袁著《素言集》，有《吳江三節婦合刻詩》行世。見《（同治）蘇州府志》卷一三一。

## 【題鏡光緣後】

　　鏡緣枉是說鍾情，竟使秋蓉了此生。臨死不能補一面，展圖空有
淚珠傾。（《繡餘吟草》，胡曉明、彭國忠主編：《江南女性別集初編》下冊，黃

山書社 2008 年版，第 967 頁）

# 陳聲和

陳聲和（1760～1793），字協宮，號筠樵，昭文（今江蘇常熟）人。由廩生貢成均。詩才雋穎，婉而多風，白門唱和，傳誦一時。著有《筠樵詩鈔》。見《（同治）蘇州府志》卷一〇一、《乾嘉詩壇點將錄》等。

## 【北行樂府琵琶女】

琵琶女，年紀方纔十三許。斜抱琵琶到席前，俏眼橫波眉解語。琵琶掐處手還生，絃索玲瓏調始成。生來未識相思意，唱煞朝雲暮雨情。含情相訴眞煩惱，匼匝飛花原草草。去年孃自教清歌，歌成教取金錢多。客不聽歌猶自可，歸去孃須笞罵我。薄命先同陌上塵，相逢誰是有心人。蓮雖泥重難移性，絮幸風輕未失身。君不見，媳婦兒，山東人，呼土妓，絕可憐，土床夜伴驢夫眠。又不見，縫窮婦，非紅顏，提籃苦立茅簷前。（清・張應昌輯：《詩鐸》卷二十六，清同治八年秀芷堂刻本）

## 【北行樂府鼓兒詞】

鼓兒詞，何自始，鼓形八角彈以指，誰與擅場唱檔子。鼓兒詞，我聽之，詞亦古意兼淫思，曲終爲汝傾金卮。白皙雛兒年十五，不必紅裙裝蝶舞。禿襟小袖侍瓊筵，歷歷歌珠串金縷。可憐眉目太聰明，未必詩書學不成。爲有千金人買笑，拼將此技博聲名。（清・張應昌輯：《詩鐸》卷二十六，清同治八年秀芷堂刻本）

# 王 曇

王曇（1760～1817），一名良士，字仲瞿，號蠱舟，秀水（今浙江嘉興）人。乾隆甲寅（五十九年，1794）舉人。曇博通經史，旁及百家，負奇才，善道家掌中雷法。左都御史吳白華以曇薦，白華夙與和珅有連，珅敗，方引避，曇亦被牽，不復振，屢試南宮，擯於有司，乃落拓江湖，佯狂玩世。生平著錄甚富，大半零落。著有《煙霞萬古樓集》。戲曲方面，作有傳奇多種，如《歸農樂》九齣、《玉鈎洞天》四十八齣、《萬花緣》四十八齣、《回心院》四十二齣等，多已佚。見《兩浙輶軒續錄》卷一七、《國朝詩人徵略二編》卷四九、《晚晴簃詩匯》卷一〇九等。

## 【莫愁湖落成奉呈李松雲宮允作（之一）】

天子無愁妾莫愁，此湖傳是古青樓。功臣十廟同時盡，異姓中山與國休。宏光滅而中山國絕。甲第華林留舊石，將軍絃管剩箜篌。高明詞曲《琵琶記》，高帝以則誠《琵琶》傳奇，比之五經有核。帝亦風流護阿侯。（《烟霞萬古樓詩選》卷一，中華書局 1985 年版，第 6 頁）

## 【鐵雲先生於宣武坊南鐙火之暇作相如文君伶元通德諸齣商聲楚調樂府中之肴蒸俎豆匪元明科諢家所可跂及也太倉畢子筠孝廉華珍按南北宮而譜之梁園眾子弟粉墨而搬演之亦一時佳話紀以詩】

政和之年詩系絕，以詩目為元祐術。伯通丞相作律書，士習詩者杖一百。宋政和之末，士大夫皆不許為詩。於時何丞相伯通修律令，因為科云：「士庶等有習詩者，杖一百。」見《避暑錄話》。妙哉元人變詞曲，四十萬人執絲竹。吳競纚悲樂府亡，高明又抱琵琶哭。而今詩人無有詩，先生詩好人人知。忽然一部中州譜，譜出宣孃一笛奇。彈曲人多造曲難，《隋書·音樂志》：「讀書多則能諷書，彈曲多則能造曲。」嫦娥宮裏少人彈。借君一柄吳剛斧，妝點參軍入廣寒。先有《吳剛修月》一齣。文園綠綺文君抱，通德知書馬遷好。元帝吹簫度曲時，相如渴死伶元老。王孫畢竟愛才名，博士披香太薄情。但得薦才楊得意，不愁唾面淖方成。豪竹哀絲一鐙醉，三條花燭闌干淚。彈到楊花枕上來，荒雞容得劉琨睡。又有《聞雞起舞》劇。七調宮商子細看，皮絃搊得段師歡。蘭亭摹出金奴本，傳與聰明畢士安。逍遙樓上霓裳字，流落龜年賀懷智。唐朝天子愛新聲，未必相公知曲子。董解元、湯若士，潦倒旗亭乃如是。（《烟霞萬古樓詩選》卷二，中華書局 1985 年版，第 44～45 頁）

# 成　書

成書（1760～1821），字倬雲，號誤菴，滿洲穆爾察氏。乾隆甲辰（四十九年，1784）進士，官侍郎。工於詩，不多吟詠，亦不事聲響。與法梧門同年，且賃居梧門小西涯屋，而平生絕無唱酬，可謂善藏其用。選《古詩存》四卷，別裁僞體，自闢境界。著有《多歲堂詩集》。見《天咫偶聞》卷四、《國朝耆獻類徵初編》卷一〇五等。

## 【扈蹕幸避暑山莊紀事絕句（之七十二）】

廣場迴望靜無塵，走索跳丸百戲陳。侲子儇倡排兩列，御前先喚

摺交人。開宴時，百戲具陳。輒宣善撲高等人員，令於御前相撲，以角勝負。（《多歲堂詩集》卷一，清道光十一年刻本）

## 【扈蹕幸避暑山莊紀事絕句（之七十三）】

名是吳歈及越吟，踏歌連袂走相尋。熙朝樂舞聲容備，不廢兜離僸佅音。大樂奏時，亦有回部樂舞用鄉語聯臂頓歌。其樂器形制絕奇古，非所習見。我朝聲教遠訖，樂備萬方，鳳儀獸舞之盛，虞廷不得擅美於前矣。（《多歲堂詩集》卷一，清道光十一年刻本）

# 孫原湘

孫原湘（1760～1829），字子瀟，一字眞長，晚號心青。昭文（今江蘇常熟）人。嘉慶乙丑（十年，1805）進士，改庶吉士。子瀟年十五隨父任出山海關，登醫巫閭，援筆賦詩，句已驚人。法時帆祭酒以比舒鐵雲、王仲瞿，爲作《三君詠》。論者謂：「子瀟詩沈鬱不及船山，卻無其叫囂；敏贍不及隨園，卻無其遊戲。」洪稚存評其詩如「玉樹浮花，金莖滴露」。著有《天眞閣集》。見《國朝書人輯略》卷八、《清史稿》卷四八五、《晚晴簃詩匯》卷一一八等。

## 【三橋春遊曲和竹橋丈韻十六首有序（之十六）】

按朱彝尊《鴛鴦湖櫂歌》備述全郡之土風，楊維楨《西湖竹枝歌》則就湖中比興各從其題也，茲亦就城西言之，不及他勝蹟。鳴絲跕躞，無當絃歌。若以覽俗之取捨、審音之勁柔，亦略可見已。

馬公書院醉歸遲，新月彎環挂柳枝。唱出《湖田新樂府》，故鄉風景太平時。學道書院，康熙間參政馬逸姿建，今則爲習家池矣。《湖田樂府》，吳集名。（《天眞閣集》卷三「詩三」，清嘉慶五年刻增修本）

## 【吳趨吟十首（之三）】

乾隆丁未初冬，寓蘇臺匝月，耳目所值，著之詠歌，仿白傅《秦中吟》而稍變其體，命曰《吳趨吟》，所謂「辭質而徑，事覈而實」，以備采風者之取信焉。

《女清音》：豐容大辮誰家姝，窄袖禿襟如子都。小妹十三尙不足，阿姊十六頗有餘。客無生疏見面熟，伎師催奉新聲曲。曲終願客且斯須，酒炙紛綸習池速。探鉤、射覆無不精，承顏伺色尤聰明。離之忽近即之遠，情無情處鉤人情。眉眼能分客高下，親疏還視金多寡。常妝處女十年貞，慣作乾兒一分假。東頭客去西頭來，貴家夜宴還傳催。明朝日高起梳洗，妝成旋抱琵琶理。昨日客來今不來，阿孃怒詈何曾

已。張燕燕，李鶯鶯，歷一處，更一名。門前三日車馬稀，一騼又向他州飛。(《天真閣集》卷五「詩五」，清嘉慶五年刻增修本)

## 【吳趨吟十首（之四）】

《名優伶》：生不識，布與粟，膏粱文繡金珠玉；生不識，耕與犢，樗蒲腷膊絲竹肉。雛喉宛轉學出聲，嬌若處女清如鶯。登場結束備𧘌態，春風一日馳歌名。五陵年少誇遊冶，爭願結交致門下。春花秋月賞宴同，入則連床出連馬。堂堂使者持節來，高牙大纛城門開。太守除道迎中丞，晉謁局促不自寧。百官肅告退，使者坐鬱艵。俳兒、優子各以雜劇進，獨見此子大歡悅。傳呼飭中廚，咄嗟辦果酒。引吭發新聲，按拍妍素手。此曲京師未曾有，吾願得子以為友。明朝飭縣令，為製紫貂裘。賜以欵段馬，綠袴真珠鞴。出門導從滿街路，馬前行人爭卻步。故人相遇金閭門，揮鞭掉頭不肯顧。(《天真閣集》卷五「詩五」，清嘉慶五年刻增修本)

## 【觀劇二首】

（其一）故鄉新月菊花期，莫負清歌勸酒厄。八尺紅氍雙畫燭，登場須有下場時。

（其二）妙舞如雲態不同，衣冠偏逞滑稽雄。聲音莫笑當場假，正恐當場尚未工。(《天真閣集》卷十「詩十」，清嘉慶五年刻增修本)

## 【友人召觀女樂】

三千楊柳蕩春風，十萬桃花壓水紅。我是秦樓舊簫史，人間箏笛洗都空。(《天真閣集》卷十一「詩十一」，清嘉慶五年刻增修本)

## 【屠笏巖刺史紳招集遊文書院玉蘭花下】

滿院香飛玉樹柯，一尊清賞泛紅螺。量如才大包容得，情到交深脫略多。揭帳生徒觀女樂，升堂夫子與人歌。無錢日日花前醉，自有侯芭載酒過。(《天真閣集》卷十三「詩十三」，清嘉慶五年刻增修本)

## 【玉臺曲并序】吳江某翁饒於貲，擅園亭聲伎之樂。有男子八人，最憐其少。因縱之豪奢，裘馬烜赫，照耀里閈。娶於周，生女玉臺，六齡失恃。外王父為江右偏將軍，挈以行。少子既喪偶，益事狹斜遊，翁歾不一載，數萬金蕩如。以屋售桐鄉鄭氏，僦小屋以居，故娶曲中人為妾。至是無聊賴，倚以為生計。

諸兄聞之，擯不齒焉。玉臺鬻外家十年，周父子相繼歿，仍歸其父。父妾方色衰，見玉臺嘖曰：「天人也！」因招素與狎者，百計誘之。父益困，豪飲縱博如故。玉臺十指供給不能得一朝餐。豪家子以重利啗其父，父因與妾謀，鍵戶箠楚之。玉臺不得已，習音律，色藝爲一時冠。然見客珠落落，歌酒外則以疾辭。庚申冬日，余過松陵鄭氏，賞其園居之勝。鄭子爲余言玉臺事。余感其志，作《玉臺曲》以示世之好義君子，當有能拔蓮花於火宅者。

　　吳江楓落芙蓉開，諸公盡醉花前杯。燈昏水驛迢迢夜，聽我低徊唱玉臺。玉臺生小藏金屋，城北青溪第三曲。沁水池臺豔綺羅，東山歌舞凝絲竹。西園公子太豪奢，一曲纏頭綾一束。梟雉常從客舍呼，鴛鴦只向皋橋宿。深閨小女字平陽，靧面桃花玉雪光。送鴈雲中能賦別，聽琴膝上辨宮商。琴聲忽地中絃絕，慈竹霜天易枯裂。可憐少弟泣呱呱，阿耶不念人同穴。外家遠挈古南州，膽怯風濤彭蠡秋。六齡失母如孤燕，千里依人逐海鷗。回望垂虹秋色遠，松林月落鬼啾啾。蘆花并少衣相寄，麥飯誰陳土一邱。閒雲潭影催時序，窺鏡盈盈年十五。有客傳書說故鄉，平泉已屬他人簿。西華葛帔久無親，南阮犢褌難庇女。虎帳雖憐轉徙多，蛾眉幸免飄零苦。豈知命薄似風花，劉妹終離阿舅家。早識歸來非大夏，不如棲泊在天涯。杜曲門庭長秋草，飛蓬正苦秋孃老。恰逢嬌女乍還珠，喜爲主人歌得寶。多買燕脂勸曉妝，盡調絃索教舒爪。那顧瑕從白璧生，但求槖取黃金飽。此時惟抱女貞枝，此際寧容墨染絲。朝織寸縑裁弟服，莫求淅玉供耶炊。寧從洴澼成龜手，未肯章臺學畫眉。自小都忘花下戲，客來難向竹間窺。其奈咸陽興如故，醉中一擲金無數。飲泣惟呼慈母靈，暴雷屢觸高堂怒。可憐灼灼拒霜花，橫肆摧殘莫遮護。九死何難母是從，千回畢竟親誰顧。床前幼弟病軀深，郊外遺棺淺土露。生長名閨十九年，阿耶自把嬌兒誤。龐山湖水清復清，照儂心跡自分明。私將玉鏡臺前恨，譜入當筵阿子聲。歌聲未已千行淚，露啼非爲東君媚。莫題詩上照春屛，莫翻酒污交紅被。願拔蓮花出污泥，根在九泉都感佩。此曲翻成果斷腸，有心人必肯珠量。飛花終有飄茵日，只莫輕逢李十郎。（《天眞閣集》卷十三「詩十三」，清嘉慶五年刻增修本）

## 【詠琵琶老妓】

　　手撥鵾絃水亂流，四條寒玉盡生秋。歌成鹽角空淒怨，嫁得茶商

只浪遊。明月偏逢三五夜，華年都送一孤舟。波濤最是無情物，聽罷風前也白頭。（《天眞閣集》卷十四「詩十四」，清嘉慶五年刻增修本）

## 【戲題瞿菊亭孝廉頡紫雲迴樂府】

撲朔迷離久亂眞，還他本色轉翻新。特爲菊部開生面，卻遣梨園自見身。叔寶羊車香入市，鄂君翠被煥生春。憐君脫盡陳窠臼，纔有當場動目人。菊亭自題《落卷》云：「慚無牛鬼蛇神筆，那得當場動目來」，戲用其語。（《天眞閣集》卷十七「詩十七」，清嘉慶五年刻增修本）

## 【洋川竹枝辭并序（之十一）】洋川去旌德縣治六十里，在萬山中，與城市之風或稍異矣，然有可風者。寓居五月，就所見識之。其爲旌邑通俗與抑所獨與，姑名爲《洋川竹枝辭》云爾。

隊隊笙簫羯鼓催，清歌一路上春臺。明朝遍地書聲好，纔學前邨跳戲來。邨中賽會多扮雜劇，皆十三四子弟爲之，謂之「跳戲」。有因「跳戲」而棄儒爲優者。（《天眞閣集》卷二十三「詩二十三」，清嘉慶五年刻增修本）

## 【洋川竹枝辭并序（之十二）】

十年休負此春宵，隔日先將女伴邀。如沸笙歌如水月，繡鞵霜印永洋橋。春社以十二年一度，百戲雜陳，演劇多以夜，婦女亦厭厭行露矣。永洋橋在邨西。（《天眞閣集》卷二十三「詩二十三」，清嘉慶五年刻增修本）

## 【言依山參軍尚熾才人鑑傳奇】

（其一）不將花月譜《西廂》，埽卻溫柔說醉鄉。如此盧生眞絕倒，并無骨相夢黃粱。

（其二）描摹醉語近天眞，付與詞場菊部新。罵坐灌夫誠快事，人閒難得眇山人。

（其三）千金難釋一杯嫌，圜土春風十載淹。彈徹銅琵豪氣吐，酒龍詩虎盡掀髯。

（其四）唾棄烏紗世局翻，排場新色動梨園。陋他《李白登科記》，未洗胸中一狀元。（《天眞閣集》卷二十五「詩二十五」，清嘉慶五年刻增修本）

## 【顧橫波夫人小影（之一）】上有龔芝麓兩詩，前一章云：「腰妒楊枝髮妒雲，斷魂鶯語夜深聞。秦樓應是春風誤，不遣羅敷嫁使君。」後一章云：「識盡飄

零苦，而今得有家。燈煤知妾喜，特著並頭花。」玩前詩則圖作於未歸冀時，後作乃既歸而續題也。

白門新柳翠籠煙，乍起楊枝態尚眠。委地春雲梳不得，懷人心事困人天。芝麓爲作《白門柳》樂府。（《天眞閣集》卷二十九「詩二十九」，清嘉慶五年刻增修本）

## 【雷海青】

銅頭鬼擊漁陽鼓，梨園樂工淚如雨。豬龍奮爪凝碧池，催進新聲佐胡舞。雷海青，樂器擲地聲震霆，賊欲聽我奏樂聲，不如忠憤之哭聲好聽。西向哭，天子在西蜀；西向死，死猶面天子。紛紛朝臣受賊辱，賴有伶人此一哭，勝似秦庭漸離筑！（《天眞閣集》卷二十九「詩二十九」，清嘉慶五年刻增修本）

## 【今昔辭】（乾隆庚子甲辰）翠華兩幸江浙，海內侈侈隆富。聲伎畢集於京師，有宜慶部蜀伶陳銀者，色藝冠諸部。楚伶王桂繼至，入萃慶部，聲價遂與陳埒。兩伶既巧於自炫，又故傾襟名流以顛倒公卿，一時朝貴恒遭白眼。纏頭之贈，千金蔑如也。偶於友人席間遇浙伶喜慶者，神致絕似二伶，人都以常伶目之。生不遇時，顯晦殊異，使余不識二伶亦如雲過眼耳！人之遇不遇，豈不以其時哉？爲賦詩九章，不能無盛衰之感矣。

（其一）吹過閒雲累太空，春明盛事憶乾隆。錦江春色湘江釀，醉殺毘陵莊伯鴻。武進莊達吉挾萬金應京兆試，兩月而罄。

（其二）賦出湘雲絕妙詞，金題玉軸付裝池。方干下第牢騷甚，不拜名卿拜老師。施薖塘侍御學濂傾心於桂，字之曰「湘雲」。大興方維翰亦字薖塘，作《湘雲賦》。桂裝潢錦軸，懸之臥室。方感其意，踵門執弟子禮。

（其三）倒意傾情兩薖塘，卻輸秋室最清狂。教他膝上鉤蘭葉，贏得梨雲滿抱香。桂學畫蘭於余秋室太史集，娟楚有致，都人士爭購之。

（其四）三日扃扉刻寫圖，閒情爭笑閔貞愚。渼陂一碧深千尺，化盡高人傲骨無。閔貞，楚中高士也。工山水人物，尤工寫眞。有某制府以千金求畫，不應，幾中以法，人呼「閔駃子」！獨爲銀作《渼碧圖》，三日始畢。渼碧，銀字。

（其五）雍容車騎返西川，猶有消魂王仲先。博得海棠輸一笑，輕裘如雪脫花前。銀既還蜀，裘馬翩翩，居然富人矣！王秋汀觀察啓焜彊之演一劇，贈五百金，副以珍裘。

（其六）斷紅雙臉暈朝霞，寂寞登場舞態斜。稱我悲秋寒宋玉，獨舒青眼看桃花。

（其七）雲髻梳成臉暈潮，東風吹煗雪初消。天生一種消魂色，不是周郎是小喬。

（其八）平生不解鬱輪袍，空託微波接漢皋。鉤取崇蘭清影瘦，勝研殘淚畫離騷。

（其九）小字分明鵲報音，萬年枝上露華深。蓬山綵筆無聊甚，戲寫紅箋仿鬱林。（《天真閣集》卷三十「詩三十」，清嘉慶五年刻增修本）

## 【三國志樂府・青頭雞】

一馬如彪一馬虎，臺中三狗縛如鼠。優人高唱青頭雞，官家雌伏不敢啼。可憐玉雞祥，橫遭牝雞謗。二虎銜雷勢已成，一龍失水將安仗？悽惶復悽惶，勿怨反顧狼。阿翁手弑兩龍子，子魚逼宮亦如此！

（《天真閣集》卷三十「詩三十」，清嘉慶五年刻增修本）

## 【摸魚兒・題竹橋吳丈小湖田樂府】

愛西湖，一圍寒碧，此中殊有佳語。鴛班辛苦簪豪立，何似伴他鷗鷺。移櫂去，歌緩緩，東風引入桃原路。吹簫自度，把水上諸峰，墨雲題遍，化作瘦蛟舞。　　蠻坡客，幾箇能知此趣，煙波隨處容與。清聲唳徹瑤臺雀，梠外曉鶯都住。從聽取，有井處，都知手拍花間句。山光四顧，且盪槳中流，小紅低唱，靜按正琴譜。（《天真閣集》卷三十三「詞一」，清嘉慶五年刻增修本）

## 【易羨寒辭和張椒卿（之三）】

清脆鄉音略帶蘇，七條絃上住羅敷。望仙橋北垂楊路，認得當鑪翠袖無。沈四，常熟酒家女，聲色為諸伎之冠。（《天真閣集》外集卷六「詩六」，清嘉慶五年刻增修本）

## 【題謝孃秋影照】謝名玉，所居秋影樓，即以為字。乾隆庚子甲辰，江左兩攀翠華，目不覩荒歉，耳不聞金革，風氣日競華豔，而金陵為尤。曲中有名者，指不可屈。秋影獨淡妝謝客，以自高聲價，為隨園先生所賞。一時名士翕然譽之。先生死，秋孃亦老矣！同年陸甫元中翰沆藏其舊影屬題，展北里之臙脂，撾西州之馬策，為書三絕句。憶謝耶？弔袁耶？有心人自能辨之。

（其一）心多力弱篆煙微，隔著天河見影稀。柳絮無情偏有福，

因風還向謝家飛。

（其二）一重香霧百重門，月過閒堦不記痕。落盡桐華深院鎖，爲誰風露立黃昏。

（其三）秦淮昔夢散如塵，太傅池臺宿草新。我是東山舊賓客，可堪重對卷中人。（《天眞閣集》外集卷六「詩六」，清嘉慶五年刻增修本）

## 【滬城花事絕句】

（其一）千叢玉樹萬叢蘭，曲折紅橋四百欄。不是道人騎崔去，也應迷路出花難。

（其二）桂葉雙眉秀絕塵，飛觴喝月鬥千巡。彥回枉殺鬚如戟，沉醉東風讓太眞。秀眞色藝雙妙，尤豪於飲。褚文洲負孔思遠之量，見而拜倒。

（其三）仙吏栽花繡滿園，風前唱煞《護花幡》。一枝偏賞瓊林樹，聽報沿街女狀元。萬廉山大令承紀製《護花幡》傳奇，遍賞曲中，以玉林爲冠，一時有狀元之稱。

（其四）士龍才思枉如龍，拋得明珠墮海中。虧我摩抄雙醉眼，親擒明月水晶宮。去歲陸祁生寄書，豔稱擎珠第一。今來祁生已歸，囑七香、遠峰招致之。

（其五）俞生絕調太縱橫，不數杭州蘇老兵。博得如皋輕一笑，當筵親拜女門生。陳淑娟，如皋人。工絃索，頗高聲價。曾於席上聽俞春浦琵琶，乞爲弟子。

（其六）調鉛殺粉寫珠孃，誰似華亭改七香。喜字親書三十六，他生脩作紫鴛鴦。改琦，字七香，工畫美人，出仇寔父上。所識四喜，有玉簫之約。

（其七）老我清狂杜牧之，紫雲吹散海棠絲。東風牽惹閒枝葉，又值傷春病酒時。兩年前有秀芝者傾心於余，爲東諸侯劫去。今來滬城，見其妹玉芝，爲之愴然。

（其八）酒龍意氣顛如雷，一飲直須三百杯。孤山處士果癡絕，醉插金英當玉梅。金寶，亦曲中著聲者，遠峰最賞之。

（其九）香海花天酒滿池，鐵公繞指化柔絲。玉皇敕賜雙飛寺，醉殺偎紅倚翠師。鐵舟僧寓南園，工書畫，能歌小令，酒場無鐵公不歡也。

（其十）鳳尾紅雲海上開，連宵清夢宴瑤臺。黑風吹墮生羅刹，

也有消魂李赤來。<small>爲夫已氏作。</small>

（其十一）小隊羊車窄袖身，銀燈照耀玉精神。張家世有蓮花貌，也入花叢鬥早春。<small>張氏子名湘春者，風致絕韻，諸公宴賞必及焉。</small>

（其十二）小部霓裳舞柘枝，春燈斜映斷紅姿。替他小史然眉急，偏是英雄李藥師。<small>慶升部小伶崔松，味莊觀察所賞。演燈劇，火然其眉，公爲之疾呼。（《天眞閣集》外集卷六「詩六」，清嘉慶五年刻增修本）</small>

## 【歌女】

一曲檀槽語若絲，十三年紀太嬌癡。分明不解人情思，也有千攔百就時。<small>（《天眞閣集》外集卷六「詩六」，清嘉慶五年刻增修本）</small>